JN148300

アドルフ・フォン・ハルナックにおける「信条」と「教義」

近代ドイツ・プロテスタンティズムの一断面

関西学院大学研究叢書　第 202 編

加納和寛

教文館

まえがき

名誉教皇ベネディクト一六世ヨゼフ・ラツィンガーは教皇在位中の二〇〇七年に公刊した著書『ナザレのイエス』において次のように述べている。

　イエスの教えは人間からのものではありませんでした。それは、父との直接のふれあい、「顔と顔と」向き合っての父との対話から来るものです。父のふところに憩う者の直観から来るものです。それは子の言葉です。……イエスの福音は父からの福音であり、福音の中に子は含まれない。したがってイエスの福音にはキリスト論は属していないという、アドルフ・フォン・ハルナックの有名なテーゼは、この視点から、自ずと訂正されることとなりましょう。[1]

アドルフ・フォン・ハルナックとは、一九世紀末期から二〇世紀初頭にかけて世界的に影響を及ぼしたドイツの神学者である。そのプロフィールについてはこの後の本論で詳しく述べることにするが、彼の評価には今もって賛否両論があり、特に第二次世界大戦後およそ半世紀にわたってほぼ看過されていたと言える時期もある。したがって、今改めて彼を取り扱うことの是非そのものが問われる向きもあるかもしれない。しかし、ハルナックが二〇世紀の神学に与えた刺激は決して小さいものではなく、その後の批判にもかかわらずなお今日の神学において彼の唱えた諸命題が伏在し続けていることは冒頭のベネディクト一六世の文章が示唆していると言えよう。

いずれにしてもハルナックはシュライアマハーに遡る自由主義神学の潮流における一つのクライマックスであり、プロテスタント神学における主要神学者の一人であると見做すことができる。

筆者は博士論文において、特にハルナックの「神の国」の概念に焦点を定めた。[2] 論文のための研究を行う中で、当時ヴッパータール大学におられたクラウス＝ディーター・オストヘヴェナー教授（現マールブルク大学教授）が、ハルナックの組織神学者としての側面に注目していることを知った。教会史家として知られるハルナックであるが、彼の神学プログラムにおいては、一見すると歴史の叙述に終始しているような場合であったとしても、時に相当程度の確信に基づく教義的前提と言えるものが埋め込まれているという洞察は筆者の強い興味を惹いた。しかしその時は、すでに方向性の定まっていた博士論文の主旨を考えてそれ以上このことを深めるには至らなかった。その後、幸いにもドイツ福音主義教会・ディアコニーの奨学金をいただいてヴッパータール大学に留学しオストヘヴェナー先生の指導を受けることができた。その際に先生より勧められたのがハルナックと使徒信条論争に関する研究であった。使徒信条論争とは、おもに一九世紀頃のドイツのプロテスタント教会を中心とする使徒信条の取り扱いに関する諸論争の総称として用いられる。ハルナック同様、特に第二次世界大戦後は近年まであまり顧慮されることがなかったのだが、最近になって再注目の兆しも見られる。しかし使徒信条論争自体がその自己定義に関して複雑な側面を持っているせいであろうか、ハルナックと関連する使徒信条論争の諸事例に的を絞り、検討に入るに至るまでもかなりの手間を要した。本書前半で取り上げたオットー・ドライアーは、今日では使徒信条論争が話題になる際にその名を時折見かけるようになったが、私がドライアーの著書を入手してオストヘヴェナー先生にその取り組み方について相談すると、先生はドライアーのことを初めて聞いたと言われた。この時に使徒信条論争の複雑さを改めて認識したが、ぜひハルナックとの関係を考察するようにと勧められたことが本書へとつながる一歩となった。こうして当初はいくらか見当のつかない部分もあるまま使徒信条論争の中へ分け入っていくことになった。論争に関係する一次文献を辿る作業を続けていく中で、時にはハルナックの時代を超えてシュライアマハーなどにまで目を向け、使徒信条、あるいはプロテスタンティズムの本質論にも触れることになってしまった。本書の副題を「近代ドイツ・プロテスタンティズムの一断面」といささか遠大なものにしたのは、こうした経緯による。もとより複雑極まる使徒信条論争のすべてを追究し尽くすことなどできるはずもなく、ましてプロテスタンティズムに至っては文字通りその一断面と向き合うことが精一杯であった。本書を手に取っていただいた皆様からご高評をいただければ幸いである。

本書を世に出すにあたって、これまで私の研究を支えてくださった方々に厚く御礼を申し上げたい。

関西学院大学神学部の高森昭名誉教授には博士論文執筆時より多大なご指導をいただいている。筆者が牧師として赴任した教会に高森先生が一教会員としておられたのは神の計画としか言いようがない。筆者が出会った当時、先生はすでに現役を引退しておられたが、神学者としての歩みは少しも鈍ることがなく、常に最新のドイツ神学の知見を交えながら丁寧かつ熱心に教えていただいた。また、博士号取得後に高森先生がドイツ留学を勧めてくださらなければ本書はなかった。高森先生と御連れ合いの高森由美子様には感謝してもしきれない。

筆者がそもそもハルナックを研究対象にしたのは同志社大学神学部の恩師、水谷誠教授のご教示による。教会勤務で挫折し、博士課程後期課程への入学を考えていた私に、当時出版されたばかりだったT・レントルフ校訂の『キリスト教の本質』（一九九九年）を紹介してくださった。思えばこれがすべての始まりとなった。長期にわたるご指導をいただく中で、私の未熟さゆえに先生に対して失礼を働いてしまったことも少なくない。それにもかかわらず今日もなお笑顔でご指導をくださる水谷先生に、この場を借りてお詫びと感謝を申し上げたい。

またヴッパータール大学留学中に本書の構想を指導いただいたオストヘヴェナー教授、数々のヒントをくださったマーティン・オースト教授、ヴッパータール・ベーテル神学大学のベルトルト・クラッパート名誉教授、ハルナックの講義メモについてご教示を賜った東京ゲーテ記念館資料室に深謝申し上げたい。

本書が関西学院大学研究叢書第二〇二編として出版助成をいただいたことは感謝に堪えない。勤務先である関西学院大学の教職員の方々、特に学術書出版をご教示いただいた神学部の土井健司教授、研究叢書の申請等について助言、助力を惜しみなくくださった淺野淳博教授、岩野祐介教授、人間福祉学部の嶺重淑教授、教育学部の梶原直美准教授、出版の実務にご尽力いただいた教文館の髙木誠一様、文献表、索引の作成等にご協力いただいた関西学院大学大学院神学研究科の髙木政臣院生に感謝の意を表させていただきたい。そのほか有形無形のお支えをいただいた方々のお名前を挙げきれない失礼をお詫びしたい。

最後に、信仰と教育を第一とする家庭で私を育て、失敗や遠回りに際しても常に祈りをもって見守り続けてくれた両親・加納勲と加納素美子、および伯母の山口法子へ、言葉に尽くせない感謝とともに本書をささげる。

二〇一九年　公現日

著者

目次

装丁　熊谷博人

凡例

- WdC: Adolf von Harnack, *Das Wesen des Christentums, hrsg. Claus-Dieter Osthövener*, Tübingen ^{3}2012.
- DG: Adolf von Harnack, *Lehrbuch der Dogmengeschichte, I–III*, Darmstadt Neuausgabe 2015（Nachdrück Tübingen ^{4}1909）.
- AHZ: Adolf von Harnack, *Adolf von Harnack als Zeitgenosse: Reden und Schriften aus den Jahren des Kaiserreichs und der Weimarer Republik (Teil. 1 und 2), hg. von Kurt Nowak*, Berlin 1996.
- ZH: Agnes von Zahn-Harnack, *Adolf von Harnack*, Berlin ^{2}1951.
- 聖書からの引用は、原則として日本聖書協会『聖書　新共同訳』に拠った。ただし、他国語文献からの引用中の聖書語句に関しては、文脈を考慮して引用文からそのまま私訳した場合もある。

序章　ハルナックとは誰か

1　卓越した若手神学者

アドルフ・フォン・ハルナック（Karl Gustav Adolf Harnack, 1851-1930, 一九一四年に貴族に叙せられて以来、名字の前に「von」が付される）は一九世紀後半から二〇世紀初頭にかけて活躍したドイツの神学者である。彼の生涯は、学術上の経歴だけでも輝かしいの一言に尽きる。一八七三年に二二歳で神学博士号を取得、翌年二三歳で大学教授資格試験（Habilitation）に合格すると同時にライプツィヒ大学の私講師（Privatdozent）に就任、二五歳で員外教授（Außerordentlicher Professor, おおむね日本の准教授に相当）となり、一八七九年に二八歳でギーセン大学の教授となった。ちなみにハルナックとほぼ同時代人で、世界的に著名なドイツの歴史家F・マイネッケ（Friedrich Meinecke, 1862-1954）は、二四歳で博士号を取得したが、大学教授資格試験に合格したのは三四歳であり、三九歳の時にシュトラースブルク大学の教授に就任している。また、潮木守一がドイツの近代史研究者S・パレチェク（Sylvia Paletschek, 1957-）の研究をまとめたところによれば、一八七〇年から一九三二年にかけてドイツの大学で教えていた私講師二七一名の経歴を分析した結果、博士号を取得した年齢は二六歳、大学教授資格試験に合格したのは三二歳、教授に就任したのは四〇歳というのが平均であった(1)。私講師というのはドイツの大学における特徴的な教員制度の一つで、時代や地域によってその内実に差異はあるが、大学教授資格を取得した後、大学の教壇で講義のみを行う講師職のことである。現在の日本の大学における非常勤講師に似ているが、一九世紀のドイツの大学の私講師と現代の日本の大学の非常勤講師が大きく異なる点は、日本の非常勤講師が一講義あたり幾らという形で大学から手当が支払われるのに対し、ドイツの私講師は担当する講義を聴講する学生の納める聴講料から手当が支払われていたため、講義によって手当の額は不安定であったところにある。このため、仮に多くの講義を受け持ったところで、それだけで生活していくことはまず不可能であったとされる。五年間を私講師として過ごしたマイネッケの場合、並行してプロイセン公文書館に勤務することで糊口を凌いでいる。このような厳しい期間を経ても、大学教授資格を持っていればいつかは誰もが教授になれたというわけではない。パレチェクによれば、前述の期間にテュービンゲン大学で大学教授資格を得た者のうち、教授に就くことができたのは五八パーセントで、残りの四二パーセントは最後まで教授になることはできなかったという[2]。そもそもドイツの大学教授資格試験とは、実力のない者が縁故などで大学教員になるのを防止するため一九世紀初頭にベルリン大学から始まった制度である。つまり私講師時代とは大学教授資格試験に合格した者たちにとって、厳正にその実力が問われる期間なのである。それだけに、ハルナックの教授就任までの早さは、ひとえに彼自身の卓越した神学研究者としての資質を表すものと考えてよい。

　実際、ハルナックは早くからそれにふさわしい業績を挙げている。ハルナックは一八六九年、一八歳の時にドルパート大学に入学する。ドルパートは現在エストニア共和国に属し、タルトゥと呼ばれており、支配者はリトアニア、ポーランド、スウェーデンと変遷し、一八世紀以降はロシア帝国領となっていたものの、中世にドイツ騎士団が後の繁栄の基礎を築いたこともあって地主階級にはドイツ系が多く、ハルナックの時代、ドルパート大学の講義はドイツ語とラテン語で行われていた。ハルナックは入学の翌年、一九歳の時にシノペのマルキオン(Marcion, c.a.85-c.a.160)に関する論文によってドルパート大学神学部より金メダルを授与されている。同論文は二〇〇三年にハルナックの手書きテキストを元に詳細な校訂を施して出版されているが、もともとの手稿は四七六頁、活字化された本文だけでも三四八頁の分量がある。内容を見ても、古代教父たちのギリシャ語あるいはラテン語著作原文からの引用も非常に丁寧に行われており、現代の水準から見ると、これを一九歳の学部生が書いたという事実には唸らざるを得ない[3]。

ギーセン大学の教授となったハルナックは『教義史教本（*Lehrbuch der Dogmengeschichte*）』の執筆に着手する。聖書の時代から宗教改革期までの教理史を詳細に描いた同書は、第一巻の初版が一八八六年に出され、一八九〇年の第三巻を持って完結した。その後、ハルナック自身の増補改訂により、現在定本となっているのは一九〇九―一九一〇年に出された第四版であるが、最終的に全三巻で二二〇〇頁を越える大著となり、出版から一〇〇年を経た現在でも教理史研究における重要な古典の一つに数えられる。ハルナックはこの三巻すべての初版を三五歳から三九歳の間に出版している。現代ドイツのルター派神学者J・H・クラウセン（Johann Hinrich Claussen, 1964-）は『教義史教本』を以下のように評する。

この著作は卓越した資料の熟知、文学的な輝き、そして構想力からなる幸運な結びつきが抜きん出ている。この著作は、いかにしてイエスの教えと生涯からイエス・キリストの福音が生じたのか、いかにしてこの福音がギリシャの文化世界に入り込み、自らを一つの神学へと改造し、権威ある組織および確固たる教理体系の中にはめ込まれ、最終的に宗教改革とともに近代世界の開始に至ったのかを物語っている[4]。

ハルナックが生涯に公刊した著作は四九冊あるが、雑誌掲載の短評などまで含めると執筆物の総数は一六一一にのぼり[5]、その膨大さに目を見張らざるを得ない。一九〇一年に出版した『キリスト教の本質（*Das Wesen des Christentums*）』は、ベルリン大学の全学部学生向けに行われたキリスト教の概論的な講義・全一六回の速記録がもとになっている。これは一九二七年までに日本語を含む一四か国語に翻訳され、ドイツ国内では一四版を重ね、当時の宗教書としては異例の七万三〇〇〇部を売り上げた。一九二三年、七二歳の時に出版した『マルキオン

(*Marcion*, 1920, ²1924)』は、シノペのマルキオンに関する代表的な研究書として、今なおこれを越える研究を見出すのは困難である。(6)

若年期からの人並み外れた業績が評価され、プロイセン文部省の主導によって一八八七年、三六歳の時には当時のプロイセンにおける大学の最高峰であったベルリン大学神学部への招聘が確定する。ハルナックを「左傾化したリッチュル主義者(7)」と見る教会側の抵抗に遭いながらも、翌年には正式に着任することができた。『教義史教本』によって神学者としての立場を固めつつあったハルナックは、首都ベルリンに移ったことにより、教育行政へも参与していくことになる。

2　首都ベルリンの神学教授

ドイツは地方分権主義の国であり、現在でも州によって中等教育の修了年限が異なるほど独立性の高い地方自治が行われている。そもそも近代国家としてのドイツという国が誕生したのはようやく一八七一年になってからで、その時点でも二一の君主国と三つの自由都市、一つの帝国直轄州の連邦という形であった。さらに歴史を遡れば、一九世紀初頭にナポレオンに蹂躙されるまでは、ドイツは三〇〇あまりの小国が分立する地域であった。現在まで続くハイデルベルク大学（一三八六年創立）、テューービンゲン大学（一四七七年創立）、ゲッティンゲン大学（一七三七年創立）などの名門大学は小国分立の時代にそれぞれの地方の領主によって設立された大学であり、日本では「国立大学」と言われることが多いが、二一世紀の現在でも実際に運営しているのはそれぞれの州であって連邦政府ではないため、「公立大学」と説明する方が理解しやすいかもしれない。現在のドイツ連邦共和国の地図上で見ると、首都ベルリンあるいは現在それぞれの地方の拠点都市とされている、たとえばハンブルクやフランクフルト、ミュンヘンのような人口一〇〇万人を越える大都市からかなり離れた辺鄙な町に、数百年の歴史を誇るこれら名門大学が点在することを奇異に感じるかもしれないが、その大学の設立当初は決して「首都」から離れているわけではなく、その小国の首都そのものであった町もあり、必ずしも「辺鄙な町」であったとは限らない。辺鄙な町だったのはむしろベルリンで、一五世紀にブランデンブルク選帝侯国の首都に定められたことにより、それまで沼地の広がる小村だったものが、ようやく都市としての発展を開始したのであり、さらにベルリン大学が創立されたのは一八一〇年と、ドイツおよびヨーロッパの長い伝統を持つ大学に比べれば今なお新設大学と言ったほうがよい歴史しかないのである。しかし一九世紀にドイツ圏の指導的国家となったプロイセン王国の首都の大学として急速に発展し、ハルナックの時代には名実ともにドイツ帝国を代表する大学の一つとなっていた。

このベルリン大学の教員になるということは、ドイツ帝国およびドイツ帝国最大の構成国であるプロイセン王国の首都に身を置くということであり、この両者の教育行政に関わりを持つ可能性が高くなる。ドイツ統一以前の地方分権主義に親しみを持つ人々にとっては、そのことはあまり意味を持たなかったかもしれないが、交通・情報手段が限られていた当時、「政治の中枢」に接する場所にいることは、時として決定的な意味を持つことがあった。たとえば後年、E・トレルチ（Ernst Troeltsch, 1865-1923）は第一次世界大戦の最中の一九一五年四月にハイデルベルク大学からベルリン大学に転じると、それまで第一次世界大戦を外から押し付けられた文化戦争だと認識していたのを、ベルリンにおける政治の中枢の動きを目の当たりにしてその考えを変え、穏健な戦争終結を求める方向へと態度を変化させている。(8)

当時のプロイセンでは、プロイセン文部省大学局長F・アルトホーフ（Friedlich Althoff, 1839-1908）が高等教育行政に対し強大な権限を握っていた。彼は文部省の一官僚でありながら、プロイセンの諸大学の人事に関与し、予算配分に絶大な影響力を発揮した。たとえば前述のマイネッケは、シュトラースブルク大学の教授にようやく着任する以前、マールブルク大学、ミュンスター大学で有力な教授候補者になっていたにもかかわらず、この大学側の意向を無視して別の人物を教授に指名したのはプロイセン文部省であり、突き詰めればアルトホーフの指示であった(9)。ただしアルトホーフがプロイセンの高等教育行政に関わった一八八二年から一九〇七年の間に、プロイセン王国全体の大学予算は二・二倍、大学のための臨時経費は二・六倍、文部省による著名講師の確保などに用いられる自由裁量予算は三・三倍に増大した(10)。一官僚であるアルトホーフが大学の経営、人事、研究などに徹底的に関与したことについては賛否両論が存在するが、彼の卓越した手腕によってプロイセンの高等教育が飛躍的進歩を遂げたのは事実である。

ハルナックが学問上の最大の師であり、アルトホーフと親しい間柄にあったA・リッチュル（Albrecht Benjamin Ritschl, 1822-1889）を介してアルトホーフと初めて出会ったのは、ハルナックがギーセン大学教授であった一八八六年六月である。ハルナックの有能さを即座に見抜いたアルトホーフはハルナックをベルリン大学神学部教授に据えることを考える。しかしこの時点で三五歳のハルナックがいきなりプロイセン最高峰のベルリン大学に就任することは難しいと考えられたため、いったん伝統あるマールブルク大学を「中間駅」として経由し、ベルリン大学に着任することが計画された(11)。ハルナックのマールブルクへの異動はその四か月後の一八八六年一〇月であり、アルトホーフの計画通りならば、その一年後の一八八七年一〇月にハルナックはベルリン大学に移るはずであったが、教会当局からの横槍により実際の就任にはさらに一年を要した。

3　多方面での活躍

ハルナックのベルリン大学教授就任から一九〇七年のアルトホーフ引退までの間、ハルナックがアルトホーフと密接な関係にあったのは事実である。一九〇五年にハルナックが、現在のベルリン国立図書館の前身であるベルリン王立図書館の館長に就任したこと、日本の理化学研究所のモデルとなった、常に最先端の自然科学を研究する機関であるヴィルヘルム皇帝協会（Kaiser Wilhelm Gesellschaft, 現在のマックス・プランク協会の前身）の初代総裁を一九〇九年から一九三〇年の死去まで務めたことはその最たるものである。しかしハルナックの教育行政における経歴や業績はアルトホーフとの関係のみが背景にあったわけではない。ベルリンに移ったばかりの一八九〇年に、ハルナックは学術界の重要な団体であるプロイセン学術アカデミーの会員となるが、これはベルリン大学の歴史学教授であったT・モムゼン（Theodor Mommsen, 1817-1903）の後押しによるところが大きい。モムゼンは古代ローマ史研究の第一人者であり、今日でもその業績はなお高く評価されている[12]。モムゼンは牧師の家庭に生まれたものの、若い頃に、キリスト教は時代遅れの信仰にすぎず、神学にも価値などないと考えるようになっていた。ところがハルナックと出会ったことにより、学術としての神学の価値を再認識し、出会ってわずか一年あまりのハルナックをアカデミー会員に推薦したのである。ハルナックはこのアカデミーで教会教父委員会に属し、一八九三年から一九〇四年にかけて刊行された『エウセビオスまでの古代キリスト教の文献の歴史（*Geschichte der altchristlichen Literatur bis Eusebius*）』編集プロジェクトにおいてモムゼンと共に重要な働きをしている[13]。

　また、ハルナックの活動の場は学術界および教育行政にとどまらず、当時深刻な問題となっていた都市における労働者問題や貧困問題に対応するため、ベルリン周辺の八〇〇人あまりの牧師や神学者の賛同によって一八九〇年に設立された福音主義社会協議会（Evangelisch-sozialer Kongreß）に積極的に関わり、一九〇三年から一九一一年までその会長を務めている。

　その一方でハルナックは同時代の他の著名な神学者に比べると、教会の要職を務めることはあまりなかった。ハルナック自身は教会から距離を置こうとしたわけではないが、その神学的意見表明における自由主義的傾向が教会側から反感を買うことが多かった[14]。他方で、大学その他の団体の礼拝では折に触れて説教をしている[15]。

　ハルナックがドイツ帝国最後の皇帝ヴィルヘルム二世（Wilhelm II., 1859-1941）から重用されたことはよく知られており、ハルナックや同時代の神学のあり方を象徴するものとして取り上げられることがある[16]。そのことを最もよく表している出来事は、第一次世界大戦の開戦の際の皇帝演説の原稿を起草したのはハルナックだったという事実であろう。[17] このことはハルナックの事績そのものとしてというよりは、それにカール・バルト（Karl Barth, 1886-1968）が衝撃を受けた出来事として広く知られているかもしれない。[18] このハルナックや、ハルナックと同世代の当時のドイツを代表する神学者たちが「戦争協力」を表明したことが、バルトがハルナック世代の神学とは異なった神学を確立しようと考えるようになった最大の動機とされている。[19] 実際、第一次世界大戦後にバルトをはじめとする弁証法神学あるいは新正統主義などと呼ばれた新しい神学を唱える神学者たちは、そのほとんどがハルナックらの神学潮流に真っ向から批判を行い、ハルナックの神学的影響力は徐々に衰えていくことになる。

このような神学上の対立図式とその歴史的推移は、神学界では比較的よく知られているかもしれない。その一方で、実は第一次世界大戦の敗戦に伴ってヴィルヘルム二世が退位し、いわゆるヴァイマル共和制が成立した後も、ハルナックは学術界および教育行政の第一線で活躍し続けた。新憲法制定のヴァイマル国民議会において、それまで国教会であった領邦教会がその公的地位を喪失する方向が固まる中、社会民主党などから公立大学神学部の廃止が提案された際、ハルナックは学識経験者として助言を求められ、一九一九年四月に同議会において、学術および教育機関としての神学部の重要性を訴える意見を述べている。[20] このハルナックの意見が決め手となり、ドイツの公立大学における神学部の存続が決定し、さらには新設大学にも場合によっては神学部を設けることも認められたのである。一九一九年制定のいわゆるヴァイマル憲法以降、現在のドイツの憲法に相当するドイツ連邦共和国基本法においてもまた、国教会制度は明確に否定されている。それにもかかわらず、授業料が無料もしくはきわめて安いドイツの公立大学に神学部が設置されており、そこで今もって税金によりプロテスタントの牧師やローマ・カトリックの司祭の養成教育が行われ続けていることは、ハルナックの功績によるところが大きい。[21]

一九二一年、プロイセン公職の定年に達したハルナックは、ベルリン大学神学部と国立図書館長を退任する。

これと期を同じくして共和国政府は国際的に幅広い人脈を持っていたハルナックに駐米ドイツ大使への就任を打診した。[22] 実娘のA・v・ツァーン＝ハルナック（Agnes von Zahn–Harnack, 1884-1950）によれば、周囲の多くは彼が大使になるよう説得したようであるが、ハルナック自身が「自分の使命は学術界の課題に取り組むことである」と固辞した。[23] またハルナックの学識を高く評価していた当時のプロイセン文部大臣からは、引き続きベルリン大学に研究室を提供され、死の前年の一九二九年まで教会史の演習を担当した。ちなみに最後の年の演習受講生の一人は後にナチスへの抵抗運動に参加したために処刑されたD・ボンヘッファー（Dietrich Bonhoeffer, 1906-1945）であり、ボンヘッファーは一九三〇年のハルナックの葬儀の際に現役学生代表として弔辞を読むことになる。[24] さらにヴィルヘルム皇帝協会の総裁職も継続し、一九三〇年にハルナックがハイデルベルクで客死したのはこのヴィルヘルム皇帝協会総裁としての出張の最中であった。一九二九年にベルリンのダーレム地区に造られたヴィルヘルム皇帝協会の会議施設はハルナックの功績を称えてハルナック・ハウスと命名され、現在でもハルナックの名前を留めつつ後身のマックス・プランク協会の施設として使用されている。なお、同施設と向かい合わせに立つベルリン自由大学との間の道路は行政上の正式名称が「ハルナック通り（Harnackstraße）」である。

4 「忘れられた」神学者

神学上また行政上の業績にもかかわらず、特に第二次世界大戦後にハルナックについて言及されることは急速に減少してしまう。H－C・ピッカー（Hans–Christoph Picker, 1966-）の調査によれば、復刊を除くハルナックの文章や書籍の再掲、翻訳などは一九四一年以後、世界全体で一年に一回程度あるいは全くない年も珍しくなくなる。[25] 一例を挙げると、一九四六年から一九五二年までは皆無、一九五三年は日本で山谷省吾が訳本『基督教の本質』を岩波書店から刊行した一件のみ、続く一九五四年、一九五五年も皆無である。復調傾向が顕著になるのは一九七四年頃からであり、第二次世界大戦という混乱期があったものの、実に四〇年近くもハルナックは「忘れられていた」と言っても過言ではない。実際、一九五〇年に『キリスト教の本質』初版発行五〇年を記念した同書の復刊に寄せた序言において、ハルナックの講義を学生として聴講した経験を持つR・ブルトマン（Rudolph Bultmann, 1884-1976）は次のように述べている。

『キリスト教の本質』の余韻が基本的には消えてしまっている今日、かつてたいへん有名であり、議論を巻き起こした本書を読んでいる神学生はもはや多くはない。いまふたたびそれを出版するべきである、というと、そんな正当性がどこにあるのか？と問われるであろう。(26)

一九五〇年はハルナックの死後二〇年にも当たっており、翌一九五一年はハルナックの生誕一〇〇年でもあったため、K・アーラント（Kurt Aland, 1915-1994）、W・エルリガー（Walter Elliger, 1903-1985）、O・ディベリウス（Otto Dibelius, 1880-1967）が共著で記念冊子を発行し、(27)ツァーン＝ハルナックがハルナックの伝記の改訂版を出版、息子のアクセル・フォン・ハルナック（Axel von Harnack, 1895-1974）とツァーン＝ハルナックがハルナックの講演・論文選集を刊行するなどの動きは見られたが、大規模な周期的記念行事が行われた形跡は認められない。ここに挙げた出版物も、数十頁のものが多く、内輪でのささやかな記念行動であったとの印象を免れない。死去の五年後から全集の一冊目が公にされ、二〇一九年現在もなお五〇冊を越えて発行継続中のカール・バルト全集のプロジェクトと比較すると、その差は歴然としている。ちなみにハルナックの場合、生前に四九冊の単独著作と七巻の講演・論文集が出されているが、現在に至るまで全集の刊行はなされていない。(28)

バルトがハルナックを主要な批判対象とし、両者の間で公開往復書簡による論争が行われたことはよく知られている。(29)確かにそれまでの神学へのアンチテーゼとしての側面が強いバルトらの登場によって、ハルナックの業績が覆い隠されてしまったのは事実である。しかしそれだけでは説明がつかない部分もあるように思われる。すなわち、『教義史教本』や『マルキオン』のように、もはや完全に過去の遺物になってしまったとは言い難い、学術上の古典的な価値を保ち続けている業績があるにもかかわらず、対照的にハルナックという人物への言及が極端に少ない時期が長く続いたということである。たとえば、一九九二年から一九九三年にかけて出版された『近代プロテスタンティズムのプロフィール（*Profile des neuzeitlichen Protestantismus*）』の第二巻は、ドイツ第二帝政期の代表的な神学者として、トレルチをはじめ、父テオドジウス・ハルナック、師であるリッチュル、ハルナックの弟子にしてベルリン大学神学部の同僚でもあったルター研究者のK・ホル（Karl Holl, 1866-1926）、やはりハルナックの親友であったM・ラーデ（Martin Rade, 1857-1940）、ベルリン大学神学部の同僚で、第一次世界大戦中は強硬に戦争継続を主張したR・ゼーベルク（Reinhold Seeberg, 1859-1935）ら一一人がそれぞれ詳しく紹介されている。彼らの業績と同時代および後の時代への影響はさまざまであるが、少なくとも彼らが挙げられるならば、ここにハルナックが加えられていないという事実は全体の調和を考えると奇異に感じられる。[30]

そこで、これまですでに指摘されてきた事柄とは別に、以降ではハルナックに向けられた批判の一つ「反ユダヤ主義」に関して考察し、ハルナックが長らく顧慮されてこなかったことを新たな角度から考える端緒とする。

5　ハルナックは反ユダヤ主義者だったのか

筆者は、第二次世界大戦後にハルナックがほとんど言及されなくなった最大の原因の一つは、ハルナックの神学は反ユダヤ主義的であったために、ナチスの台頭を許したという批判の存在ではないかと考えている。ホロコースト（ショア）への反省と贖罪が最優先課題の一つであった第二次世界大戦後のドイツにおいて、反ユダヤ主義のレッテルを貼られることは致命的な打撃であったことは言うまでもない。他方で、二〇世紀から二一世紀への移行期、ハルナックの主著『キリスト教の本質』発刊一〇〇年およびハルナック生誕一五〇年にあたり、このようなハルナック批判の正否に対しても目が向けられるようになった[31]。本章次節以下の論述において、ハルナックに対してユダヤ側から向けられた批判のうち、L・ベック（Leo Baeck, 1873-1959）およびM・ブーバー（Martin Buber, 1878-1965）による批判に聞き、ハルナックのユダヤ観について『キリスト教の本質』を主要テキストとしつつ検証する。

6　レオ・ベックによる批判

ベックは一九世紀の終わりから二〇世紀にかけて、ドイツのユダヤ教改革派の神学者として活動した人物である。第二次世界大戦前はベルリンのユダヤ教神学校（Hochschule für die Wissenschaft des Judentums）の教師をつとめ、ナチス台頭後は帝国ドイツ・ユダヤ人代表者会議（Reichsvertretung der Deutschen Juden）の指導者としてユダヤ人保護に尽力したが、一九四三年に逮捕され、テレジエンシュタット強制収容所に送られた。ドイツの敗戦によって収容所から解放された後はロンドンに活動の場を移し、ユダヤ教神学の学術的発展に努めた。

一九〇〇年、『キリスト教の本質』が公刊されると、翌年ベックはこれに対する批評「キリスト教の本質に関するハルナックの講義について（Harnacks Vorlesungen über das Wesen des Christentums）」を発表する。この批評をさらに発展させたものが『ユダヤ教の本質（*Das Wesen des Judentums*, 1905）』である。この『ユダヤ教の本質』は、単に『キリスト教の本質』への反論であるということにとどまらず、ベックの思想および同時代のユダヤ教思想について述べられた代表的なものの一つに数えられる[32]。

ベックは、『キリスト教の本質』において語られているハルナックのユダヤ観の中で、とりわけファリサイ派に関する見解に問題があると考えた[33]。ハルナックによれば、福音書に登場するファリサイ派とは、神は愛と善であり、悔い改めによる神への回帰が必要であるとの認識をある程度有していたものの、この認識はファリサイ派自身によって「難しいものにされ、曇らされ、歪められ、身動きを取れなくさせられ、彼らが宗教であると考え、かつ憐れみや正義と同等に重要であるとした数千の律法によって換骨奪胎させられてしまっていた」[34]。またファリサイ派は「神のことを組織内の秩序としての儀礼行為を監視する専制君主である」ととらえ、「自ら山あり谷あり無駄道ありの迷路にしてしまった律法の中にのみ神を見出そうと」し、「数千の掟を保持し、それによって神を知っていると信じており」、「宗教を世俗の生業にした」人々であった[35]。あるいはファリサイ派は「貧しい人々の窮乏にほとんど関心のない」支配階級に属し[36]、「人々の魂を縛り、あるいは窒息せしめた」人々のことであった[37]。これに対してイエスは「神と善についての宣教をかつてないほど純粋にまた真摯に」行い[38]、「現臨する神のうちに呼吸し……神をあらゆるところに見出しかつ感知し……神につきただ一つの掟のみを持ち……活ける神と魂の高貴さとを宣教し」[39]、そして人々の魂を窒息せしめるこの「不当なる当局に対し、真実の意味で解放され、生気に溢れた敬虔というものを示した」とする[40]。換言すれば、ファリサイ派とはイエスの宣教以前にイエスの宣教の根本的特質をある程度展開したが、結局のところイエスとは全く対照的な宗教勢力であり、イエスが登場する前に、イエスの光輝く姿を一層引き立たせる「暗黒の背景」を提供した人々である、ということになる[41]。なお、このようなファリサイ派理解はハルナックの時代から現在もなおキリスト教世界において継続して見られるファリサイ派理解の一つである[42]。

対してベックは、「自分自身を愛するように隣人を愛しなさい」[43]の掟は、ヘブライ語聖書に基づくユダヤ教の教えにほかならないとする。ベックによれば、タルムードでは愛と正義とは同等の価値があると規定されており、また慈善は生きている者、貧しい者にしか意味がなく、物質的な提示しかできないが、愛は生者にも死者にも、貧者にも富者にも意味があり、人格をもって示すものであるがゆえに、高い価値のあるものとされている。さらにタルムードでは、人類愛はトーラーの始まりであり、終わりであるとも言っている。そして一世紀後半から二世紀にかけて活動したラビ・アキバ（Akiva ben Yosef, 50-c.a. 135）が「『自分自身を愛するように隣人を愛しなさい』というこの偉大なトーラーの掟を理解することは、トーラーすべてを理解することだ」と述べていることから、イエスの時代にもこのことはユダヤ教において共有されていたことがわかるとする(44)。

また、ファリサイ派を含む支配階級が貧困層に冷淡であったというハルナックの主張に対しては、律法に散見される寄留者や貧困層に対する救済措置に関する文言を引用して反論する。すなわち、「あなたのうちに嗣業の割り当てのないレビ人や、町の中にいる寄留者、孤児、寡婦がそれを食べて満ち足りることができるようにしなさい(45)」、「息子、娘、男女の奴隷、あなたの町にいるレビ人、寄留者、孤児、寡婦などと共にこの祭りを喜び祝いなさい(46)」などは、レビ記にある律法「もし同胞が貧しく、自分で生計を立てることができないときは、寄留者ないし滞在者を助けるようにその人を助け、共に生活できるようにしなさい(47)」の敷衍であるとする。さらに同様に奴隷に対してもさまざまな諸権利が保証されており、世界の古代から近代に見られる多くの奴隷制度における悲劇的出来事はユダヤ教には起こらなかったとする。ベックによれば、ユダヤ教の歴史においては、社会的弱者を救済するという思想は沈滞したことがない。律法の文言は預言者の時代には新たな調子を帯びて繰り返されている。たとえばイザヤ書には「飢えた人にあなたのパンを裂き与え、さまよう貧しい人を家に招き入れ、裸の人に会えば衣を着せかけ、同胞に助けを惜しまないこと。そうすれば、あなたの光は曙のように射し出で、あなたの傷は速やかにいやされる(48)」とあるが、これはその一例であるとする(49)。

要するに、ベックはいわゆる「偽善者としてのファリサイ派(50)」というイメージに強く反対する。ベックによれば、ユダヤ教における偽善とは、律法を忘れた人々による行いや思想であり、あるいは報いを期待しての行動というのは歴史上のラビたちによって厳しく断罪されてきた。ファリサイ派とは、イエス時代も、またその後も折々にユダヤ人民の徳を建てることに貢献している。そして内面的な霊性と道徳性の結合に彼らが日々尽力していたことが、彼らの活動を広く見渡すことによって明らかになる。このファリサイ派の宗教的文化は彼らが関わるささいな事柄であろうと大きな事柄であろうと、すべてにおいて一貫しているとするのである[51]。

ベックの『ユダヤ教の本質』は、その論説内容により、ハルナックの『キリスト教の本質』への応答の書であるという性格を有することには疑いがない。一方で、『ユダヤ教の本質』において意図されているのは、ハルナックによるユダヤ教への誤解を正すことにとどまらない。『ユダヤ教の本質』は、ユダヤ教信仰を包括的に解説する体裁をとっており、本文中に「ハルナック」の名前は登場しない。『ユダヤ教の本質』は、ユダヤ教信仰の重要な主題を順次解説する中で、ハルナックに見られるキリスト教側のユダヤ教に対する誤解が自然に解かれることを目指しているものと思われる。したがって『ユダヤ教の本質』は『キリスト教の本質』を念頭に置かなくとも、それ自体で完結的なユダヤ教信仰の解説書として読むことができる。

他方で、『ユダヤ教の本質』と『キリスト教の本質』との関わりについては別の角度からとらえることも可能である。一九三六年に『ユダヤ教の本質』英訳版出版にあたり、ベックは新たに序文を寄せている。その中でベックは『ユダヤ教の本質』について「私はユダヤ教が世界史において歴史的に力を及ぼしてきた、そのことの徳の高さに関するあらゆる特徴を端的に紹介しようと努めた[52]」と述べ、歴史的側面からユダヤ教信仰について叙述することが『ユダヤ教の本質』の重要な柱の一つであるとしている。

さて、『キリスト教の本質』でハルナックは次のように述べている。「キリスト教とは何か。この問いに全くもって歴史的な意味で答えてみようと思う。言ってみれば歴史学的方法を用いて、かつ体験的な歴史から得られた生活経験によって答えてみようと思う[53]」。これは、ハルナックが歴史的価値判断に基づいて「キリスト教の本質」を説こうと考えていたと理解される。実はベックはこのハルナックの方法論から遠くないところにいると言える。あるいは、ユダヤ教の性格について語るなかで、ベックは次のように述べる。「あらゆる真実なる人格は歴史に現れる。……ユダヤ教の全内容は、終わることのない歴史の中にある[54]」。他方でハルナックはこう語る。「イエスは福音に属しているのではなく、福音の人格的実現であり、かつ福音の力であり、つねにそのような者として感得された。……彼が疲れたる者、重荷を負う者を神に導いたことは歴史が教えている。あるいは人類を新しき段階に引き上げ、その説教が常に審判のしるしであり、人を救い、人を裁くものであることを歴史が教えている」[55]。ユダヤ教あるいはキリスト教の本質的部分を語るにあたり、ベックとハルナックはよく似た道程を辿っていると言える。

また、『キリスト教の本質』の特徴として、哲学書や神学書にしばしば見られる、いわゆるプロレゴメナ（序論）を欠いていることが挙げられる。主要なテーマは順を追って明らかになるようになっている。『ユダヤ教の本質』も、『キリスト教の本質』と同じくプロレゴメナに相当する章がない。ベックが設定した主題はそれぞれが割り当てられた章において順に解説されていくようになっているのは、『キリスト教の本質』に近似している。

他方で、『キリスト教の本質』はプロレゴメナを設定せずに歴史的視点によってキリスト教の重要な主題を説いていく体裁を取っているが、一定の宗教概念に基づくキリスト教思想の体系化の試みでもあることが指摘される[56]。『ユダヤ教の本質』については、ベック自らがこれを次のように要約している。「この作業は……ユダヤ教の真の本質あるいは内実を描き出す試みである。そこでユダヤ教の普遍性と同じく、ユダヤ教の永遠性と特殊な力強さをも紹介しようと努めた。というのは普遍性というのは、特殊性と個別性から発し、またそれらに依拠しているものだからである[57]」。

7　ハルナックとブーバー

ブーバーはベックとほぼ同世代であるが、『キリスト教の本質』発刊当時、ベックほどの反応を示した形跡は見あたらない。

ブーバーのハルナック批判の主なものは、第二次世界大戦後、ハルナック最晩年の著書『マルキオン』に対してである。同書はシノペのマルキオンについての精緻なモノグラフィーであり、今日でもなおマルキオン研究における最大の古典とされている[58]。なお、ハルナックは一九三〇年に死去しているため、ブーバーの批判を知るよしもなかった。

マルキオンは当時まだ閉じられていなかったキリスト教正典を独自に限定し、旧約のすべてを排し、福音書はルカだけとし、一〇のパウロ書簡のみを認め、牧会書簡やヘブライ書を取り除いた。正統派教会は後にマルキオンによる旧約の拒絶を間違いであるとしたが、このことに関してハルナックは以下のように述べている。「二世紀に正統派教会は、旧約聖書を拒絶することは間違いであるとしたが、それこそが間違いであった。一六世紀にはやはり宗教改革が旧約を保持しようとしたが、それはある種の運命であった。けれども一九世紀以降、プロテスタンティズムが旧約を正典文書として固守しようとしても、それはもはや宗教的かつ教会的な麻痺であるとしか言いようがない[59]」。

ハルナックのこの見解は、ハルナック自身の意見であるばかりでなく、一九世紀から二〇世紀への移行期における自由主義神学の風潮を表現している。ハルナックはマルキオンを次のように評する。「彼は彼自身そう願っていたように、実際、パウロの追随者の一人であったし、真の改革者として使徒たちの闘いを再演していたのである。ゆえに、ネアンダーがマルキオンのことを最初のプロテスタントと呼び得たことは誰もが首肯できよう[60]」。

これに対してブーバーは、一九三九年から一九四七年にかけて各地で行った講演『イスラエルの霊性と今日の世界（*Der Geist Israels und die Welt von heute*）』[61]において、マルキオン主義とハルナックについて、ナチスとの思想的関連を指摘する。

ブーバーによれば、マルキオンの活動時期は、第二次ユダヤ戦争後にローマによってエルサレムからユダヤの痕跡が徹底的に消されていた時期に重なっている。この時期にマルキオンは新約と旧約を分離させ、イスラエルの歴史からキリスト教の救済史を切り離したのみならず、キリスト教の神とユダヤ教の神とを別物にさえした。

すなわち、不完全なるこの世界を創造した神は、憐れみと救済の神とは別の存在であるとするグノーシス的世界観を提唱した。この世界観においては、物質的世界には価値はなく、世を改善しようと考える必要もない。イエスは「皇帝のものは皇帝に、神のものは神に(62)」と言った。われわれの経験に照らしてイエスのこの言葉を解釈するならば、税金は払うべきであるし、この世の国に反抗するべきではないが、それでもこの世における人生の真実に関してはすべて神のもとにあるということになる。これに対してマルキオンは、皇帝にこの世のすべてを割り当て、神はそれとは別だとする。したがって、マルキオンの教説に依拠するならば、急進的な二元論に至らざるを得ない。彼の教説における救われた魂とは、別次元に引き上げられたものということになる。そこには正義の存する余地はなく、恵みがすべてであるが、正しいとされるものもこの世には何一つ存在しないことになる。創造と啓示を引き裂くマルキオンの教説を正統派教会が受け入れたことはなかった。宗教改革はマルキオンの教説に近づいたが、マルキオンの教説そのものを採用はしなかった。けれどもハルナックは決して反ユダヤ主義を掲げているわけではない著書『マルキオン』において、預言書と詩編を差し引いた残りの旧約書はキリスト教の内面的発展を妨げると主張したとブーバーは考えた。ハルナックは一九三〇年に死去したが、その三年後、彼のマルキオンに関する思想は、暴力とテロという形で具現化したとブーバーは言う。そしてハルナックが市民として属していたところの（ドイツ）国家は教会に対し、イスラエルの霊性を完全に排除し、かつ国家と社会の営みに影響を与えるのを断念せよ、もしくはユダヤ教もろとも消滅せよとの選択を迫ったとする。そして教会がこのような選択、すなわち内面的な死を意味するところの、ユダヤとの関係を断ち切ること、もしくはカタコンベの暗闇に戻って再建することを意味する外見上の消滅とのどちらを選ぶかとの選択をまたいつ迫られるか、誰にもわからないとする。加えて、ユダヤ的要素からキリスト教が離れてしまうことは、神の要求と具体的なメシアニズムとからも離れてしまうことをも意味するとブーバーは指摘している(63)。

これに対し、ブーバーの講演を聴いたバーゼルの牧師R・ブルンナー（Robert Brunner, 1905-1971）は一九四七年にブーバーに宛てた書簡でキリスト教側からの反論を行っている。ブルンナーによれば、マルキオン主義に陥る危険性がいつの時代の教会にもあったことは事実だが、同時に教会はマルキオン主義に傾く誘惑を常に防いできた側面を持っているのであって、実際の教会は今日に至るまでマルキオン主義的教義を採用したことはないとしている。(64)

ブーバーはこれに応答し、現在の教会は当然の如くマルキオン主義ではないこと、その例証としてヒトラー的な偽マルキオン主義を敢然と拒絶した告白教会を挙げている。そして講演でブーバーが語った「カタコンベの暗闇に戻って再建する」教会とは、この告白教会を意味するものであったと説明する。したがって告白教会を念頭に置くならば、教会にはマルキオン主義に陥る危険性（＝ハルナック）と、それに傾く誘惑を常に防いできた側面（＝告白教会）の両者が並存しているというブルンナーの言説はある意味正しいと認めている。(65)

さて、すでに述べたようにハルナックは『キリスト教の本質』において、ファリサイ派とイエスを対照的に並べ、結果的にユダヤ教とキリスト教の非連続性を主張している。ブーバーはマルキオンをしてイスラエルの歴史からキリスト教の救済史を切り離した人物であるとしたが、この点においてブーバーのマルキオン批判は、マルキオン主義への強い親しみを表明したハルナックにも重ねることができる。ただし、旧約と新約の非連続性を主張するのはルター以来よく見られたことであるとの指摘もあり、R・レントルフ（Rolf Rendtorff, 1925-2014）によれば、カント、ヘーゲル、シュライアマハー、ゼムラー、F・デーリッツなどがこの系統に連なるとする。(66)その意味では、ブーバーの批判はひとりハルナックに向けられているというよりは、旧約と新約の分離を意識的にあるいは無意識的に受け入れてきた近代思想全体に向けられていると見ることができるのである。

8　『キリスト教の本質』におけるユダヤ観

『キリスト教の本質』においてハルナックが提示したファリサイ派に関する見解についてはすでに述べた。さて、『キリスト教の本質』は、内容として大きく二つに分けられる。一つは、新約時代における福音に関しての部分であり、もう一つは使徒時代以降の歴史における福音に関しての部分である。ベックが主として批判の対象としたのは、新約時代の部分におけるファリサイ派についての記述であった。他方で、使徒時代以降の部分においても、ユダヤ教に関するハルナックの見解が散見される。

ハルナックは、原始キリスト教については「ユダヤ教の枠組みの中で、かつシナゴーグとの関係において」考えてもかまわないとするが、「イスラエルのみならず、歴史の主であり、人類のかしらであるイエス・キリストという新しい要素はユダヤ教を超えて力強く発展した」のであり、「それ以前の宗教が廃棄された」ことが、キリスト教がユダヤ教から決定的に離れたことの本質であったとする。(67) 他方で、「神と直接に結びつく新しい体験は、夾雑物と祭司とによる古き儀式をもはや必要のないものとした。……これはパウロが初めて基礎を置いたものではない。……パレスチナの外におけるユダヤ教の支流の中には、このことはすでに行われており、そこではユダヤ教は哲学的解釈方法によってその限界が取り払われ、精神的世界宗教の高みに引き上げられていた。この発展のさまはキリスト教の前段階のように思われるし、実際そうであった」とも述べ、ユダヤ教とキリスト教の連続性についても一定の理解を示している。(68) また、旧約はキリスト教にとって「キリスト教的自由、つまり内的自由だけでなく、教会組織および儀式や規律の秩序から自由になることをもおびやかす」(69) ものであると述べながらも、「新しい教会は一つの聖なる書物を持っていた。すなわち、旧約である。……この書物はどのような祝福を教会にもたらしたであろうか。教養書として、慰め、知恵、そして忠告の書として、歴史書として、生命と弁証にとってそれは比類なき意義を持つ[70]」とも言う。

ハルナックが『キリスト教の本質』その他の書物において掲げている主題の一つは「福音のギリシャ化」すなわち古代キリスト教の歴史とは福音がギリシャ思想の影響を受けていく歴史であるというものである。この福音のギリシャ化とユダヤ教との関係について、ハルナックは「もしこの若い宗教がユダヤ教との紐帯を断ち切らなかったとしても、ギリシャ・ローマ世界に長く居続けた以上、この精神と文化とに刺激されたことは間違いない[71]」とする。

つまり、『キリスト教の本質』におけるハルナックのユダヤ観には、ユダヤ教からキリスト教への「発展」は主張されているものの、キリスト教とユダヤ教とでは何もかもが対照的であり、ユダヤ教の方があらゆる面で劣っているとするような極端さまでには至っていない。ユダヤ教はキリスト教の「背景」として扱われているが、何もかもが「暗黒」であるわけでもない。ハルナックは歴史家として、ユダヤ教とキリスト教との連続性が認められる点に関しては、冷静にこれを受け入れ、その上でキリスト教の内面的普遍的価値を論じている。

また付言するならば、『キリスト教の本質』では民族あるいは文化性と宗教が結合されて論じられている場所がある。プロテスタンティズムを論じるにあたり、ハルナックは東方正教会を「ギリシャ的」、ローマ・カトリック教会を「ローマ的」と呼び、それらと並べてプロテスタントを「ゲルマン的」と称している[72]。当時としてはこのような思考は珍しくないものであった。けれども『キリスト教の本質』において、ハルナックはこの思考をユダヤ教には適用していないのである。

したがって、ブーバーが指摘するように、ハルナックの思想が実際に反ユダヤ主義を助長したものであったと断言するのは難しい。純粋に思想的な面ではともかく、ハルナックの行動に関して見れば、ユダヤに理解を示すものがしばしば見られ、反ユダヤ主義的なものを見つけ出す方が困難である。たとえば、学術面では、ベックと直接対論することはなかったものの、ベックは一九二五年から一九二六年にかけての冬学期、ベルリン・ユダヤ教神学校の他の教師四人とともに、ベルリン大学ユダヤ学研究所（Institutum Judaicum Berolinensis）に招かれ、ユダヤ教とユダヤ的精神世界に関する講義を行っている。(73) この時ハルナックはすでにプロイセンの公職定年を過ぎていたが、プロイセン文部大臣の要請により、引き続きベルリン大学神学部に研究室を持ち、教会史の演習を担当していた。

また政治的行動においては、特にヴァイマル時代におけるハルナックは一貫して民主的な共和制の理念に賛成している。社会民主党出身のF・エーベルト大統領（Friedrich Ebert, 1871-1925）が、第一次世界大戦中にエーベルトがストライキを指導したことがドイツの敗戦につながる「背後からの一撃」だったと民族至上主義者たちによって非難された際、ハルナックはエーベルトを熱烈に支持する公開書簡を新聞に発表した。(74) そしてエーベルトがこの事件の心労もあって一九二五年に死去したのに伴う大統領選挙では、保守的なP・ヒンデンブルク（Paul von Hindenburg, 1847-1934）ではなく、中央党でローマ・カトリック信者のW・マルクス（Wilhelm Marx, 1863-1946）を支持している。(75)

一九三〇年、ハルナック死去の際に、遺族に対しベックは次のように書き送っている。「ハルナックが生涯をかけて取り組んだ作業とは、私たちに委ねられた作業であり、また課題でもありました。ですから私たちもまたハルナックを教師（Lehrer）であり、師（Meister）であると呼ぶべきなのです(76)」。

9　問題の所在と研究方法

第二次世界大戦後、およそ半世紀近くにわたって顧慮されることの少なかったハルナックであったが『キリスト教の本質』発刊一〇〇年となる二〇〇〇年と相前後し、再考の動きが見られるようになった。『キリスト教の本質』はオストヘヴェナーにより、詳細な校注、ハルナックの講義メモ、初版以来の五つの版の対照表および事項索引が付された校訂版（初版二〇〇五年、改訂第三版二〇一二年）が出版されている。雑誌などに掲載されたハルナックの小論をまとめた『同時代人としてのハルナック（*Adolf von Harnack als Zeitgenosse*, 1996）』には九九編が収録され、編者のK・ノヴァク（Kurt Nowak, 1942-2001）によるハルナックの伝記が付されている。ハルナックの伝記はこれまでツァーン・ハルナックによるもの（第二版一九五〇年）があったが、家族による回想録の趣が強いものであり、学術的な裏付けが詳細になされているものはこれが初めてであると言ってよい。

また、親交のあった神学者との書簡が世に出されたことはハルナック研究の進展に大きく貢献することとなった。ラーデ、モムゼン、C・ルートハルト（Christoph Ernst Luthardt, 1823-1902）との間に交わされた数多くの書簡が校訂され、一九九六／一九九七年に相次いで公刊された(77)。

一次文献の再注目と相俟って、ハルナック研究はそれまでの看過に反比例して長足の進歩を遂げた。一九九八年にマックス・プランク歴史研究所とライプツィヒ大学神学部教会史研究所の共催でハルナックを主題としたシンポジウムが開催され、さらに二〇〇一年にベルリンで生誕一五〇周年記念シンポジウムが行われた。これらの成果をもとに三〇編の論文が収録された二巻にわたるハルナック研究論文集が公刊された(78)。内容は神学、歴史、教育行政、文化など多岐にわたっており、フランスの研究者による論文も含まれる。教育行政との関わりについてはC・ノットマイアー（Christian Nottmeier, 1974-）による大部の研究書『アドルフ・フォン・ハルナックとドイツの政治（*Adolf von Harnack und die deutsche Politik 1890-1930*, 2004, ²2017）』がその詳細を明らかにした(79)。

二〇〇五年にF・グラーフ（Friedrich Wilhelm Graf, 1948-）によって編集された、古代から現代までの三三人の神学者を紹介する『キリスト教の主要神学者（原書名 *Klassiker der Theologie*）』では、シュライアマハー、トレルチ、バルト、ティリヒらとともにハルナックはその列に加えられており、担当者のクラウセンによって高く評価されているのは先述したとおりである(80)。こうした動きを概括する限り、神学史においてハルナックは一定の復権を果たしたと言える。

ノットマイアーの研究に代表されるように、近年のハルナック再評価においては教育政治家としての側面に最も光が当てられている。その一方で再考未だ充分とは言えない領域もなお見受けられる。近代ドイツのプロテスタント教会における教理論争の側面をもつ「使徒信条論争」（第1章にて詳述）において、ハルナックは主要な論客の一人と見做され、また問題提起者の中にはハルナックからの影響を公言する者もいた。しかしながら使徒信条論争自体が対ナチズムのドイツ教会闘争の開始によって後景に退いてしまったため、近年まで看過される傾向が強かった。最近では使徒信条への注目に際し、改めて顧慮される場合が見受けられる。[81] そこではハルナックの意見表明も取り扱われているが、ハルナックの神学プログラムに言及するまでには至りにくいことも多い。

オストヘヴェナーは論文「組織神学者としてのアドルフ・フォン・ハルナック（Adolf von Harnack als Systematiker）」の中でおもに『教義史教本』および『キリスト教の本質』に埋め込まれた神学的原理の分析に取り組んでいる。[82] その結果、少なくともハルナックは主題の展開においては帰納的方法論を取る傾向を持ちつつも、その中で歴史研究からの帰結とは別の原理を同時に措定していることが指摘されている。[83] ただし、そうした前提と実践的課題に関するハルナックの意見表明との整合性に関してまでは残念ながら踏み込んでいない。ハルナックの主要業績が見直され、後代への影響が改めて確認されている今日、その神学的前提を追究すること、とりわけ再注目が未だ乏しい使徒信条論争との関連性を吟味することは一定の価値があると考える。

そこで本書ではこの問題に次のように取り組むこととする。

第1部では使徒信条論争に数えられる諸事例のうち、特にハルナックと関わりの深いものを順を追って考察していく。第1章から第3章までは当時ザクセン＝ゴータ公国のゴータ教区長であったO・ドライアー（Otto Dreyer, 1837-1900）の提起した「非教義的キリスト教」をめぐる論争を取り扱う。使徒信条論争の一つの頂点が後述するC・シュレンプフ（Christoph Schrempf, 1860-1944）の事例であることは周知の事実であり、ハルナックはシュレンプフ側の最大の論客とされている。他方でドライアーの事例については近年改めて言及される向きが見られるものの、詳細な検討は未だなされていない(84)。そこで第1章ではドライアーの思想そのものの分析に集中し、第2章において、ドライアーと誌上論争を行ったJ・カフタン（Julius Kaftan, 1848-1926）との論争内容に踏み込む。そして第3章でハルナックとドライアーとの神学的関係性を考察する。「非教義的キリスト教」の語はときにハルナックの神学プログラムにも投げかけられるものであるが、その妥当性の是非を問う議論の出発点となることを目指す。続く第4章、第5章では使徒信条論争において最も著名な事例の一つであるシュレンプフ事件を取り上げる。ヴュルテンベルクの一牧師が使徒信条を用いずに幼児洗礼を執行し、牧師職を解任された同事件においてハルナックは当事者性を持たないにもかかわらず牧師を擁護する側の最大の論客と見做された。事件の実態と論争の内実および周辺環境を再考し、また他の使徒信条論争の諸事例とも可能な限り比較検討を行うことによってハルナックの意見表明に新たな角度から注目する。第5章ではハルナック同様、同事件に当事者性はないが、ハルナックの意見表明に最も強く反応した神学者H・クレマー（Hermann Cremer, 1834-1903）の主張との対比を詳細に行う。第6章ではプロイセン領邦教会に新設された教理審問機関「審判団」およびその最初の審理事例であるヤトー事件において提示されたハルナックの見解を検討する。

第2部ではプロテスタンティズムにおける使徒信条の位相を問う。使徒信条論争の焦点は使徒信条論争の内容そのものだけではなく、論争の場であるプロテスタント教会における使徒信条の位相も含まれる。それは宗教改革期にまで遡及して問い直されなければならない。第7章ではルター、カルヴァンおよびその次世代のプロテスタンティズムによる使徒信条の位置づけ、第8章ではウィーン体制と相前後して行われたプロイセンの教会合同に伴う式文論争における使徒信条の問題、第9章ではシュライアマハーの式文論争における意見表明中の使徒信条理解を取り扱うことにより、使徒信条論争の遠因を初期プロテスタンティズムおよびプロイセン式文論争に求めることの妥当性を問う。

第3部ではプロテスタンティズムと教義の問題を考察する。第10章ではハルナック時代に生じた領邦教会の

「再カトリック化」問題におけるハルナックの意見表明を見る。第11章では「教理」、「教義」の理解について、ハルナックの師リッチュルを端緒としてプロテスタンティズムにおける教義の理解を解明することを目指す。第12章では教義に加え、ハルナックにおける「信条」、「信仰告白」の理解を追究することで、これらの諸概念が交錯することで複雑化していた使徒信条論争およびそれに対するハルナックの意見表明に関する新しい知見の確立を目指す。

使徒信条論争は近代ドイツ・プロテスタンティズムにおける重要な教理論争の一つである。同時にその端緒や目的は教会政治と切り離すことができないものであり、政治、文化との関連も無視することはできず、当事者には牧師、信徒、神学者のいずれもが数え上げられる、すぐれて現実的な論争でもある。使徒信条論争を通してプロテスタンティズム、ひいてはキリスト教そのものの本質的課題にこうしたあらゆる角度から直面せざるを得ない。ハルナックは近代のただ中に生きる神学者として、この挑戦を引き受けたのであった。

第1部　ハルナックと使徒信条論争

第1章　オットー・ドライアーの「非教義的キリスト教」

1　使徒信条論争の再考

近代キリスト教史上における、いわゆる「使徒信条論争（Apostolikumstreit）」[1]とは、一九世紀から二〇世紀にかけてドイツにおけるプロテスタント教会およびプロテスタント神学界で生じた、使徒信条に関する複数の出来事とそれらを巡る論争を包括する呼称である。[2]いずれの出来事あるいは論争が使徒信条論争に当たるかという問題については、神学者の間でも細部において異なる意見が存在する。一般には、一八七一年から一八七二年にかけてベルリン新教会の牧師であったE・リスコ（Emil Gustav Lisco, 1819-1887）と同教会牧師やベルリン市参事会員を務めたA・シュドウ（Karl Leopold Adolf Sydow, 1800-1882）が使徒信条に批判的な講演を相次いで行ったこと、一八九二年にヴュルテンベルク福音主義領邦教会の牧師であったC・シュレンプフが使徒信条を唱えずに幼児洗礼を執行したことが使徒信条論争の主要な出来事に数えられている。[3]他方で、実際にはこれ以前から使徒信条に批判的な意見表明はしばしば見られる。たとえば一八四六年にK・I・ニッチュ（Karl Immanuel Nitzsch, 1787-1868）はプロイセン州教会総会において、牧師按手礼にあたり、処女降誕、降誕への聖霊の働きかけ、イエスの昇天、肉体の復活に関する部分等を削除した独自の「信条」の使用を提案しており、使徒信条に疑問を持つ他の人々に影響を与えている。[4]

ところで、一八八八年にゴータの教区長であったドライアーは『非教義的キリスト教（*Undogmatisches Christen-*

tum)』[5]と題した著作を発表した。これはいわゆる伝統的教義に重点を置かない新しいキリスト教のあり方を提案するものであり、特にベルリン大学神学部の教授であったカフタンとの間に活発な議論を呼び起こした。ドライアーは後にハルナックからの影響を公言しており、なおかつカフタンはハルナックと親交の深いベルリン大学神学部の同僚である。そこでここではドライアーとカフタンの意見を精査し、ハルナックとの神学的相互関係を考察する。

2 「非教義的キリスト教」

オットー・ドライアーは一八三七年にハンブルクで生まれている。一八五七年から一八六一年にかけてハレ、ハイデルベルク、ゲッティンゲンの各大学で学んだ後に牧師試験に合格。一八六三年に当時ザクセン＝ゴータ公国の首都であったゴータで牧師補（Diaconus）に任じられ、のちにゴータの教区長にまで昇任している。当地での彼の牧師としての評判は頗る高く、「全く比類なき手法でゴータ市民の心をつかみ、ついにはゴータの名誉市民に叙せられ」たと評価されている。[6] 一八九一年に招聘を受けて隣国ザクセン＝マイニンゲン公国の首都マイニンゲンの教区長に転じ、最終的にはザクセン＝マイニンゲン公国領邦教会最高教会評議会（Oberkirchenrat）評議員に就任している。

さて、教会の監督的立場にあったとはいえ、地方の一牧師にすぎなかったドライアーの名を全ドイツに知らしめたのは、前述の『非教義的キリスト教』である。ルター生誕四〇〇周年にあたる一八八四年に、ドライアーはイエナ大学から名誉神学博士号を授与された。同書はこの名誉学位授与に対する学術的返礼としてイエナ大学に献呈する形で書かれている。これに対してカフタンがおもに『キリスト教世界（Die Christliche Welt）』誌上で意見を述べ、後に単著としても公にされたため、[7]『非教義的キリスト教』はドライアーの主著とみなされているが、実際にはこれ以前よりドライアーは『非教義的キリスト教』で述べている主張の一部を、いくつかの説教集や論文で公にしている。また、彼の死後に編纂・出版された論文集『非教義的信仰論について（*Zur undogmatischen Glaubenslehre*, 1901）』には、『非教義的キリスト教』以後にカフタンへの再反論として書かれた論文のほか、『非教義的キリスト教』以前に書かれた論文も収められている。

ドライアーは当初、自分のような意見を持つ者は同時代においてきわめて少数者であると考えており、それだけに『非教義的キリスト教』出版後に寄せられた賛意の数は予想を上回るものだったとしている(8)。他方でカフタンによる反論を重く受け止めたドライアーは、『非教義的キリスト教』を改訂するのではなく、新たな論文を発表することによってこれに応答した。カフタンもこれに再々反論する形で意見を表明し、さらにドライアーも自己の主張を重ねたため、両者の意見交換は少なくとも四年にわたって行われた。以下、本稿では時系列を配慮しつつ、ドライアーとカフタンの主張を検討していく。

3　問題提起——『非教義的キリスト教』まで

『非教義的キリスト教』に先立つことおよそ二〇年、一八六九年にドライアーは『堅き信仰と自由な学術（*Fester Glaube und freie Wissenschaft*）』を出版している。これは書名と同じ題名の論文に加え、「聖書の価値（Die Geltung der heiligen Schrift）」と題した論文の計二編からなる小冊子である。

前者の論文題のみを見ると、信仰と学術が対比されているが、論文中ではしばしば対語として「宗教と学術（Religion und Wissenschaft）」や「信仰と知（Glaube und Wissen）」なども用いられており、これらは厳密に区別して使用されているというよりは、一般的にこれらが対立的に考えられているということの提示として用いられていると見ることができる。彼はさらに「信仰」側の要素あるいは内容として「霊的生活」「宗教的意識」「魂の生

(Leben der Seele)」などを列挙しているが、これらも明示はされていないものの、「学術」に対立していると考えられているものとして挙げられていると考えてよい。けれどもドライアーは「確かに本当の意味での信仰が脅かされているのは事実である。しかしそれは学術的な作業によってではなく、怠慢や虚言、不道徳、あるいはそのようなことが起こった際に、教会の教理は真実であるということを理性的にしっかりと確信することができない人々によってなのである」、したがって本来は「信仰は学術に働きかけ、学術も信仰に働きかける」ものであり、「宗教と学術は異なった領域において力を削ぎ合うものではなく、たいてい同じ主題に属しているもの」なのだと主張する。[9]

続く論文「聖書の価値」では、やはり聖書と学術の両立性が主題として挙げられる。「堅き信仰と自由な学術」で述べたのと同様、ドライアーは聖書と学術は対立するものではなく、互いに補完的な関係性にあることを主張する。他方でドライアーは逐語霊感説を、キリスト教がユダヤ教から受け継いだ「遺贈者が違法に持っていたもの」としての遺産であるとする。[10] ドライアーによれば、そもそも「人間の魂に神を認識させる手段というのは……書物ではなく、人を通じてである。われわれは自分の内面というものを言葉によって最もはっきり知るが、神はその内面を人によって知らしめる。生ける神は生ける命によって自身を啓示される。この最高の命はまた人格的であり、地上においては人間的なものなのである[11]」。それでは聖書の役割、聖書の使信とはいったい何であろうか。「その核たるものはイエス・キリストであり、この世界における神の国の到来が、ますます明らかになりつつあることである。イエス・キリストこそが人間における神の完全なる啓示なのである[12]」ので、「イエス・キリストこそは人に与えられた中心的な神の言にほかならない[13]」。

したがってドライアーは、聖書そのものを絶対視するのではなく、イエス・キリストへの生ける信仰に同伴するものであるととらえることを勧める。「信仰が深まれば深まるほど、聖書の詳細な価値を見誤る確率は低くなる[14]」。最終的にドライアーが強調するのは、「堅き信仰と自由な学術」同様、やはり信仰、魂の生である。他方で

「堅き信仰と自由な学術」で強調されていた一般的な宗教性に代わり、「聖書の価値」では地上における神の国の完成に重点が置かれている。これはそれぞれの論文題からも推察できるとおり、「堅き信仰と自由な学術」が、世俗性の高い学術と信仰との協調を意識した、外部への弁証の性格が強いものである一方、「聖書の価値」はむしろ教会内の人々に聖書の価値と信仰の重要性を改めて説く方向性を持っているためであると言える。

続いて一八七四年に書かれた「宗教的真実の唯一の認識兆候（Das einzige Erkenntniszeichen religiöser Wahrheiten）」[15]では、信仰の重要性が教義を優越する点に関してはそれ以前の主張と比べて特段の変化は見られない。ただしこの論文では使徒信条における処女降誕について、「『おとめマリアより生まれ』は宗教的真実ではなく、また信仰箇条でもあり得ない。キリストが神の独り子であるということは宗教的真実であり、われわれはそれを立証できたが、処女降誕はそうではない」と主張して、あくまで部分的にではあるが、使徒信条の内容に関して疑念を明確に表明している[16]。それではこのような教義がもはや教理の中心的使信ではないとするならば、キリスト教はどこへ向かうべきであろうか。ドライアーは当時の時代状況を反映しつつ、次のように主張する。「正統主義の教役者が教会に仕えようとするならば、正統主義ではなく宗教（Religion）へと向かうべきである。自由思想的（freisinnig）な教役者が教会に仕えようとするならば、高等批評の神学ではなくやはり『宗教』へと向かうべきである」[17]。彼は正統教理というものを「教義学という固い殻によって甘美なる宗教的核心を味わうことができなくなっている」ものであるとする[18]。ドライアーによれば、「幾多の人々がすでに教義学ではなく、宗教のために全力を尽くしている」[19]。しかし彼はそのような時代状況を楽観視しない。ドライアーは宗教に回帰しさえすれば良いとは考えず、いま「宗教こそが危機にある」と言う[20]。これこそが彼をして教義や正統教理への疑義を公言させているところの危機意識なのである。

ここまでのドライアーの主張において、一貫して強調されているのは「信仰」「生」「宗教」に重点を置く姿勢であり、対して現状における「教義」「正統主義」に疑問が呈されている。さて、一八七七年の「宗教言語と、教会の平和のためにそれを理解することの重要性（Die religiöse Sprache und die Wichtigkeit ihres Verständnisses für den kirchlichen Frieden）」においては、この路線に変化はないまま、さらに加えて信仰告白の重要性が強調されることになる。ドライアーによれば、宗教言語はアナロジーに満ちている（たとえば、「天の父」は「天」も「父」も宗教的なアナロジーである）。信仰告白は、教義学とともにこのアナロジーに満ちた宗教言語を使って、キリスト教徒の実生活すべてにおいて宗教的概念が関係していることを明らかにする課題を負っているとする。[21] それゆえドライアーは、学術が発達した今日、もはや信仰告白は必要ではないという意見には同意しない。キリスト教は自然科学に揺さぶられているのではなく、今日のキリスト教に宗教的生産性とエネルギーが欠乏しているのがそもそもの問題なのだと説く。[22]

他方でドライアーは信仰告白の将来のあり方について次のように述べる。

将来の信仰告白は学術から独立したものでなければならない。それは純粋に信仰上の叙述にとどまるものであり、あらゆる学術的定義の使用は避けるべきである。また宗教言語を理解するための多様な解釈の余地がなければならない。それはただひたすら教会を平和に導く道を歩ませるものである。われわれがなおもそれとは反対に、意見が分かれたままの教義学を保ち続ける道を歩むならば、平和の道は歩めないであろう。教義学のあるところ、宗教的かつ教会的一致があったためしはなく、公然と党派ごとに分かれたキリスト教徒たちは……さらに四分五裂し続けている。[23]

このようにドライアーは信仰告白の将来性に期待を寄せる一方で、教義学に否定的な姿勢を再度表明している。それがより一層明確になるのが、一八八一年の論文「信仰告白問題（Die Bekenntnisfrage）」である。[24] ドライアーはここで信仰を「人間自身の内なる領域に宿り、あらゆるこの世の異なっているものから独立している」ものであるとする一方、教義については次のように評価する。

教義とはキリスト教の啓示された宗教的内容に対して、それぞれの時代とその時の風潮の学術的仲介によって、特定の時代と霊性に応答した産物である。教義はむろん永遠なる信仰の真理を含んでいるが、それは永遠の真理の表明そのものではない、なぜなら可変的かつ不完全なこの世界がそこに参与しているからである。教義というものは何一つ神に啓示されたものではない。教義とは神の啓示に対する人間の思惟の結果である。信仰は永遠だが、教義は一過性のものである。信仰はすべてに対するものだが、教義はすべてに対するものではない。信仰は神のものだが、教義は人のものである。信仰は祝福を与えるが、教義は祝福を与えない[25]。

あるいは「キリスト教信仰の内容はあらゆる教派の教義学に含まれているが、それは決して総体的なものではなく、ばらばらに染め上げられてしまっており、独自の精神的方向性に沿って修正されてしまっている[26]」。したがって「あらゆる教義学から自由であればあるほど、より深く福音的に深みが増し加えられるであろう[27]」。その結果、ドライアーは「教条主義（Dogmatismus）こそがわれわれの教会における最も重い病気である[28]」と断じる。対して「信仰告白とは、キリスト教徒を自負する人々に対して教義学への同意を必ずしも求めるものではない[29]」。というのは、「真の信仰告白とは徹頭徹尾キリスト教の宗教感情を言い表したもののはず[30]」だからである。他方で信仰告白は「特定のキリスト教の宗教感情が相対立しないように、あらゆる認識段階や教理概念に余地を残しておくべきである[31]」。その意味で「教会の教理に関する文書の最大の長所とも言うべき概念の明晰性は、あるいは公同のキリスト教信仰告白としては最大の短所と言えるかもしれない[32]」。

さて、これ以前の論文では使徒信条の内容については処女降誕にのみ言及していたドライアーだが、この論文では使徒信条そのものの価値について論じている。すでに述べたように、ドライアーは信仰告白と教義とを分離し、教義よりも信仰告白に肯定的な態度をとる。一方で、使徒信条は礼拝その他において信仰告白として用いられるものであるが、ドライアーはすでに使徒信条の一部内容を教義として取り扱っている。それでは使徒信条はどのように位置づけるのが適当なのであろうか。ドライアーはルターが『小教理問答』において、使徒信条を三つの信仰箇条にまとめている事実を援用して次のように指摘する。[33]

これによってルターはわれわれに適切な道、使徒信条への適切な立場を示している。すなわち、使徒信条は、さまざまな時代や教養階層、教派のキリスト教徒を一つにまとめるものとして、あるいは歴史的に伝承されてきた比類なき共同のキリスト教信仰告白として、最も高い価値があるということである。なぜならばこのような信仰表現すなわち使徒信条を探求している限りは、敬虔なる感情（frommes Gefühl）が尽きることはないからである。[34]

つまりドライアーにとって使徒信条そのものは信仰告白であり、ルターの見解に従って用いるかぎりそれは適切であると見做される。ただし「使徒信条は、その意義に関して神学者たちの間でも意見の一致を見ない部分をいくつか含んでいる。たとえば『陰府にくだり』、『身体のよみがえり』などである」[35]。その点に関して使徒信条は教義を生み出したもの、あるいは教義そのものと見做される側面を持っている。しかしドライアーはあくまでそれを「いくつかの部分（etliche Stücke）」であるとし、使徒信条そのものを教義とは見做さず、したがって使徒信条そのものの価値までは否定していない。

4 『非教義的キリスト教』

ドライアーは上述の主張を展開したうえで、一八八八年に『非教義的キリスト教』を発表する。同書出版の動機として、ドライアーは冒頭で次のように述べる。

プロテスタント教会の組織は完璧とは言えない上に、礼拝行事を改善しなければならないのは疑いようがない。しかしそのような状況下で教会員が苦悩しているもっと基本的な原因を突き詰めなければならない。それは、教会の現場は当代の神学者たちがやむなく認めているよりもはるかに深刻に教義的キリスト教から疎外してしまっているということである。[36]

この疎外とはすなわち「近代的な精神生活と教会教義のあいだの分断」であるとする。[37] ドライアーはこの分断を世界観の相違に求める。ドライアーによれば、世界観ということに関して言えば「われわれが聞くところの教義というものは、概念的に把握された宗教経験である。人間の認識本能は内的あるいは外的体験に対して働かないということはない。それは宗教経験の根を探ろうとし、またその関係を理解しようとする。その際、認識本能はおのずから、その時に支配的な世界観と同時代の哲学に依っている概念的な材料を用いるのである[38]」。

そして教義に関して言えば、材料として用いられている概念とは、古代の教会教義が成立した時代にあった「超自然的なものの概念」であり、超自然とはすなわち「天上世界」にも立脚し、「魔術用語（Zauberwort）」などに彩られていることを意味しているが、これこそが現代の世界観との相違の根本原因であり、ドライアーはこれを「時代遅れ」で「旧世界」に属するものと明言する。[39]

もし現在の世界観が天上世界の存在を価値あるものとして支持し、受け入れてくれるならば、教義は信仰生活や道徳的表象とどれほどうまく調和できるであろうか！　しかし今や古い世界像は崩壊してしまい、魔術用語が何かを生み出すこともない。新たな世界像は人々の間に驚異的に広まっており、この新しい世界像こそがもはや唯一の世界であり、昔の人々は想像もできなかったほど巨大で広い世界像なのである(40)。

したがってドライアーによれば、「もし信仰がこの教義と分かち難く結びつき続けるならば、それは信仰の命取りとなる(41)」。

けれどもこれまでの世界観を失った場合、それはキリスト教教理そのものの無価値化を意味するのではないだろうか。ドライアーはそうではないと言う。「仮に天上世界を超感性世界と言い換えたとしても、教会教理の核心部分は変わることはない。それは一つの世界観をほかの世界観に翻訳したにすぎない(42)」。もちろん慣れ親しんだ世界観を捨てることは痛みのともなう作業になるかもしれないが、「教義から信仰への回帰、それこそがわれわれが歩まなければならない道」であり、「実に多くの人が精神的にも感情的にも疲労困憊している困難な闘いを解決する唯一の道」なのだとしている(43)。

以上がドライアーにとって「非教義的キリスト教」を提案する上での前提である。さて、すでに述べたようにドライアーは著書『非教義的キリスト教』を発表する以前から、これにつながるような主張をしばしば公にしている。既述のように、『非教義的キリスト教』において述べられている教義に関する疑義などは、以前に主張されたドライアーの主張と基本的に大きく変わっている点は見られない。『非教義的キリスト教』がそれ以前のドライアーの意見表明と決定的に異なっているのは、古くからの教義などに対する部分的な批判にとどまることなく、徹底的な現状批判とその解決策を提示していることにある。それは書名『非教義的キリスト教』が示唆しているとおりである。

これまでは部分的な教義批判にとどまっていたドライアーであったが、『非教義的キリスト教』において最も詳細な批判を展開している対象は正統教理である。正統教理批判は既述のように一八七四年の論文「宗教的真実の唯一の認識兆候」でもわずかながら表明されているが、『非教義的キリスト教』では全本文一〇三頁中三九頁が正統教理の分析と批判に費やされている点は注目に値する。

ドライアーはまずこの時代の正統教理の内実を次のように定義する。


近代の世界観を承認していない。近代の世界観の真実性と正統性を拒絶している。神とこの世界との関係に関して、一六世紀の宗教改革期のことばで語ることしかしない。もはや落日の栄光しかない教会の一致信条を不可侵の錦の御旗にしている。正統教理は旧新約聖書を再発見された天からのものとして人々に教える事柄を生み出し続けている。それゆえ聖書は純粋に読まれなければならないし、聖書の教理は逐語的、不変的、絶対的な真実であるとしている。書かれていることはすべてそのとおりだとしている(44)。


プロテスタント教会の一つのあり方としてはある意味当然のものの一つである。なぜなら、宗教においては伝統的であることや時代を超えた価値観等の不変性はむしろ肯定的な特徴とみられることも多い。ところがドライアーによれば、これこそが問題である。近代との世界観の乖離はすでに述べたとおりである。そして近代的な世界観によって、人々の教会教理に関する理解もすでに変化してしまっている。

近代人は宗教改革によってつくられた一致信条を、偉大なる歴史運動の所産として習いかつ理解しており、絶対的価値をそこに帰することはない。聖書もまた、人間の手によって成ったもので、あらゆる古代の文学作品のうちの一つとして学術的にも証明されていると考えており、唯一の直接的な神の啓示として承認したりはしない[45]というが現代人の考え方である。

それにもかかわらず正統教理を奉じる勢力、すなわち正統主義はなお力を持っているという事実がある。ドライアーは正統教理側にも長所があることを認める。それは第一に敬虔なる心情（frommes Gemüt）を保持していることである。教会の礼拝では、牧師の説教は神の言葉として語られ、聴衆もそれを神の言葉として聴くが、この「権威」を成り立たせているのはひとえに敬虔なる心情である。第二に正統主義は単なる人生哲学でもなければ学術でもなく、ある種の文化や生活習慣でもない。それはなお「宗教」である。「宗教がなければ人の魂は荒廃し、乾いてしまう。宗教のみが天的なものの源であり、それはまたすべての存在するものの外面的な渇きもいやす。そのようなものに対する承認と忠誠は、自由主義に比べて正統主義の方がはるかに喜びに溢れており、全体に広まっており、また多くの良い結果を生み出している[46]」。第三に正統主義には神秘主義を包括する許容力がある。それは第二の理由である「宗教」であることに関係がある。

宗教の領域とは少なからず自然と芸術の領域でもある。慎重この上なく神秘主義的であろうとする人は、より大きな（宗教的）正しさ、より大きな力を持っている。それは正統主義の決して小さくない長所の一つである[47]。

さて、正統主義の長所が以上の三点のみに終わるならば、正統主義の正統性とは客観的に「純粋な教理（die reine Lehre）」を保持しているが故の正統主義あるいは正統教理ではないか、あるいはその純粋な教理の保持も正統主義の長所ではないかとの指摘がされる可能性がある。ドライアーはこれに反論する。

もしも純粋な教理というものが正統主義の長所であるとするならば、何よりもそれこそが正統的な諸教理の前提でなければならないだろう。だがそんな前提は確認しようがない。そのような教会教理の知識をキリスト教徒たちは滅多に持ち合わせていないし、教役者でもそのようなことに基礎を置いている者がどれだけいるだろうか(48)。

そもそもドライアーは客観的な教理というものに重点を置くことに反対する。なぜならば、たとえばキリストの復活といったような基本的な教理ですら「それは客観的な出来事の説明ではなく、敬虔なる心情が主観的に求めるものを満たすもの(49)」だからである。すでに述べたようにドライアーにとって大きな問題となっているのは教義の依拠している世界観と近代の世界観の乖離である。それは言い換えれば世界像に関する知的理解の相違である。もしそうであるとするならば、古い時代の世界像に関する知的理解に基づく教理に重点を置こうとすればするほど、新しい時代の世界像に関する知的理解に基づく近代的な世界観との溝はいよいよ深まってしまうことになる。しかし教理とは対照的に、敬虔なる心情は知能、客観性、時代に応じた世界観そして教理から自由であるとドライアーは考える。「もし教理に固執するなら、それはいつも古いものになってしまうだろう。なぜなら教義そのものというよりは、教義の宗教的な意義の脇にあるものは敬虔なる心情を求めなくなってしまっており、それが古さとなっているのである(50)」。それはドライアーによれば「どんどん重くなる教義の荷物(eine immer schwerer werdende Last von Dogmen)」であり、さらには「近代においてはもはや理解できなくなっているにもかかわらず、儀式やキリスト教的道徳における古い形式はなお保持されている(51)」。ドライアーはこれを宗教改革本来の精神からの後退と考える。

（ルターは）外面的には敬虔ではないようなあり方というものにこそ光をあてた。そしてそこにこそ敬虔性の本質というものを見出したのだ。いまプロテスタント教会においてこの偉大なる初期ルターの考えに対する評価がますます低くなっているように思われることは、最も憂慮すべき指標である。(52)

そして敬虔なる心情が求めるところの宗教的神秘への欲求を正統主義が満たすことができないでいることも問題であるとする。この場合の神秘はいわゆる「奇跡」であり、正統主義における奇跡の役割は限られているのは当然のことのように思える。しかしドライアーは、

正直なところ、宗教に関して言えば私にとってこれはまことに不充分である。神秘は私の宗教的生活にとってあまりにも本質的なものなので、通常の生活にとっても、あるいは特別な生活においてもこれをなしですますことができない(53)

として、奇跡をなお重視し、ミサにおいて「畏るべき神秘（mysterium tremendum）」を感じ得るローマ・カトリックのあり方に肯定的評価を与える。(54)

なぜなら神がしっかりと魂に植え付けたものは、これと何も矛盾しないからだ。この深い欲求を、私は神秘によって充足させたい。正統主義が私にこれを提供してくれるならば、この欲求は完全に充足できるだろうし、ほかの精神的な充足物はいらなくなるだろう(55)

と述べている。

さて、ここまでドライアーは正統主義の具体的な難点を列挙してきたが、さらに痛烈な批判を向けるのが、正統主義における内面と外面の乖離、とりわけ説教者の人格における外面性と内面性の乖離であり、これをはっきりと「偽善」であるとする。なぜなら「プロテスタント教会が説教者に要求している、いや要求すべき第一のことは完全な率直さ」であり、「プロテスタントの説教者としての正統性は、その人が力（die Macht）を持っているかどうかによる。その人の率直な証言は教会を築くが、他方で率直ではない証言は教会を破壊する」(56) からである。

他方でドライアーは、正統主義を奉じながらも強い宗教性を持つ人々に深い共感を示し、彼らを「砂漠の説教者」「メシアのそばにいることで勇気を与えられている者」「世に嘲られることを教えられている者」「使徒たちのようにその嘲りに耐える者」として高く評価する。(57) ドライアーは彼らに共感を示すが、彼らがドライアーに対して同じ共感を返すことはないとドライアーは予想する一方で、いずれ彼らと一致できるとの希望を表明する。それは終局的かつ楽観的な終末論に立脚している。「地上に存在するものとともに、すべての教義は滅びる。救い主と神の手によって、愛の共同体の燃えさかる炉の中においてそれは成される。この愛の共同体は、すでに心の中に燃えるものとしてあなた方に示されている」(58)。ここで教義が終末において滅びるべき運命にある被造物であるとされていることに注目したい。ドライアーは教義の価値についての検証をさまざまな角度から行ってきたが、神学上の決定的な論拠は終末論に立脚している。そしてこの終末論は彼が最も問題としていた世界観の相違をも止揚する。「この祝福に満ちた終着点で、われわれはわれわれをその途上で分断していた世界観について、ただ微笑むことになるだろう。なぜならこの世界はもはやなく、われわれは神の直観によって永遠に結ばれるからである」(59)。

さて、ドライアーは個人の信仰としては終局的かつ楽観的な終末において、宗教的な愛に満ちた信仰が勝利すると考えているのだが、すでに述べたように、現時点でこの世においては、霊的世界の存在や教義の教える超自然的な出来事を受け入れるような考え方は、古代とは異なってもはや一般的ではなく、反対に近代的な世界観が多くの支持を受けている。それではこの現状に対してどのような方策を取るべきであろうか。いわゆる調停神学はこの問題に取り組む一つのあり方であるが、ドライアーはこれに対して以下の三点の指摘をしている。第一に、「態度」として、使徒信条が義務であるにせよ、その中の教義である「陰府にくだり」や「身体のよみがえり」は「そっと脇に置くことができる」とし、それでも「中心的な事柄はなお成立している。キリストが神の子であるというのは基本的な信仰箇条である」とする。(60) 第二に「同期」に言及する。ドライアーは、キリスト教の本来の目的は何かということに立ち戻る必要性を説く。その点でいわゆる調停神学は本来の宗教性を持っていると評価している。ドライアーによれば、「調停神学の目的と教会の調停的実践はむしろ宗教的なものである」(61)。この宗教性を同じ時代の人々に伝えるためには、その人々が受け入れられるような形式を考慮しなければならないが、他方で説教者は福音に留まらなければならない。すなわち「確かな信仰基盤と至福の天国への希望」を保たなければならない(62)。第三に、神学的な原則よりも実践的な目的を重視することは長所であるとドライアーは認める。他方でドライアーによれば、調停神学は近代の世界観とキリスト教信仰の有機的結合を完全に達成できているとは言えず、それは「ただ一時しのぎの外面的な妥協によって……近代世界観とキリスト教信仰を有機的に結んでいる」にすぎない(63)。結局のところ、調停神学は教会教理という壮麗な建造物の改装を行う一方で、近代的精神世界というもう一つの巨大建築物に、教会教理の断片を打ち付けているようなものであり、その結果、二つの建物の間を行き来する調停神学の業績というのは「あまり心地よくない上に反発すら感じさせる、どっちつかずのもの」であり、これが調停神学の短所であるとドライアーは主張する(64)。

それゆえドライアーにとって調停神学は、正統主義と現代の世界観との溝を埋めるための充分な働きをしているものとは考えられない。そこで調停神学とは異なる、新たな解決策を模索することになる。この際に「人格」

「信仰」「教義」が重要課題になるとドライアーはいう。「教義」についてはすでに取り上げたとおりである。そここでまずは「人格」に関するドライアーの主張を見ていくことにする。

ドライアーは人格をアプリオリな「論理的範疇（logische Kategorien）」に値するものとし、「神に根源を持ち、生の最も深い源泉から湧き上がるもの」であるとする。[65] たとえば宗教的確信が自己満足に陥らずに「すべて真実であるのは、それが神と一つである人格から放たれたものであるという前提の時のみである」[66]と言う。この人格が「独自の力をもって働きかけ、清めることのできる領域」こそが宗教的領域だとドライアーは言う。[67] 宗教とは、このようにこの世界を超越したところに立脚点を見出した人に宿るものであり、「決して教理や認識、修行や行為のうちにあるのではなく、人格そのものの最も内なる核心部分にある」[68]。そしてわれわれはこの人格の完全なものを知っており、それこそがイエス・キリストに他ならない。「被造物ではない彼には、最も純然たる神の生がほとばしっている。……神を必要とする人間の魂は、最も深い敬虔さや聡明さをもってしても神以外のものでは満たされずにいつも渇望しているのはキリストが感じたごとくであり、その生のすべての個々のことがらを通じて、神に根差している人格の最も深いところを求めてやまないのである」[69]。

この人格は、別の事柄、すなわち教会論にも関係してくることになる。「まずキリスト、いやキリストの人格が心の中に生きており、その姿を現し、新しい人格が生まれているところ、それこそがプロテスタント教会が依って立つ基礎の岩である」[70]。ドライアーはこの信仰こそがキリスト教徒に恵みを与えると言い、これを「旧来の神秘」と呼んで、義認の教理が見失われつつあるなどの危機にある教会を刷新するにあたり、宗教改革の源泉となったこの神秘を再び見直さなければならないと強調する。そうしなければ「プロテスタント教会は砂の上に慎重に建てられた構築物と呼ばれかねない」のであり、教会にとって基礎の岩であるキリストの人格に立脚しないものになる可能性もあるのである。[71]

ところで、ドライアーは『非教義的キリスト教』以前から「敬虔なる感情（frommes Gefühl）」に言及し、大きな価値を置いているが、『非教義的キリスト教』では「敬虔なる心情（frommes Gemüt）」が教義に代わる方向性を示すものとして最も重要なもののひとつに挙げられている。ドライアーによれば、この敬虔なる心情は次の六つのものを必然的に求める。すなわち、「宗教的確信」、「権威」、「畏敬の念（Pietät）」、「信仰における一致」、「宗教」、「神秘」である。[72]さて、ドライアーは「信仰」「人格」「生」といったものに焦点を当ててきたわけだが、これらと敬虔なる心情が求めるものとはどのように関係し、あるいは調和するのだろうか。まず宗教的確信とは、ドライアーによると「敬虔なる心情に沈思することによって、また神とともにある信仰によって起こり、認識世界での歩みにおいて決して揺らいだりすることのないもの[73]」である。けれども実際には聖書の高等批評などによって旧来の信仰のあり方は揺らいでいるように思われる。しかしドライアーはむしろこれを受けて「史的イエスこそが神への信仰的確信を生み出してきた」とし、「経験的なイエスの地上の歩みというのは……驚くべき大樹のほんの萌芽にすぎない」のであり、それゆえ史的イエスがわれわれの信仰に適合するかどうかなどを心配する必要はないと言う[74]。

また、権威についてドライアーは「宗教的人間は（神への従属という至高の）権威を必要とし、また求める。その人はこの権威から自由になろうとは思わない[75]」と主張する。なぜなら「敬虔なる心情が権威を求めるのは、キリストへの信仰により、それが喜びである[76]」からである。その際に自由は犠牲にされない。ふつうは「権威と自由とは一方を犠牲にしてもう一方が成立するものであるが、キリストは権威と自由を同時に満たす」ので、自由を諦めるということにはならないという[77]。

さて、キリスト教はすでにさまざまな信仰告白のテキストを持っているが、それは人間の手によるものであり、概念的なものにすぎないのであって、それをただ理解し、朗読するだけでは信仰表現として充分とは言えない。もちろん信仰告白は多くの場合、深い畏敬の念をもって用いられる。ドライアーはそれをさらに深め、「ただ畏敬の念とともにそれをするのではなく、畏敬の念から、いやむしろ救い主への畏敬の念こそ」が、概念的なものにすぎない信仰告白を充分なものにするとする(78)。

そして「信仰の一致」に関するドライアーの意見は明快であり、すでに述べられている敬虔なる心情の重要性と教義からの自由に依拠している。「敬虔であることを満たすために、教義から信仰へ回帰すべきならば、幸いなことに、ほかにわれわれが目指すところなどない。教義は分断するが、信仰は一致させるからだ(79)」。「宗教」の必要性、重要性についてはすでに繰り返し述べられているが、宗教に関する一つの課題としてドライアーは「この宗教が唯一必要なものであること」を現実化することだとし、その理由を「人はある瞬間だけ宗教的であるということは許されない。もし天と地が二つに分かたれているのでなく、一つの世界の基礎でありその現れであるとするならば、この規範はおのずと実現されよう。……すべての地上的な行為は宗教によって充分なものとされ、宗教的なきっかけは地上で具体化される。肉体は地上的な課題に関わるが、魂は宗教に関係する」としている(80)。

最後に、ドライアーが個人的に神秘を重要視する発言をしていることは既述のとおりである。他方で彼はプロテスタントにおける神秘主義の一形態とも言える敬虔主義を斥け、神秘主義とは対極にあるような高等批評について肯定的な評価を与えている。それではドライアーはこれらの自己の主張と神秘の重要視をどう調和させるのだろうか。

知によって自然の内奥に分け入っても、そこに創造者なる霊はない。だがそこは同時に信仰のふるさとでもある。……われわれはこの生そのものに関することを考えるならば、この意識、この人格に、奇跡に満ちた世界を見出す。すべて存在するものは外見的には学術の対象であるが、内面的には究め難い神秘に根差している(81)。

さて、ドライアーは『非教義的キリスト教』に「Pia desideria（敬虔なる願望）」と称する小さな章を設けている。この題名はドイツ敬虔主義の指導者の一人であるP・J・シュペーナー（Philipp Jacob Spener, 1635-1705）の主著の書名と同じであるが、ここでドライアーは単純に敬虔主義への支持を表明するわけではない。また、この章は結論の章の一つ前の章であるが、結論の章と合わせて、ここにもほぼ結論と言える事柄が提示されている。ここでドライアーは「教義から自由なキリスト教のような、宗教的に積極的なキリスト教は、ドイツの国民的心情を若がえらせるものであると確信している」[82]と述べ、彼の提唱する「非教義的キリスト教」のドイツ国民への適用を訴える。すでに論証してきたように、教義中心のキリスト教はもはや時代精神に合わないとドライアーは考えている。では教義が後景に退くことにより、存在感がより増すことになる聖書が中心に据えられてもよいのではないだろうか。ドライアーによれば宗教改革の二大原則とは「キリストへの信仰を通して恵みによってのみ神の前の罪人は義とされること、これが質的原理（Materialprinzip）であり、聖書とは救いの真実を唯一知る手がかりであるというのが様式的原理（Formalprinzip）である」[83]とする。したがって聖書は確かに重要な原理の一つである。けれども「聖書のすべての個々の言葉を、超自然的に啓示された教理であり、事実であると、すなわち信仰の本質であると逐語的に見做すと……それによって本当の信仰の本質は曇らされてしまうのである」とドライアーは批判し、プロテスタントとしての聖書の位置づけとして、ルターの言葉「教会から聖書へ、聖書からキリストへ、キリストから神へ」を引用する。[84]そしてドライアーは理想とする教会のあり方を「自由なプロテスタント的敬虔性が実現している」教会とする。[85]これをドイツ精神史と結びつけてドライアーは次のように主張する。「他の諸国民においては教会の教義が成立しているが、ドイツ人はそれを決して喜ばない。ドイツ人は考えることを恐れているのではない。ドイツ人にとって宗教こそ心情に関わる問題だからだ」[86]。この教会の現実的側面について、ドライアーは最終的に次のように言及する。「国民生活において観念的な力を行き渡らせ続けようとするならば、教会に関して言えば、事実優先の方法論もまた不可欠である。……教会全体、あるいは祖国全体に関しても同じである」[87]。

最終結論として、「非教義的キリスト教」の具体化について問わなければならないだろう。これに関してドライアーは教派主義との関連で次のように主張する。

教会内で教派主義に反対しているうちの多数派のような人々は、そもそもまだ教義に立脚しているので、教義とともに他のものまで失ってしまわないよう気をつけたほうがよい。教派主義に対して、あらゆる調停的な立場をとるような合同派は、教義主義という地平から離れたときに初めて成り立つ。教派主義の地平には近代的思考というものがない。他方で信仰は教義としっかり結びついており、教義なしでは力を保つことができないかのように見える。しかしこれは乗り越えられなければならない[88]。

5 「非教義的キリスト教」の構図

すでに述べたようにドライアーは『非教義的キリスト教』に先立っていくつかの論文を発表していたが、そのうちの「堅き信仰と自由な学術」の前文の中で、F・シュライアマハー（Friedrich Daniel Ernst Schleiermacher, 1768-1834）とR・ローテ（Richard Rothe, 1799-1867）からの影響を認めている[89]。後述するように、シュライアマハーからの影響は後にトレルチからも指摘されるとおりであるので、ここではローテからの影響に関して考察する[90]。

ローテによれば、教義学とはその時代の教会や教派の状況に基づいた経験的でアポステリオリなものであり、それに対していわゆる思弁神学は構造的でアプリオリなものである。そのため思弁神学は教会教義とも特定の歴史に関わる教義とも関係がない[91]。教義学が正統主義としての役割を果たすとするならば、思弁神学はその対極の「異説（Heterodox）」とも言える立場から教義学に働きかけることができるとする[92]。この教義学と思弁神学の相互作用によってキリスト教的敬虔性が教会の特徴の一つであることが明らかになるので、そこへ回帰しようとすることになるのだが、そうすると伝統的な教義学だけではもはや充分ではないということが明らかになるという。このようなローテの神学は方法論的・形式的な観点では彼が思弁神学を学んだヘーゲルとC・ダウプ（Carl Daub, 1765-1836）を継承しており、内容的に見ればシュライアマハーの「敬虔なる感情」の理解を保持していると評される(93)。すなわち教義学は思弁神学によって止揚され、その結果旧来の教義学のままでは存続することができず、必然的に別の様態に導かれるとローテは教理的あるいは神学的に考えているといえよう。

他方でローテは、宗教改革によってキリスト教は新しい段階に入り、啓蒙主義以降、道徳政治的段階に入ったものの、リベラルな護教論の確立によって教会教義からキリスト教が解放されるまでには至っておらず、彼の理想とする「道徳政治的キリスト教」が完成されるためには、教会の組織改編だけでなく、教義的でもなく教会的でもない自由なキリスト教が必要であるとする(94)。ローテの示すこの方向性は、ある意味で敬虔主義のあり方を想起させるが、ローテは敬虔主義を「排他宗教的にして非宗教道徳的な生」であり(95)、「分離主義」にして「個人的キリスト教」であるとしてこれを斥け(96)、また同時に敬虔性を教義的にした形式をも捨てるよう勧める。なぜなら、「教義とは、はっきりとした教会教理によれば神の言葉ではなく、人間の業であり、学術的作業である。教義は聖書と同等ではなく、学術と同じ程度のものであって、古い学術よりも新しい学術に敬意が払われるのは当然である(97)」からである。そこで教義による国民の一致はもはや不可能であるとし、ドイツ国民は文化的に一致することを目指すべきだとする(98)。

これらの前提をもとにドライアーとローテの神学を比較してみる。ドライアー、ローテともにもはや伝統的な教義をそのまま継承するだけでは、新しい時代には対応できないと考えている点ではほぼ一致していると言える。その結果、従来の教義にとらわれない新しい形へとキリスト教そのものが進むべきであるという見解も同じである。他方で、ローテは思弁神学によって教義を止揚することができると考えているが、ドライアーは神学にあまり期待をしておらず、「救済の希望はいかなる神学にもなく、ただ信仰にのみ」基礎づけられるとし、この信仰は「まことの神学という覆いの下で見つけることができるが、多くの人の手によって近代的観点の下で作られ、存続しているところのこの神学という覆いがもしもすでに古びてしまっているならば、そこに信仰を見つけることはできない[99]」とする。そして教会が抱える諸問題を「どんどん重くなる教義の荷物[100]」と表現し、そもそも教義というものを将来的に価値があるものとは考えていない。またすでに見たとおり、ドライアーの主張の根底には最も大きな問題意識として、キリスト教教義と近代世界の世界観の相違があり、両者は完全に二項対立するものとして描かれる。それに対してローテは天使の存在すなわち天国の存在に関する世界観を「宇宙的（kosmisch）」にとらえて「天国はこの世界である」とし、統合的にとらえようとする[101]。特に両者が異なるのは使徒信条の取扱いである。ドライアーは使徒信条の内容は教義であるし、「おとめマリアより生まれ」等については近代的な世界観との乖離から、これを重視しなくてもよいという意見を述べる。これに対しローテは「使徒信条は教義の総体ではない。そこに書かれている教会教理は、教義と呼べる段階には達しておらず、純粋に使徒信条自身の歴史的特性を示しているにすぎない[102]」と述べ、両者の意見は一致しない。ただし、ドライアー、ローテとも使徒信条の歴史的価値までは否定しておらず、使徒信条を教義の一部であるとするドライアーも、使徒信条そのものを廃棄するべきであるとまでは発言していない点には留意するべきである。

要するに、両者に共通するのは信条あるいは信仰告白にもはや教会一致や教理の基盤としての役割を期待しておらず、伝統的な教義を後景に斥けることの提案である。その意図するところや立場は大きく異なるにもかかわらず、方策においておおよそ一致していることは興味深い。使徒信条論争の様相は複雑を極める。それはたとえ結果的に使徒信条を用いることに批判的あるいは肯定的な言説同士であったとしても、その内実が大きく異なっており、斉一的な取り扱いが難しい場合が多々見受けられるからであるが、ローテとドライアーの比較はその実情の一端を示しているのである。

第2章　ドライアーとユリウス・カフタン

1　「新しい教義」

ドライアーの意見表明に対してさまざまな反響が惹起されたことはすでに述べたが、その中でも最も詳細なものの一つはベルリン大学神学部組織神学担当教授であったJ・カフタン（Julius Kaftan, 1848-1926）の見解である。カフタンは単にハルナックのベルリン大学における同僚であるだけでなく、一八七二年頃より両者ともライプツィヒ大学の学生であった時からの盟友であるため、ハルナックに最も近しい神学者からの発言であると目されており、後述するシュレンプフ事件の際のハルナックの使徒信条に関する意見表明にも影響を与えたと評される。(1)

ドライアーの『非教義的キリスト教』に対し、カフタンは「キリスト教世界」誌上でまず六度にわたる意見表明を行い、これを同誌におけるのと同じ『信仰と教義（Glaube und Dogma）』の題でまとめて一八八九年に出版した。(2) さらにカフタンはこの内容を展開して八回にわたる再度の意見表明を追加し、これは『新しい教義は必要か？（*Brauchen wir ein neues Dogma?*）』の題で出版されている。(3) 他方でドライアーはカフタンの意見表明後「非教義的キリスト教の信仰論（Die Glaubenslehre des Undogmatischen Christentums, 1889）」、「キリストの人格とその宗教的意義に関する教理（Das Dogma von der Person Christi und seine religiöse Bedeutung, 1891）」、「今日の教会で活き活きとした信仰を育てるためにキリスト教はどの道をとるべきか（Welche Wege muss die Unterweisung im Christentum einschlagen, um lebendigen Glauben in den Gemeinden der Gegenwart zu wecken? 1892）」の三編を著して、自分の立場を再

度主張している。(4)

2　カフタンの意見——信仰と教義

カフタンの反論はその最初の書名『信仰と教義』に表されているとおり「信仰」と「教義」のとらえ方がドライアーと異なることにより、結論すなわちキリスト教会が取るべき今日あるいは将来の方向性も異なってくることを主張する。

すでに見たように、ドライアーにとって信仰とは「敬虔なる心情」に依拠するものであり、教義と対立するものである。それに対しカフタンは「信仰の認識とは神認識」であり、「キリスト教信仰は、この世を超越した崇高な人格的霊的存在である神を認識する」と規定する。(5) それは同時に認識の対象として「学術にもかなうような」ものであり、ゆえに「信仰と学術は一つ」である。(6)「われわれは死ぬべき存在であり、生の目的はわれわれ自身ではない。それは神がわれわれに与えるものである。それゆえ知りうるかぎり最高の内的体験とは従順なる特性を備えている。この体験が信仰である」(7)。したがってドライアーが「喜ばしくあり」「神をたたえ」「活き活きとして、堅くあり、真価が認められ、揺るぎないキリスト教信仰」と表現したものをカフタンは信仰とは認めがたいと言う。(8)

それでは教義とはカフタンにとってどのようなものであろうか。カフタンによれば、教理とは教会共同体が教理にふさわしいとしたもので、教義とはその中で教会にとって不可欠なものである。(9) カフタンは「規矩(Richtschnur)のないキリスト教会などない」とし、その規矩とされる教理こそが教義にほかならないという。(10) 理念上は、教理とは神の言である。したがってその一部である教義を放棄することはできないはずである。(11) 他方でカフタンは信仰、教義ともにその概念形式に関しては時代の影響を受けているという点に関してドライアーの意見に同意する。[12] ドライアーの場合、既述のように古くからの教義は古代の世界観に根差しているものと考えたので、世界観が根本的に異なる現代に古くからの教義を適用するのは不適当であるとした。しかしカフタンは古くからの教義を「言葉の絶対的な意味で真実を問う」哲学によって形成されたと考え、これが対立するのは今日行われている「この世界に関する実証主義的知識」であるとする。[13] まずもって「世界認識が入口である神など存在しない、神はこの世界の神である」とカフタンは主張し、世界観は信仰の障壁にならないとする。[14] あるいは、ドライアーは教義を信仰の時代精神による表現であると考えたが、カフタンは教義を「信仰と学術との相互作用」の必要性から生まれたものと見る。[15]

そもそもなぜそのような教義がプロテスタント教会に引き継がれているのだろうか。カフタンは実は教義こそがプロテスタント教会にとって重要だという。なぜならばローマ・カトリック教会では「儀式と教会組織が第一であり、教義は後景である。プロテスタント教会では逆である。儀式と教会組織は後景に退き、信仰とそのための教理と教義こそがすべてである」からだとする。[16] 信仰は神の言を媒介として個人において成立する。上述のとおり、カフタンにおいて教理とは理念上は神の言である。教会は神の言を伝え、信仰において神の言はそれとして同意され、認識されるが、この告白に教会の教理と教義があるのであり、「それゆえにプロテスタント教会は教義をただ必要とするのではなく、それが不可欠なのである」。[17] 言うまでもなくプロテスタント教会の教義、特にイエス・キリストに関する教義は新約聖書に由来している。ローマ・カトリックはキリストによる赦しと救いは聖体と赦しの秘跡によっても表現されるが、プロテスタントではただ「信仰」と「言葉」と「教理」のみである。[18]

したがって必要なのは教義を捨てることではない。カフタンはまずルター派の一致信条に基づいた「教理の再構成」、しかもルターが宗教改革で遂行したことからは逸脱することなく、かつ新たなる教理の再構成を提案する。[19] カフタンが一致信条に価値を置いているのは、それが「歴史的文書」として「歴史的発展の連続性」を示すものだからである。[20]その意味でカフタンの言う「新しい教義」とは、それまで全く存在しなかった新しい教義ということではなく、スコラ主義的理解を遠ざけて再構成する教義のことである。[21]すなわちそれは「学術的な知でもなければ高度に思弁的でもなく、そうではなくて信仰との関係における贈り物としての真実であり、信仰へと導くもの」であり「プロテスタント教会は自分たちの信仰にふさわしい教義を必要としている、いわば、宗教改革にふさわしい『新しい教義』が必要なのである」。[22]他方で「新しい教義とは、もちろん信仰に根差しており、それでいて人間認識と学術としても考えられる点では古くからの教義と同じ」[23]であり、「より新しいものとしてではなく、古くからの信仰を守るものとしてそれは必要」[24]なのである。それでは教義の権威についてどのように考えればよいであろうか。信仰はしばしば権威の問題に直面するが、それは対象が「神の啓示と同一であることによって」それを権威あるものと認めることができる。[25]このような信仰の真実は神の権威に根差しており、そのような真実も教義と呼ばれるが、そもそもこれは「教義というほか呼びようがないもの」であり、それゆえ必要なのは「非教義的キリスト教ではなく新しい教義であり、新しい教義こそが解決策なのだ」と説く。[26]「われわれには『新しい教義』が必要である。信仰的な事柄に関して、教会の教理の規準であるところの聖書の唯一の権威というものは、昨今のように聖書やその内容をよりよく知ろうという教理教育のあり方を必要とするものである」。[27]そして新しい教義とは「すでに完成しているものへのつけたしではなく、信仰や生、キリスト教的認識といったものの新しい規準」となり得るものであるという。[28]そのため「ルターが刷新した純粋なプロテスタント信仰の行き先と、古くからの教義の信仰とは切り離される必要がある」のであり、「さもなければ信仰はあいまいな観念論の中に溶けてなくなってしまうであろうが、この信仰を溶かす観念論こそ非教義的キリスト教と呼ぶべきだ」とカフタンは主張する。[29]したがって、ドライアーが古くからの教義を新しい世界観とは同居できないがゆえに斥けようとしたのに対し、カフタンは最終的に「プロテスタント信仰は古くからの教義とは内面的に一緒にはいられない。むしろ相反し、互いに排除し合うものである」という結論に達する。[30]

このように、ドライアーとカフタンでは教義および信仰そのものの定義にかなりの違いがあり、そこからして考察の方向性などが大きく異なってくることは必然である。また、ドライアーが使徒信条の一部箇条の是非に大きく踏み込んでいるのに対し、カフタンは一致信条の堅持という形でこれに触れていないことに関しても、両者の重点の相違を見ることができる。

またドライアーとカフタンの相違は、動因として持ち出す歴史認識にも表れている。カフタンは「しばしば言及され、信じられているように、まもなく、信仰から生まれた成熟した教義と現代の学術とが全く対立しないようになり、「キリスト教の民の文化と霊的生活によってこの裂け目が回復される」と考えている。(31) それに対してドライアーは歴史認識としてドイツにおけるキリスト教史を中心に据えており、ルターをはじめとする先達の業績から将来の発展性を確信するという方向性を示す。(32)

何よりもドライアーが「非教義的キリスト教」を提唱した最大の動機は「プロテスタント教会の組織は完璧とは言えない上に、礼拝行事を改善しなければならないのは疑いようがない」という強い危機感である。(33) それに対しカフタンは「真実は待ってくれる」と考える。(34) またカフタンは問題を抱えている現実の組織としての教会よりも「われわれがつながっている道徳的正義の国」としての教会もしくは神の国に重点を置いている。(35) このような根本的な観点の違いが、両者の見解に差異をもたらしていることがうかがえる。

3　ドライアーの反論

信仰とは学術的な神認識でもあるというカフタンの意見に対し、ドライアーは信仰とは「宗教的認識」であり、「信仰論（Glaubenslehre）」(36) に基づくものであって、一般的な認識や思弁的な教理とは異なるものであることを強調する。教会の教理はあくまで「宗教的なもの」であって決して「学術的なもの」ではない。(37) したがってドライアーが言うところの信仰論は「永遠で全方位なる真実」を伝達するものであって、学術的な教理とは区別されるとする。[38]もしカフタンの言うように、信仰に根差す人間的な認識と学術とによる新しい教義が必要であるとするならば、学術の基本的性質により、それは常に「改良可能（vervollkommungsfähig）」であり「要改善（verbesserungsbedürftig）」なものであるということになるが、そのようなものはキリスト教信仰とは呼べないとドライアーは言う。[39]ドライアーにとって旧来の神学とは教義学的作業であり、総合的な世界認識のもとに神学体系を構築したが、本来の教会的な信仰論を後景に斥けてしまっているので、神学とはこのような学術的作業から解放されたものであるべきであり、そのうえでプロテスタント信仰は本来プロテスタント信仰がそうであるように神学と緊密であるべきであると説く。[40]他方で、現実的には教会で説教が語られる際に、たとえば復活したキリストの肉体とはどのようなものかというような、経験的信仰の範囲を超えている教義学的問いが呈せられる場合があるのは避けられない。そのような場合は教義学的作業による教会教理が構築されなければならないが、それは「もちろん信仰論によっておのずから策定された範囲内で」行われるべき作業であるとドライアーは言う。[41]最終的に「非教義的キリスト教」とは、教会教理が信仰論に絞り込まれることであり、この信仰論とは「学術的な確実性を必要とせず、経験的要素がキリスト教信仰と親和し、また魂のことも明快に扱っている」ことだとする。[42]

カフタンは一致信条を歴史的文書として重視するが、ドライアーは一致信条を、信仰的経験を部分的にしか扱っていない文書として、その欠陥を指摘する。この一致信条の不完全性はそもそも使徒信条に由来する。というのは、使徒信条はたとえば神の世界統治や贖罪といったキリスト教の重要事項について何も言及していないからである。[43]こうして、ドライアーはカフタンが主張する一致信条の重要性も斥ける。とはいうものの、ドライアーもさまざまな教義的言説が教会で妥当なものとして受け入れられたことについては「すべての（教義の）言説には歴史がある」ことを認める。[44]問題は諸教義概念がもつ歴史的な差異が認識されることなく、教義ということで一律に神の権威がまとわれ、異論を受け付けないことにある。むしろ異論の余地のない神の権威に基づくからこそ、教義は教義であるとされるが、この問題に関してカフタンは「新しい教義」を提唱するなかで何も触れておらず、「新しい教義」構想もこの問題を抱えたままであるとドライアーは指摘する。[45] ドライアー、カフタンとも「教理」と「教義」の違いについてはそれぞれ独自の見解を提示してこれらを弁別している。ドライアーによれば古代キリスト教会時代にすでに教理は登場するが、公会議時代にはもはやどの教えが「教会権威」に基づき、どの教えが「神の権威」に基づく概念なのか判別不能となっており、その集大成として三位一体論とキリスト論が確立されたとする。[46] しかしこのような神の権威をまとった教義の不可侵の原理というものを否定したのが、ドライアーによればプロテスタンティズムにほかならない。したがって教義の神的権威や不可侵性を認めない「非教義的キリスト教」はプロテスタンティズムの線上に立っていることをドライアーは主張するのである。[47]

4 「核」と「殻」——ドライアーの神学的前提

トレルチはドライアーの意見を「あらゆる教会の現場の側の人々の意見を集約し、かつ近代における教会の働きの確固たる基礎を求めようとする、堅実で感動的ですらある、不断で確信に満ちた実践的な作業を進めたシュライアマハー学派の精神」であると評し、ドライアーが「正統主義の宗教性は、宗教および感情として、奇跡に基づいた世界像とキリスト教モデルに依拠している」とし、「すでにそのように形成されてしまったキリスト教が、近代世界観に対応しようとしても効果が出ない」ことを示唆したのは正しいとする。他方でドライアーが提示した非教義的キリスト教の像は「キリスト教思想が根本的に修正された、一元論的かつ汎神論的思想でこの上なく奇異に感じる特徴を表しており、いずれにしてもキリスト教的かつ宗教的感情あるいは神論が近代的世界像と関連づけられることの問題というのは、より鋭く突き詰められる必要がある」と指摘する。同時にそれは「キリスト教における永続的なもの、不変なものと応変するもの、時代的なものを弁別することが簡単ではないことを示している」としている[48]。

実際、ドライアーは信仰告白と教会教理を「硬い殻（harte Schale）」とし、父なる神への信仰を「甘美なる核（süßer Kern）」と表現して、前者を付随的なもの、後者を本質的なものであると示唆する[49]。このようにキリスト教を構成する諸要素を付随的な「殻」と本質的な「核」に分離しようとする手法はのちに使徒信条論争の最大の論者の一人と目されることになるハルナックも採用したものであり、使徒信条論争全体を考慮するにあたって一つの焦点になると思われる[50]。すなわち、「殻」と「核」の分離が可能であるという前提のもとに、では教義はどちらに属するものなのかというのが使徒信条論争の焦点の一つであったと見ることができるであろうし、この見方をドライアーとカフタンの論争にも適用することができるであろう。すなわち、ドライアーは教義を「殻」とし、これをもはやキリスト教の中心に据え続ける必要はないと考え、カフタンも教義を「核」とするが、再構成して中心に据え続けるべきであるとしたと見ることができよう。

既に述べたように、ドライアーが「非教義的キリスト教」を提唱した最大の動機は「プロテスタント教会の組織は完璧とは言えない上に、礼拝行事を改善しなければならないのは疑いようがない」という教会の現場に立つ者が感じた強い危機感である[51]。それに対し神学者のカフタンは「真実は待ってくれる」と考えるほか[52]、現実の教会の実態や人間の組織としての教会よりも「われわれがつながっている道徳的正義の国」としての教会の理想像もしくは概念的な神の国に重点を置いている[53]。この後に起こった、使徒信条論争のおもな出来事は、ドライアーのような教会の牧師たちによって、講壇からの使徒信条批判や、使徒信条を用いない洗礼がまず行われ、そこにカフタンのような大学の神学者たちが神学的に賛否を表明することで議論はさらに複雑化していくという形で展開することになる。したがってドライアーとカフタンの動機的な差異あるいは土俵の違いは、後の使徒信条論争の構図を相当程度先取りしていると見ることができ、この論争自体が使徒信条論争の前史あるいは前半史の一部と見做されることには充分な意義があるものと考えられる。

第3章　ドライアーとハルナック

1　ハルナック『教義史教本』とドライアー

『非教義的キリスト教』は何度か版を重ねたが、その際に本文が改訂されることはなかった。しかし第三版（一八九〇年）で追加された「第三版への序文」には、同年に出版されたハルナックの『教義史教本』第三巻からの引用があり、ドライアーがハルナックの考えに強い刺激を受けていたことがうかがえる。[1] なお、『教義史教本』は第一巻（副題 Die Entstehung des kirchlichen Dogmas, 教会教義の成立）が一八八六年、第二巻（Die Entwickelung des kirchlichen Dogmas I, 教会教義の発展Ｉ）が一八八八年にすでに発刊されているが、この追加序文でドライアーはハルナックの文章を読んだ感想を「まことに新しい日の朝焼けを見るかのようである」と評しており、またこれ以前にはハルナックからの引用が全くないところを見ると、ドライアーがハルナックの『教義史教本』に影響を受けたのは『非教義的キリスト教』初版（一八八八年）執筆後から同第三版（一八九〇年）の発行以前の期間であった可能性が高い。このことを念頭に置きつつ、ドライアーにおけるハルナックの影響、またハルナックがドライアーとカフタンの論争にどのように関わっていたかを明らかにする。

2　『教義史教本』以後のドライアー

『非教義的キリスト教』第三版において、ドライアーは「第三版への序文」の中でハルナックの『教義史教本第三巻』の以下の文章をそのまま引用している。

ルターがしかと構想した（そしてそれは未だ完遂されていないが）もののすべては、このような、あるいはすべての個々の教義を克服しているだけでなく、そもそも教義的キリスト教自体を克服しているのである。キリスト教とは、連綿と伝承されてきた諸教理の総体のことではない。聖書神学のことでもないし、公会議の定めた教理でもない。キリスト教とは、イエス・キリストの父なる神が福音を通して心の中に呼び起こす心的態度（Gesinnung）のことである。教義を基礎づけているすべての権威は引き倒された。この期に及んで教義はいかにして絶対的な信頼の置ける教理と見做されようか。絶対的な信頼なしの教義とは何だろうか。キリスト教の教理はただ信仰においてのみ正しいとされる。だとするなら哲学はまだ神学に関わりを持つ必要があるだろうか？　哲学のない教義と教義的キリスト教というものはいったい何であろうか。(2)

ドライアーはハルナックの『教義史教本』に接し、「まことに新しい日の朝焼けを見るかのようであり、それは喜ばしく活気に溢れた太陽であり、知識のある者もそうでない者もこれを称賛するであろうし、キリストの簡潔なる福音とされるものであろう」と評する。(3) そしてドライアーは「非教義的キリスト教」と名付けた自説を「否定的な題名であった」として「福音的キリスト教（Evangelisches Christentum）」と呼び変えたいとさえ言う。(4) このことから、ハルナックがドライアーに与えた影響は小さくないものがあると推測できよう。その一方でドライアーは『非教義的キリスト教』第三版刊行にあたっては、前述のように序文は追加したものの、それ以外の本文には一切手を加えることなく、初版と同じテキストのまま発行している。他方で、ドライアーの死後に出版された論文集『教義なき信仰論のために』には『非教義的キリスト教』以降の論文が三編収められているが、このうちの二編は『非教義的キリスト教』第三版以降に書かれているので、ハルナックのことが相当程度念頭に置かれていると推測できる。(5) そこでこの二編の論文を手掛かりに、ドライアーにおけるハルナック『教義史教本』の影響を探ることにする。

3　「キリストの位格に関する教義とその宗教的意味」

一八九一年の論文「キリストの位格に関する教義とその宗教的意味（Das Dogma von der Person Christi und seine religiöse Bedeutung）」は、題名のとおり、三位一体のうちの一位格であるキリストの位格を「教義」として位置づけ、その成立と意味を問う内容となっている。

最初にドライアーはキリストの位格に関する教理を四世紀および五世紀における公会議で確立されたものとし、この教理、すなわち「イエス・キリストは真実の神であり、なおかつ真実の人間である」はルターの『小教理問答』によってプロテスタンティズムにもそのまま導入され、「教会の教義」となっているとする。(6) ドライアーによれば、「言である神」としてのキリストが被造物ではなく父なる神と同じように永遠の存在であるという教説はヨハネによる福音書に端を発してアレクサンドリア教父たちの宗教哲学によって強化され、神の第二位格として三位格の一つを占めることになったとする。(7)

続いてドライアーはイエスが完全な神にして完全な人間であり、この二つの性質はその人格（Persönlichkeit）において統合されていたという伝統的な理解を取り上げる。(8) ドライアーによれば、このイエスの神性と人性に関する理解は、自分でものを考える習慣のある近代人にとってはもはや、矛盾した論理に思われることの多いものである。(9) しかしながらドライアーはここで、近代人に比較的受け入れられやすい「預言された待望の約束のメシアであり、神の国を建設するために来たのではあるが、神ではない(10)」というイエス像に対し、歴史上のユダヤ的メシア像[11]、エビオン主義[12]、アレイオス主義[13]、仮現論、養子説を挙げ、イエスの神性を部分的にしか認めなかった諸思想が異端として排斥されてきたことを例示する[14]。ただし、そのような異端排斥の歴史を辿るだけでは、あらゆる事柄に関して完全なる神性と何に関しても不完全で滅び行く運命にある人性とがイエスの人格において同時に存在していたという、一見して内容的に矛盾すると思われる教義を納得させるには不充分であり、結局のところこれは「聖なる謎（ein heiliges Rätzel）」とでも言うしかない側面があるのも事実であり、実際のところこれに関する教義論争が必要であった古代とは異なり、近代社会における人生の厳しい現実にさらされている中でキリスト教信仰を持っている人々にとって、イエスの神性と人性に関する論争はさほど重要ではないのかもしれない[15]。しかしドライアーは逆に「人生の厳しい現実」こそが、この問いへと駆り立て、そのような時代だからこそ神の真実を追求することが要請されているとする[16]。なぜならば、道徳的混乱などが見られる傍らで「人々の頭上に光輝く永遠の星々を見、あらゆる嵐と革命の中でしっかりと依って立つ揺るぎない基盤を持ちたいと願う数多くの者たち」がいるのは事実であり、古代教会におけるような国家によるキリスト教教義への干渉がもはやあり得ない今、最も重要で決定的なこの問題を「幸運にも」静けさのうちに扱うことができるからであるとする[17]。

さて、イエスにおける神性と人性の同時存在に関連し、人が神とともにある、あるいは神が人とともにあるという状況は体験し得るのかという問いに対し、ドライアーはヨハネの手紙一において語られている言葉「愛にとどまる人は、神の内にとどまり、神もその人の内にとどまってくださいます[18]」の「とどまる」を「生きる」ととらえ、「その人は神のうちに生き、神もまたその人のうちに生きる[19]」とする。当然ながら、世俗の常識的な意味でこの言葉を文字通りの事実であるとするのは困難であるが、それはこれが聖書の語る永遠の命を意味する「宗教的神秘」だからであるとドライアーは結論づけ、またこれを単に経験を超越したものとするのではなく、むしろ最も偉大な経験であり、経験可能なものであると位置づけ、「神と人が一つになった」とする[20]。イエスにおいて顕在化したこの出来事は、神と教会の関係においても見られるものだが、神と教会の紐帯は前述のヨハネの手紙一の引用箇所にあるとおり「愛」にほかならず、この「愛」の「聖性」を人が是認し、あるいは望むことなくして「祝福された愛の共同体」すなわち真の教会はありえないとする。[21] 現実には、そのような経験が得られるような場面に遭遇することはあまりなく、かえって信仰や教会が揺らいで見えることが多いかもしれないが、「神が奇跡的であることは、世界史の光のもと、われわれの眼前に明らかである」とドライアーは宣言し、とりわけイエス・キリストの登場は「過去の預言者に見られたように幻想的なものでもなければ熱狂的なものでもなく、現実逃避でもなければ不人情でもなく、神と完全に一致していることによる純然たる人間性の啓示であった」とする。[22] イエスの父なる神との一致は、たとえばルカによる福音書の伝える、いわゆる「神殿での少年イエス」の逸話や、[23] 十字架での最後の言葉「父よ、わたしの霊を御手にゆだねます」[24] が、その比類無き従順性によって十全に表されているとする。[25] 神を父と呼ぶことは神を他者であると示しているようにも思えるが、そのことによりイエスに真の人間たる側面があったことが示され、ドライアーによれば、それは伝統的な教会教理が宣言してきたイエスの人間性にほかならない。[26] したがってイエスの人間性のみを重視し、これを真の人間の範例としてそこのみにイエスがキリストである所以を求めてきた合理主義者や自由主義者にドライアーは同意せず、イエスが神と一つであったならば、イエスの内に神があることを認識するはずであり、真の神にして真の人間であるイエスの足跡は、創造の業と世界史におけるイエスの偉大な所行、良心や心の声によって見出すことができ、何よりもキリストと神の聖性と愛に見出せるとする。[27]

ドライアーによれば、神性と人性の一致とは形而上学的な事柄ではなく、宗教的な一致のことであり、「神の本質とは人間の与り知らない全能性や全知性ではなく、人間にも分与されるところの聖なる愛である」[28]。神性と人性の一致は「分離されず」、「隣接しているのでもなく」、「混合されず」、「神秘に溢れた方法で共在しており」、「われわれはそれをただわれわれの宗教的生の高みにおいて知るのみ」であるとする。[29]「観念世界は人間の魂の至高の経験には近づくことができない」とドライアーは言い、「観念を学ぶことから宗教経験へと回帰すべき」であるとし、教会教理を「その最も内的な動因」において理解することを求め、「そうすればわれわれはふたたび教会教理の中にある安らかなる真実を喜びをもって告白できるようになるであろう」とし、またそれによってふたたびドイツ人は「良心と完全なる真実をもって、キリストの民であることを勝ち取る」とするのである(30)。

4 「今日の教会に生き生きとした信仰を育てるため、キリスト教教育はどういった方法で行われるべきか」

続く一八九二年の論文「今日の教会に生き生きとした信仰を育てるため、キリスト教教育はどういった方法で行われるべきか(Welche Wege muss die Unterweisung im Christentum einschlagen, um lebendigen Glauben in den Gemeinden der Gegenwart zu wecken?)」は、教会ではすでに「生き生きとした信仰」があまり見られないという現状認識から出発し、それに対する具体的対処に焦点があてられている。学術界に身を置いたことは一度もなく、一貫して教会の牧師であり、また規模は大きいとは言えないながらも、領邦教会の最高意志決定機関の一員として監督的立場にあったドライアーがこの認識を提示することの意味は小さくないと思われる。注意したいのは、ドライアーはここで教義の破綻を指摘しているのではなく、現状の破綻を指摘しているのである。このことは同論文の冒頭で早くも述べられる。「私たちは都市部だけでなく地方でも、老いも若きも、知識層もそうでない人も、数え切れない人々が信仰から離れ、信仰に敵対し、信仰を侮蔑している状況を憂慮している。しかしなお信仰が守られているところ、教会生活が守られ、信仰に関する説教が好んで聞かれているようなところでも、生き生きとした信仰が存在しないのは珍しくない(31)」。現実の教会において生き生きした信仰が見られない原因を、ドライアーは「正しい前提から間違って導き出された見解と実践がある」からであるとし、「正しい前提」すなわちキリストの福音は普遍であるが、説教すなわち実践までをも普遍なものと誤認して、聴衆の状況を勘案せずに、自分たちは

「正しい福音と使徒的信仰を説教している」としてしまっている説教者に問題があるとする[32]。しかし本来はパウロの言うように「ユダヤ人に対してはユダヤ人のようになり」、「弱い人に対しては弱い人のように」なるという態度によって[33]、「時のしるしを研究し、あるいは入念に察知して、今日の教会が生き生きとした信仰を育てることができるよう」にすることが肝要であるとドライアーは言う[34]。

このために必要なのは第一に牧師たちの「キリスト教徒としての人格が啓発的で憐れみ深く、熱く感動的な力に溢れていること」であり、行いと振る舞いとにそれがそのまま反映されていなければならないとするが、そうしなければならない理由の一つは「彼らが言うことは、すべて行い、また守りなさい。しかし、彼らの行いは見倣ってはならない。言うだけで、実行しないからである[35]」というイエス・キリストが律法学者とファリサイ派に向けた批判の対象にならないためであるとする[36]。また通常、牧師の務めとはそもそも説教や宗教教育の場などにおいて人々にキリスト教の教理を教えることであると理解されることが多い。しかしドライアーは「疑問を解消し、問いに答え、魂の闇や黄昏に永遠の真理の光を輝かせるという使命を供するさまざまな機会」もまた牧師の務めるべき場所であり、信仰を育てる場であるとするが、それはドライアーがこれに関連するシュライアマハーの考えに従っているからであると言う[37]。ドライアーがここで引用するシュライアマハーの考えとは「各個教会とはキリスト教共同体であり、まず改宗を迫る共同体とは見做されない。結果的に、説教の御言葉によって喜びの救いと賛美の表現が会衆一同にもたらされるようになり、そうなるように奨励されることがますます努められる」というものである[38]。しかしながら現実には、まず説教は時代状況とは無縁ではありえず、たとえばこの時代であればドイツ統一をめぐるナショナリズムの高揚は教会の説教にも反映されることがしばしばあり、他方で牧師はその仕事を説教のみに集中することはできず、個別の「魂への配慮（Seelsorge）」と相談に応じなければ教会内の生き生きとした人的交流を保つことは不可能であることをドライアーは指摘し、これを「混沌」であるとさえ表現する[39]。

このような状態ではドライアーの目指す生き生きとした信仰へと牧師が人々を導くのは難しい。この難しい状態に陥った原因の一つとして、牧師の権威の問題があると言う。ドライアーによれば、かつては牧師が「これはそういうものだ、そう教会が教えており、聖書にそう書いてあるのだ」と言っていれば信徒は静かに聞いていたが、このような言動が許される基盤となる牧師の権威はもはや失われる寸前であり、新しい技術に携わる仕事や世界を相手にする職業に就いている若者たちに対してはこのような言動は通用せず、「牧師が宗教的なことを言えば言うほど、ますます信仰されなくなる」であろうと言う。[40]この権威の喪失は牧師に限ったことではなく、かつて教会が認知されていた権威、すなわち聖書を含めた教会教理の権威ももはや昔日の面影はないが、その原因をドライアーは近代の自然科学の発達であるとし、懐疑主義者、真理探究者、不徹底な信仰者たちに向かって「神の言葉にはっきりと書いてあるから、教会はそう教える」と言っても効果はないとする。[41]なぜなら、彼らから見れば教会教理は過去に立脚したものであり、そのままでは現代という大波の影響に抗しきれないとドライアーは見るからである。[42]

牧師・教会・聖書の権威が喪失されたこの現状のみを考えると、生き生きとした信仰を取り戻すのは極めて難しいように思われるが、ドライアーは絶望する必要はないと言う。なぜなら生き生きとした信仰は必ずしも権威だけを必要とせず、かえって権威は往々にして生き生きとした信仰の「前庭」まで人々を導くものだからであるとする。[43]ドライアーはここでヨハネによる福音書にある、いわゆる「イエスとサマリアの女」の出来事を例示する。[44]サマリア出身の女性はイエスと出会い、イエスの教えに感動して人々にイエスのことを知らせる。しかし彼女を通じてイエスに直接会った人々は、最後に彼女にこう告げる。「わたしたちが信じるのは、もうあなたが話してくれたからではない。わたしたちは自分で聞いて、この方が本当に世の救い主であると分かったからです」。[45]これを元に考える限りは、権威が直接、生き生きとした信仰を導くというわけではないとも言える。教会権威を限定的とするこうした見方は、ドライアーによればプロテスタントと親和性が高い。なぜならばローマ・カトリック教会では一般聖職者たちのレベルですら個人的見解を控えがちなのに対して、プロテスタント教会では一人一人がそれぞれの信仰において納得し理解することが重んじられているからである[46]。しかしながらそれは権威が個人に帰属するということを意味するのではない。ドライアーはここで権威の所在がどこにあるかという既存概念の転換を提案する。「聖書に書いてあるから真実である」ではなく「真実だから聖書に書いてある」という権威の概念、すなわち牧師・教会・聖書の言うことが信仰の道の始まりでなければならないというのではなく、最終的に自発的に神の啓示を最高の権威として認識するような権威の概念を提示する[47]。

ところで、現代には伝統的な宗教と並行して、別の観点から宗教をとらえ直そうとする動きがある。そのうちの一つはいわゆるスピリチュアリズム、すなわち霊的・神秘的な側面を重要視するものであり、あるいは合理的・実証的な立場から宗教をとらえ直す向きもある。ドライアーは、スピリチュアリズムに関しては生き生きとした信仰を成長させることに関して手助けになることを認めつつも、他のさまざまな要素、たとえば病気、生と死の問題、災害による被害、神の愛といった事柄との関連から疑問を呈する[48]。もう一つはすでに一般社会の主要な潮流となっている物質主義的あるいは非キリスト教的世界観に沿った形でキリスト教を実証しようとする立場である。それは確かに一種の弁証論であるが、ドライアーの私見では、そのような方法では信仰を持っていない人々にキリスト教信仰が真理であると認めてもらうことはできないという。なぜなら至高の真理とは学問では到達できないものであるからだとする。弁証的な書物は、徹底的に学問的であろうとは思わない多くの人々を惹きつけるであろうが、同時にそのような人々は、敵対的な書物が現れた際にはそちらの意見にも惹きつけられて同じように是認してしまうので、生き生きとした信仰を取り戻すには至らないという[49]。

しかしながら学問的アプローチにも利点はあるとドライアーは考える。ドライアーはカントの宗教哲学を念頭に置いて[50]、内なる道徳律によって悪への指向性を善へと修正しようとする感覚の別名が信仰であるならば、迷信的な信仰観、すなわち小賢しさ、天罰への畏怖、現世利益からの脱却に役立つものであり、極めて有効で重要な思考であると評価して、もしも神が誰にでもわかるような形で自己顕現するのであれば、誰もこのような信仰を成長させ得ることはなく、かえってわれわれの理性において神が深く潜在していることが、生き生きとした信仰の前提になるとする(51)。

他方でドライアーは人間の感情にも重きを置く。ドライアーによれば、イエスの道徳性はそもそも彼の偉大さと人格に立脚しているのであるから、歴史的背景や時代性もさることながら、その永遠性に人々の目を向けさせることが肝要であるとする。すなわち、神の絶対的真実と献身的な愛は直結しているので、福音書でイエスが示した罪人とされていた徴税人への愛を語ること、最も小さき者としての謙遜と高潔さを説くことが生き生きとした信仰へとつながるとする(52)。

このような感情面の重視とともに、ドライアーは自律的道徳性の重要性も訴える。これまで挙げてきたようなスピリチュアリズム、学術、感情はそれぞれにおいて一定の働きをなしており、ドライアーはそれを評価して自分は「不動の楽観主義」を心に抱いていると述べるが、他方でこれらに相互の連携が無いことを憂い、この連携を行うものこそが「自律的道徳性」であるとする(53)。ドライアーが見るところ、宗教に懐疑的な人々は道徳性にも懐疑的である。彼らの多くは、宗教とは個人の趣味（Privat-Liebhaberei）と考え、一歩間違えばすぐに狂信に陥るものだとして、宗教者が至聖なるものについて語っても、無関心の沈黙を示すだけである(54)。このような状況に対してドライアーは自律的道徳性を主張するが、それは一般的な社会道徳とは質的に異なる。ドライアーの説く自律的道徳性とはイエスの示した道徳性であり、神との交わりにおいて見られる、神の意志に従おうとする忍耐、服従であり、それこそが「至高の、そして最も純粋な自律的道徳性として認められる、キリストから溢れるキリスト教的（自律的道徳性）」であるとする(55)。

しかしながら、以上の論理的あるいは歴史的アプローチだけでは不充分であるとドライアーは言う。当然であるが、個人的な神との交わりによって信仰を持つことも重要である。古典的な言説のように思えるが、ドライアーはここで悔い改めによって神に回帰することの重要性を、預言者ナタンの叱責によるダビデ王の悔い改めを引用しながら説く(56)。信仰の世界に目を向けることにより、人間の模範像を見つけ、永遠の生命を発見するとし、このような信仰こそが真の道徳性の源泉であるとする(57)。

またドライアーは、この道徳性は敬虔なる心情（frommes Gemüt）と対立するものではないと主張するが、それは彼によれば、独り部屋に籠もって祈ることと公の礼拝とが対立するものではないのと同じである(58)。

生き生きとした信仰は道徳の力を強めるが、この信仰は神との交わりにおける生にあり、最も崇高な生が現れるためである。信仰は地上の生に降り立った永遠なるものから発する直接的な力という聖性に息づいており、この呼吸はますます力強く、規則的になり、何よりわれわれとともにあり、まさしく「われらの命の命」となるのである。これは真正なる神秘であり、そこから最も健全なる道徳性が育ちゆくのである(59)。

ドライアーは、これはいわゆる神秘主義になることでも、道徳主義になることでもなく、双方が「天なる太陽」のもとで伸びゆくことであると言う(60)。

さて、ドライアーは当時問題になっていた義務教育課程における宗教授業について取り上げる(61)。教派色のない宗教教育は可能かという問いに対し、ドライアーは「発展史」の段階としてこれを考えることの不適切さを主張する(62)。そして、宗教の授業は決して教派主義的であるべきではないが、他方でプロテスタントとローマ・カトリックの関係史などから鑑みて、超教派的宗教教育は難しいとの見解を示す。

最後にドライアーは経験的価値から福音の真実性を論証することの大切さを説く。つまり「感覚世界のリアリティ」が重要であるとする(63)。なぜなら現実には学術的領域から認知された上で、命の水を溢れさせるような教会と聖書の権威が欲されており、党派を超えた、いと高き宗教が人々を調和へと導くことが必要だからである(64)。

5　ハルナックのドライアーへの影響

ハルナックの『教義史教本』発刊の以前と以後では、ドライアーの論調には大きな変化が認められる。それらをすべてハルナックからの影響であると即断するのは適切ではないが、ハルナックの視点を用いることによって納得の行きやすくなる事柄を指摘し、その意味を考察する。

一八八八年出版の『非教義的キリスト教』において、ドライアーは伝統的教義をその成立時、すなわち古代における「天上世界」や「魔術用語」といった「超自然的概念」に立脚したものであるとし、「時代遅れ」で「旧世界」に属するものであると判断していた[65]。この判断には教義というものが歴史上の産物であるという認識はあるものの、その成立の経緯そのものを歴史的にとらえようとする視点や、それ自体を歴史的経過として発展と見るか後退と見るかなどの価値判断はなされていない。

それに対して「キリストの位格に関する教義とその宗教的意味」では、すでに述べたように古代の公会議史や古代教父の哲学の系譜が念頭に置かれ、古代教義の成立に対する歴史的視点の深化が見られる[66]。価値判断を示す明確な語はないものの、ドライアーが教義というものを歴史的に展開してきたものとしていると見ることができる。

一八六九年に著されたドライアーの『堅き信仰と自由な学術』および『非教義的キリスト教』では、繰り返し扱われていた主題の一つは一般社会からの教会の疎外であった。ドライアーはこの原因を世界観の相違に求め、近代自然科学に基づく世界観が一般的に共有されるようになったにもかかわらず、依然として教会が古代の世界観、すなわち教義に支配されていることが問題であるというのがドライアーの重要な関心事であった[67]。最終的にドライアーはこのような歴史的世界観の相違は終末によって止揚されると考えており、いわゆる伝統的な救済史観を援用して結論を導出している[68]。しかし「今日の教会に生き生きとした信仰を育てるため、キリスト教教育はどういった方法で行われるべきか」では問題意識は変わらないものの、要因を世界観の相違に求めることはせず、教会と教役者の権威のあり方の転換を促す方向を示す[69]。これはドライアーが歴史的世界観の相違に単純に要因を求める姿勢を控えるようになったと見ることができよう。

何よりもドライアーは「今日の教会に生き生きとした信仰を育てるため、キリスト教教育はどういった方法で行われるべきか」において「発展の歴史」を当然の前提と見做す[70]。つまり古代の教義の成立、宗教改革、近代プロテスタント神学の展開を「発展」ととらえる価値判断を至当として主張を進める。ドライアーは超教派的思考を斥けているのだが、この思考を宗教改革の否定ととらえるならば、それは「発展の歴史」に逆行すると解釈することが可能になるからであるとの説明をつけることができる。この発想はハルナックによって『教義史教本』が著される以前のドライアーの著作には見られなかったものである。

最後の論文「今日の教会に生き生きとした信仰を育てるため、キリスト教教育はどういった方法で行われるべきか」の終わりにドライアーは次のように語る。

私にとって教会教理とは二重の意味で象徴である。それは非常にもろい抽象的な素材の中に含まれているものを探すことである。それは論理的範疇における概念や朝焼け夕焼け、生命といったものとは別物であり、ただその内容が象徴的に提示されるものであり、だからといって表現することができないものでもない。それゆえプロテスタントのキリスト教徒は教会教理を身をもって知るようにならなければいけない。同時により重要なのは、この硬い殻（harte Schale）の中に生命が息づいていることを知ることである[71]。

教理の内容を本質的な要素としての「核（Kern）」と付随的な「殻（Schale）」に分けるのは、すでに述べたように、ハルナックが用いた手法の特徴の一つである。[72] やはり『教義史教本』以前のドライアーには見られない。そしてドライアーはこの文章において、教会教理への否定的態度の修正を示唆した上で、最後の論文を締めくくっている。これらの変化をもってドライアーに対するハルナックの影響が示唆されていると言うことができるであろう。

また、ドライアーと直接紙上論争したカフタンとハルナックとは神学者として盟友であり、ハルナックもドライアーとカフタンの論争に注目していた。『キリスト教世界』誌上でのカフタンの意見表明に対し、ハルナックは当初は「カフタンの論文はすばらしい。この問題に関しては、私も全く同じように書いただろう[73]」とラーデに宛てたはがきで評していたが、四日後の同じくラーデ宛てのはがきでは「用語として『新しい教義』というのは私には心地よく響かない。彼は『信仰告白』と言いたいのだろう。プロテスタンティズムの徳を示す必要に迫られ、それなのにプロテスタンティズムは信仰告白を立てられないキリスト教の形式であるという理由を説明しなければならないとしたら、何とも恥ずかしい話だ[74]」としている。これらのハルナックのコメントを見る限り、ハルナックはカフタンの文章にしか言及しておらず、ドライアーの文章を読んだ形跡は確認できない。しかしT・レントルフ（Trutz Rendtorff, 1931-）によれば、カフタンのドライアーに対する意見表明を読んだこの感想は、後の使徒信条論争におけるハルナック自身の意見表明につながることになったと評される。[75] その意味では、ドライアーとハルナックの「間接的な」交流は、相互的な影響があり、それぞれの意見形成に関わりあったとすることができるであろう。

第4章　シュレンプフ事件

1　クリストフ・シュレンプフ

シュレンプフは一八六〇年、当時のヴュルテンベルク王国の首都シュトゥットガルト近郊のベジクハイムに生まれ、幼少期から敬虔主義の影響を受けて成長した。テューービンゲン大学神学部で学んだ後、牧師補時代はテューービンゲン牧会研修所（Tübinger Stift）で学び、一八八六年に同王国北部の村ロイツェンドルフの教会の牧師となったが、(1) 後述するようにそれ以前からセーレン・キルケゴール（Søren Aabye Kierkegaard, 1813-1855）の著作に影響を受けていたとされる。一八九一年七月五日、洗礼式においてシュレンプフはヴュルテンベルク領邦教会の定めた式文に記載されている使徒信条を唱えずに洗礼を授け、その日のうちにこのことをロイツェンドルフ村が属するブラウフェルデン教区の本部に自ら書き送った。さらに八月九日、通常の日曜礼拝に集まった教会員たちに、今後の洗礼式でも使徒信条を用いないことを告げた。これを受けて数日後、ロイツェンドルフ教会役員会とロイツェンドルフ村参事会はシュレンプフの教会牧師職解任を決定し、ヴュルテンベルク領邦教会宗務局もこれを追認、シュレンプフの考えが「プロテスタントの教説概念」に違反しているとして、一〇月二七日に一切の牧師としての身分を剝奪することを公告した。これに対してシュレンプフは一一月二二日に反論を公開し、ヴュルテンベルク領邦教会に属する一〇〇人以上の牧師たちがシュレンプフに賛意を表明したものの、宗務局はシュレンプフの態度を認めない方針を再度一二月一五日に示し、当時のヴュルテンベルク国王ヴィルヘルム二世（Wilhelm

II, 1848-1921、在位 1891-1918）も宗務局の方針を承認したため、シュレンプフはヴュルテンベルク王国の公務員としての牧師身分を喪失するとともに、年金受給権まで剥奪された。このことは一八九二年六月三日に正式に通告された。

　この出来事はヴュルテンベルク王国の範囲内に留まらず、神学上の議論の課題として、プロイセン王国の首都にあるベルリン大学神学部教授となっていたハルナックにも及ぶこととなった。K・ノヴァク（Kurt Nowak, 1942-2001）によれば、学生たちから意見を求められたハルナックは、すでにドライアーとカフタンの論争などに触れていたことも踏まえ、自身の使徒信条に対する理解を表明するべきであると考えたとされる(2)。ここまで述べた経緯から言えることであるが、ハルナックは「シュレンプフ事件」に関し、狭い意味での当事者性は全くないと言ってよい。しかしハルナックがシュレンプフ事件を受けて執筆した論文「使徒信条――一つの歴史的使信、序論とあとがきとともに（Apostolische Glaubensbekenntnis. Ein geschichtlicher Bericht nebst einer Einleitung und einem Nachwort）」を、神学雑誌『キリスト教世界（*Die Christliche Welt*）』一八九二年八月一八日号に掲載するや否や、これに対する賛否両論の論文、冊子が諸方面から次々と公にされ、一八九三年までにその数は少なくとも一三冊が確認できるとされており(3)、プロイセン文部省、プロイセン領邦教会最高教会評議会（Oberkirchenrat）までが論争に対する声明を出す事態にまで発展した。そのため、ハルナックは一般にシュレンプフ事件が頂点とする使徒信条論争を代表する論客とされているのである。

　こうしたシュレンプフ事件の一般的理解は一九五〇年にツァーン＝ハルナックが著した『使徒信条論争――一八九二年とその現代的意味（*Der Apostolikumstreit des Jahres 1892 und seine Bedeutung für die Gegenwart*）』において端的にまとめられており(4)、以後に編集された神学事典であるＥＫＬ、ＲＧＧ、ＴＲＥおよびさまざまな神学書において使徒信条論争に触れる場合は同書を中心的な典拠している場合が広く見受けられる。しかし同書はあくまでハルナックの言説を紹介することを主眼としており、シュレンプフ事件そのものについては事実の経緯の紹介が簡潔になされているものの、シュレンプフ自身の意見表明についての言及は全くない。またハルナック独りの使徒信条理解については概括的な把握ができる良書であるが、シュレンプフの意見への反応などについての紹介もない。したがって、同書を読む限りでは、ハルナックの意見を知ることはできるものの、その前後の思想的文脈を理解した上でハルナックの使徒信条理解を有機的に考察することは難しいと言わざるを得ない。

すでに述べたように、二〇世紀から二一世紀への転換期から、ハルナックの思想は再注目されている。使徒信条論争についても、これまで光を当てられることのほとんどなかった、ドライアーとカフタンの論争などについても再検証の動きが見られるなど、使徒信条論争を巡る研究状況は大きく変わりつつある。本章では改めてシュレンプフ事件におけるシュレンプフ自身の使徒信条理解を考察し、次いでハルナックの使徒信条理解へと歩を進め、さらにハルナックに対する反論の中で最も注目すべき価値があると思われるクレマーの意見との対比から、ハルナックの真意を検討する。

2　シュレンプフの意見表明

シュレンプフの最初の意見表明は、既述のとおり、使徒信条を用いずに洗礼式を行ったことを教区本部へ自ら書き送った通告文である。以下、全文を引用する。

以下のことを教会教区当局および最高宗務局に知っていただきたく、申し上げます。それは、使徒信条のうちの数か条を信仰告白として公言することはできないということです。ですから本日、以下のことを決行しました。それ（使徒信条）は、もはや聖所で聖なる用を為すものではないので、本日先ほど行った洗礼式では、教会式文に掲載されている通常の使用形式に代えて、以下の方法を用いました。

式文の以下の文言、

「それでは、キリストの教会がその上に建てられているところの、聖なる信仰の告白をお聴きください。我は天地の造り主、(5)……。この子供がこの信仰の上に洗礼を受け、それによってキリストと神の祝福がこの子供の上にあることを希望しますか？」

を、以下の文言に短く言い換えて述べました。

「私たちの救いであるイエス・キリストの上にこの子供が洗礼を受け、キリストへの信仰において、キリストと神の祝福がこの子供の上にあることを希望しますか？」

私は洗礼を今後もこのように行いますことを教会教区当局に謹んでお伝えいたします。(6)

この文章だけでは、シュレンプフの使徒信条理解の詳細はわからない。しかし八月九日にシュレンプフが日曜礼拝で人々に向けて行った意見表明の顚末を、ロイツェンドルフ教会役員会とロイツェンドルフ村参事会がヴュルテンベルク領邦教会宗務局に伝えた書簡には以下のようにある。

……彼（シュレンプフ）は聖書の以下の点を信じておりません。

一、私たちは聖霊から救いを受け取るということを、彼は信じておりません。

二、私たちの救いは可視的に天国へ行くことであるということを、彼は信じておりません。

三、人は肉体的に復活することを、彼は信じておりません。

四、彼はもはや現在決められている形式に則って洗礼を行わず、洗礼に際しては使徒信条を放棄するとのことです。(7)

この連絡文はシュレンプフ自身の手によるものではなく、彼の意見表明を聞いた人々の理解であることは考慮されなければならない。その上で、その内容に目を向けると、教理的な問題点と見ることができるのは最初の三か条である。しかし注意深く読むと、第一条と第二条は使徒信条の中に明確に該当する文言が見当たらないことに気がつく[8]。使徒信条の文言と直接関わりがあるのは第三条の「人は肉体的に復活すること」であって、これを否定することは確かに使徒信条の一部を否定することであると言わざるを得ない。しかし後述するように、使徒信条論争で最大の論点になったとも言うべき、いわゆる「処女降誕」の教義については何も触れられていないのは注目に値すると言ってよい。この点にシュレンプフが何も言及しなかったのが事実ならば、シュレンプフ事件は他の使徒信条論争の諸事例と比較した場合、相当程度論点が異なる事例と考えざるを得なくなる[9]。

さて、ヴュルテンベルク領邦教会宗務局は、シュレンプフからの通告文を「深い道徳的な真摯さを言い表したもの[10]」として受け取ったものの、神学的議論を教会の実践の場において牧師が個人的な考えで実行することは不適切であり、信条の使用は教会の義務的な営みとして保持されなければならないとして、シュレンプフの牧師職解任を教会の監督者としての国王（König als Bischof）、最高教会局（Oberkirchenbehörde）および教区長に提言した[11]。この処分を受けて、シュレンプフは以下のように自らの考えを宗務局に書き送っている。

……私は決して恣意的な教理を表明したのではありませんから、このような処分は教会当局にふさわしいものではないと思います。私はイエスにおいて、心裡留保（reservatio mentalis）を行うことを拒否したのです[12]。……この種の習慣は私だけではなく、多くのヴュルテンベルク領邦教会に属する教役者たちが心裡留保していることなのです。確かにそれは真正なる信仰（bona fide）を表しているかもしれませんが、キリストの義認については何もありません。将来的に、プロテスタント教会は別の形式の、独自の信仰告白を用いるべきであり、それはキリストを道徳的な理想を述べただけの人物と認識するあり方に対抗して、キリストの力と存在の永遠性を示すものであるべきです。

最高教会局の皆様にお願いします。これは私一人の興味でもなく、ヴュルテンベルク領邦教会に属する教役者たちのうちの少なくない者たちの興味に終わるものではないのです。私たちの教会全体の救済の問題なのです。皆様は私に、宗教上の規則に従うよう暗に諭し、すでに本件を上部機関へ諮っておられます。以下のようにお願いすることをお許しください。本件を通じて、さらに上部の教会当局が、若手の教役者、神学者たちが学術的神学と教会における実践との間で奮闘している現況を、疑いもなく道徳的かつ宗教的に正当なものと真摯に受け止めてくださいますように……。[13]

このシュレンプフの考えについて、W・クレーデン（Wolfdietrich von Kloeden, 1932-）は、当時すでにシュレンプフがキルケゴールから多大な影響を受けていたためであるとしている。[14] シュレンプフがキルケゴールの著作に触れたのは、彼がまだテュービンゲン大学の学生であった一八八二年か一八八三年頃で、一八八一年にドイツ語に翻訳されたばかりの『自らを裁け（de: *Zur Selbstprüfung der Gegenwart Anbefohlen*）』に関する講義であったとされる。[15] 一八八七年にシュレンプフはキルケゴールに関する最初の研究書である『セーレン・キルケゴールと最新の批評者（*Sören Kierkegaard und sein neuester Beurteiler*）』を著し、その中でキルケゴールの「個人主義的な倫理」と、聖書および教会の信仰告白に対するキルケゴールの立場に特に興味を示している。[16] 一八九〇年には『不安の概念（de: *Der Begriff Angst*, da: *Begrebet Angest*）』と『哲学的断片（de: *Philosophische Brocken*, da: *Filosofiske Smuler*）』の翻訳を刊行しており、その後長きにわたって両著作のドイツ語定訳として読み継がれることになった。[17] 確かに、キリストへの集中的な言及と、キリスト教を道徳論としてとらえることへの批判は、説明するまでもなくキルケゴールの主張と一致すると言える。同時に、プロテスタント教会として義認論などに言及した別の信仰告白を指向するべきであるという主張は、一七世紀にプロテスタント教会内で一致の原理となる信条を求める際に提起されており、目新しいものとは言えない[18]。他方で、シュレンプフが訴えているところの、一八九二年当時の神学と教会の状況は充分に考慮されるべきであろう。

3 シュレンプフ事件当時の神学と教会

まず神学界の状況であるが、一八八九年にリッチュルが死去している。リッチュルはシュライアマハーの線に立ちつつ、カントの実践道徳的な宗教観、すなわちカール・バルトが評するところによれば「実践的な生の理想そのものが把捉され、肯定され、……彼にとってこの生の理想が重要であり、究極的にはそれのみが重要[19]」であり、「人間に課せられた課題の総体と、同時に彼の最高善ないし彼自身の最終目的は、神の国であり、そこにおいて隣人愛は行為に表されるのである[20]」とする、此岸的で道徳的かつ社会的な側面が強調された神学体系を樹立し、いわゆる「リッチュル学派」と呼ばれる、彼の路線を支持する次世代の神学者たちを多数生み出した。リッチュルより三〇歳あまり若いハルナックは、学生として直接リッチュルの講義を聴講したり、リッチュルから直接指導を受けたりしたことはないが、リッチュルとの面談やその著作から多大な影響を受けており、リッチュル学派を代表する神学者の一人に数えられている。他方で一八九二年、リッチュルの女婿である新約聖書学者J・ヴァイス（Johannes Weiß, 1863-1914）は、新約聖書の重要な主題は、彼岸的世界を強く意識した終局的終末論であるとしてリッチュルの此岸的な神の国観に異を唱え、議論を惹起した[21]。シュレンプフが「学術的神学」と呼ぶ状況は、これらの経緯を指していると考えるのが適切であろう。

その一方で教会の状況は近代化に伴って急激に変化していた。一八七一年のドイツ帝国成立以後も、信教の自由が保証される一方で、帝国を構成する領邦においてはいわゆる国教会制度に相当する領邦教会制度が維持されたのであるが、H－W・ヴェーラー（Hans-Ulrich Wehler, 1931-2014）によれば「労働者や都市の被搾取者の味方であるよりは、むしろ満ち足りた市民層や騎士領の旦那さま方の味方であったという全体的印象を取り除くことはできなかった」福音主義領邦教会に対する「脱教会化や脱キリスト教化」は急速に進み、一八七四年の統計では、ベルリンにおいては双方とも領邦教会に属する夫婦の二〇パーセントが領邦教会で結婚式を挙げたにすぎず、新生児のうち幼児洗礼を受けたのは六二パーセントであった。(22) このような大衆の教会離れに対して、教会の教役者たちの中には深刻な危機意識を抱いていた者もいたことは、すでに取り上げたドライアーに代表されるとおりである。(23)

このような神学界の状況と教会の状況とが相俟って生み出されたものの一例が、一八六三年に設立された「ドイツ・プロテスタント同盟(Deutscher Protestantenverein, もしくは単にProtestantenverein)」である。ブルジョワジーまでしか選挙権を認めず、また経済恐慌を制御しきれなかったフランス国王ルイ・フィリップ一世(Louis-Philippe I., 1773-1850)に対して労働者階級が蜂起したことに端を発する、いわゆる一八四八年革命は、他のヨーロッパ諸国の人々の民族意識を刺激して国民国家の成立を指向させ、ドイツでは最終的には挫折したものの、同年にフランクフルト国民議会が開かれて憲法が採択され、ドイツ統一が実現目前まで模索された。領邦教会の枠を超えたドイツのプロテスタントの教役者および信徒の団体であるドイツ・プロテスタント同盟は、社会学的にはこの民族意識の社会的高揚に呼応しつつ、ドイツの諸領邦において分立していたプロテスタント諸教会を糾合しようとした動きとして理解される。(24) 他方でドイツ・プロテスタント同盟において指導的役割を果たした人物に、前述のローテや、後述するように使徒信条論争の一事例を惹起した人物として知られるシュドウが挙げられることからも明らかなように、神学的には自由主義神学を共通理念とする団体であった。(25) ローテの言葉を借りればドイツ・プロテスタント同盟の目的は「宗教と文化の和解」(26) である。この場合の「文化」とは、前述のように民族主義および市民による国民国家を指向する時代精神という意味での「文化」であり、この理解はリッチュルの線に立つ道徳主義的な「文化」理解とはむしろ対立的でさえあった側面が指摘される。(27) ドイツ・プロテスタント同盟が、分立する領邦教会の糾合を目指して組織拡大を図り、国家や教会に対する中間団体として活動していたのに対し、リッチュル学派の理念に共鳴する人々は一八九〇年に福音主義社会協議会を設立し、経済発展によって引き起こされた大衆的窮乏（Pauperismus）や労働者問題といった社会問題に対し、領邦教会の枠組みに囚われることなくキリスト教倫理や自由主義神学の立場から取り組むことで、近代社会という意味での「文化」へ参与することを表現した[28]。つまり、ドイツ・プロテスタント同盟が、実質的に領邦国家の一機構として分立していた既存の諸領邦教会を、ドイツ民族の国家統一同様、組織的に統一されるよう望んでいたのに対し、リッチュル学派は領邦教会の枠組みの改変にはほとんど関心がなく、個々人の道徳性を高め、その協力の輪を国政や既存の教会制度とは別の次元で広げればよいと考えていたのである[29]。

実は使徒信条論争においても、両者のこの方向性の相違は如実に反映されている。そこで、ドライアーと並んでドイツ・プロテスタント同盟の会員として使徒信条論争の一事例を惹起したシュドウおよびリスコの意見表明を検討し、シュレンプフと比較考察する対象とする。

4　シュドウとリスコの事例

シュドウは一八〇〇年にベルリンで生まれた。父オットー・シュドウ（Otto Ferdinand Sydow, 1754-1818）は当時のシャルロッテンブルク市（現在はベルリン市の一部）の市長も務めた地方政治家であった。一八一九年にベルリン大学に入学し、シュライアマハー、教会史のA・ネアンダー（August Johann Wilhelm Neander, 1789-1850）らに学んだ。一八二七年に牧師第一次試験を「特別優秀（verzüglich gut）」の成績で合格したため、通常は第一次試験後に牧師補（Vikar）として実地訓練を受けた後に受験することになる第二次試験を免除されて即座に牧師となり、ベルリン陸軍幼年学校（Berliner Kadettenkorps）の宗教主事（Geistlicher）、ポツダム駐屯地および近衛師団付牧師を歴任する。一八四一年にプロイセン国王フリードリヒ・ヴィルヘルム四世の命により、英国の宗教状況を調査する視察団の一員として派遣され、英国滞在中の一八四三年にスコットランド国教会（Church of Scotland）から分離してスコットランド自由教会（Free Church of Scotland）が誕生するのを目の当たりにし、強い刺激を受けたとされる[30]。一八四四年に帰国するとブランデンブルク管区総会（Provinzialsynode）、次いでプロイセン領邦教会総会（Generalsynode）議員となるが、フリードリヒ・ヴィルヘルム四世の意向に反して、教派の違いを乗り越えたプロテスタント教会のあり方を唱えたために、一八四六年にベルリン新教会（Neue Kirche zu Berlin）の牧師に異動を命じられている[31]。しかし英国滞在中の経験に基づく「自由プロテスタンティズム（freier Protestantismus）」への志向はより強くなり、一八四八年に設立されたベルリン合同派同盟（Berliner Unionsverein）の創立に参画し[32]、これがドイツ・プロテスタント同盟の結成へと発展することになる。また、志を同じくする者たちの意見表明の手段として発行が開始された『合同福音主義教会月報（*Die Monatsschrift für die unierte evangelische Kirche*）』（一八四八年に週刊の『合同福音主義教会誌（*Die Zeitschrift für die unierte evangelische Kirche*）』となり、一八五四年に『プロテスタント教会新聞（*Protestantische Kirchenzeitung*）』に改称）の創刊者の一人となっている。

一八七二年一月一二日、ベルリン合同派同盟の会合でシュドウは「イエスの奇跡的な誕生（Die wunderbare Geburt Jesu）」と題する講演を行った[33]。使徒信条における、いわゆるマリアの処女懐胎に焦点を絞って語られたこの講演は、神学的に見れば、実は当時としてもそれほど目新しいことを語っているわけではない。シュドウが処女懐胎に疑問を向ける論拠は以下のとおりである。すなわち、

一、ユダヤ人は男系家族社会なので、ヘブライ語聖書の預言に基づいてイエスを「ダビデの末裔」とするならば、イエスがヨセフの血を受け継いでいなければ意味がない[34]。

二、使徒言行録およびパウロは「聖霊による処女懐胎」に全く言及していない[35]。

三、処女懐胎とギリシャ神話の類似性[36]。

以上の三点を明瞭な根拠として挙げる。

シュドウによれば、イエスが処女懐胎によって生まれたことにより原罪を持たない人間として生まれたと考えるのは論理的に無理があるという。そもそも聖書においてイエスは「すべての点で兄弟たちと同じ」[37]であり、「罪を犯されなかったが、あらゆる点において、私たちと同様に試練に遭われた」[38]存在であると明記されているのであるから、むしろイエスを完全な人間と考えれば考えるほど、処女懐胎はそれと馴染まなくなってしまう[39]。

そもそもシュドウにおいては、「キリスト教とは性別の関係というものを直観と道徳に基づいてとらえる」[40]ものであるから、マリアの処女性はキリスト教における価値はないとする。それでも使徒信条が「理想的な核心として真実を含んでいるとするならば……その含まれる要素の中に、われわれの内面において真実と認められるものを持っており、真実を生み出すであろう。このわれわれの内面とはつまり、敬虔なる感情のエーテル（Äther des frommen Gefühls）である」[41]としている。

「直観」「敬虔なる感情」などの用語から見て取れるように、シュドウがその主張の軸足をシュライアマハーの言説に置いていることは明らかである[42]。また、処女懐胎を疑問視する一方で、イエスの人格における神性と人性の両立については「今回の観察の主題ではない」[43]として、確実に物議を醸すことになると思われる論点、たとえば使徒信条の教会の信仰告白としての是否等にまでは踏み込んでいない。

この講演はローマ・カトリック教会の教義批判で結ばれる。一八五四年に教義宣言されたいわゆるマリアの「無原罪の御宿り」[44]（Immaculata Conceptio）」を、シュドウはむしろイエスの無原罪、処女懐胎と結びつけて「全くもって一貫している」[45]とし、これらの教義を「象徴的で詩的」かつ「異教的で神話的」[46]であり、結局のところ処女懐胎とはこれら一連の教義によってマリアを「神の母」として神格化するものであり、実はイエスを神格化するための教義ではないと指摘するのである[47]。

他方で、リスコは一八一九年にベルリンで生まれた。牧師である父F・リスコ（Friedrich Gustav Lisco, 1791-

1866）はベルリン大学でシュライアマハー、フィヒテ（Johann Gottlieb Fichte, 1762-1814）の影響を受けており、また前述のニッチュとも交流があり、息子であるリスコは早くから自由主義神学に傾倒したとされる[48]。一八四五年にベルリンのマリーエン教会牧師になり、一八五九年にベルリン新教会に移ったが、フリードリヒ・ヴィルヘルム四世の国家による教会統制に反対し、教会による自主的な教会憲法制定を求めた[49]。

リスコは「使徒信条（Das Apostolische Glaubensbekenntnis）」と題した講演をグライフスヴァルトで一八七一年一二月一〇日、ベルリンで一八七二年一月五日に行っている[50]。

リスコによれば、彼がこの講演をしたきっかけの一つとなったのは、ナッサウの牧師が使徒信条を礼拝式文において習慣的に用いることを拒否したため、宗務局によって牧師職を解任されたことであるとしている[51]。これは、ナッサウ福音主義領邦教会（Evangelische Landeskirche in Nassau）所属の牧師であったA・シュレーダー（August Schröder）が、勤務していたフライラハドルフ（Freirachdorf）[52]の教会において、使徒信条の代わりにマタイによる福音書二九章一九節「だから、あなたがたは行って、すべての民をわたしの弟子にしなさい。彼らに父と子と聖霊の名によって洗礼を授け」（なさい）を用いて洗礼式と堅信礼を行ったため、フライラハドルフを管轄するヴィースバーデン教区宗務局により一八七一年三月一日に解任処分となった事件のことである[53]。この事件に関して当時のドイツ・プロテスタント同盟会長であったJ・ブルンチュリ（Johann Caspar Bluntschli, 1808-1881）は、「もし（当事者である南部の）プロテスタント同盟が本件に関して何も発言しないならば、彼（シュレーダー）が何を意図しているのか、北部の（プロテスタント同盟の）会員たちも注意を払わなくなってしまう」と強い関心を示している[54]。

当時発行されていたキリスト教雑誌『総合教会雑誌（*Allgemeine kirchliche Zeitschrift*）』の報道によれば、シュレーダーは外的な法秩序よりも「内的な良心の問いかけ」に従った結果、福音書に基づいて洗礼と堅信を行う決心をしたとされる[55]。しかし、リスコはシュレーダーの行動を擁護しつつも、別の観点から使徒信条批判を展開している。

リスコもシュドウと同じく、ローマ・カトリック批判を焦点の一つにしている。リスコによれば使徒信条の中の「陰府にくだり」はカトリックの教義に基づくものであってプロテスタントの教義には馴染まないものであり、[56]「聖なる公同の教会」は明らかにローマ・カトリック的であり、[57]「カトリック教会においては議論すら許されないだろうが、プロテスタント教会ではそうではない[58]」として、そもそも使徒信条はローマ・カトリックの洗礼式における儀文だったのであり、プロテスタント教会がそれを相当程度受け継いでいるのは「カトリックの迷信が刻印されている[59]」ことであると断じる。しかしリスコの使徒信条批判はローマ・カトリック批判に終わらない。すでに学術的見解として定着していたところの、使徒信条は使徒たちが執筆したものではなく、使徒の権威を借りることによってグノーシス主義、アレイオス主義等の異説を斥けるために作成されたとする成立史批評、[60]特にキリスト論と聖霊論、教会論に関する後半の文言について一文ずつ学術的疑問を呈する、いわゆる本文批評、[61]そして一四三八年のフィレンツェ公会議において、東西教会の一致を模索するために招かれた東方教会の代表者たちが使徒信条を知らなかった史実による、教理文書としての汎用性への批判が展開される。[62]これらの観点に基づき、リスコは「この（使徒）信条に課題があると考えられるのであれば、廃止してしまった方が、キリスト教は本当に生き生きとした共同の信仰を持つようになる[63]」と言い切る。しかしリスコの真の結論は使徒信条の廃止ではない。「ドイツの人民は、良心の領域において国家からの干渉を受けず、過去のものである信仰告白に屈しない現在の教会の生命がある、ドイツの国民教会（Volkskirche）を要請しているのである[64]」として「狭く、小さく、良心を圧迫する教会統治[65]」を行っている当時の領邦教会を非難して講演を閉じている。したがって、リスコの使徒信条批判は、使徒信条の内容およびその教理文書として占めている位置への批判であると同時に、使徒信条の占めている位置に教条主義的に固執し、教会の枠組みそのものを変えようとしない当時の領邦教会のあり方への批判であると言えよう。

5　シュレンプフとシュドウおよびリスコの比較

H－M・バルト（Hans-Martin Barth, 1939-）は使徒信条論争の諸事例を列挙する中で、シュレンプフ事件の直近事例としてシュドウおよびリスコの事例を取り上げている。[66] バルトによれば、シュドウとリスコの事例は教会政治的な面が強く、大学の神学部を中心とした学術界への影響は少なかったとされる。[67] これに対し、シュレンプフの事例は学術界を巻き込んだ論争へと発展している。

シュレンプフとシュドウおよびリスコの事例を単純に比較することはできない。第一に両者には二〇年あまりの時間の隔たりがあり、時代的背景が異なるのは当然のことである。第二に当時者性が異なる。すでに見たように、リスコは使徒信条に関する講演を行った動機をシュレーダーの牧師解任であると言明しており、シュドウはこの件に直接的に言及していないものの、ドイツ・プロテスタント同盟との関係性や、講演時期がリスコとほぼ重なることなどから、動機は同じものと推測するのが妥当であろう。その一方でシュレンプフの当事者性は一見、むしろシュレーダーに重なるものであり、リスコとシュドウの当事者性は、シュレンプフ事件に刺激されて意見表明を行ったハルナックのそれに近い。その意味ではここで両者を比較することは難しいのかもしれないが、以下の三つの理由から可能な限り考察を進めてみたい。

一、従来「使徒信条論争」は一九世紀後半期の事例としてシュドウとリスコ、シュレンプフとハルナックの二事例がその代表的なものとして紹介されてきた。ハルナックの意見表明については別に詳細に扱うこととするので、まずその予備的考察としてシュドウとリスコ、シュレンプフを比較する。

二、リスコとシュドウの使徒信条論争における当事者性はハルナックに近いものがある一方、教会の牧師という立場に関しては、大学の神学者であるハルナックよりもシュレンプフの方に近い。その意味では両者は相当程度比較考察の対象になり得ると思われる。

三、講演を行った結果、シュドウはプロイセン領邦教会最高教会評議会から譴責（geschärfter Verweis）の処分を受けている[68]。シュレーダーが牧師を解任されていることを考慮すれば、シュドウは自分にも職務上の不利益があり得ることを念頭に置いた上で講演を行った可能性が高い。他方で、牧師資格は持つものの、神学者であり、大学の教員であって領邦教会の直接の監督下になかったハルナックには、この件に関しては直接的な処分は何もなかった。

まずシュドウとリスコの時代背景を概観しなければならない。彼らの所属していたドイツ・プロテスタント同盟はすでに述べたとおり、一八四八年革命に刺激を受けた国民自由主義をプロテスタント教会の領域において具体化させること、つまり政治上のいわゆる「大ドイツ主義」すなわちオーストリアも含めた全ドイツ人の国民国家に呼応するべく、伝統的な領邦教会を解体して全ドイツ人を包括するドイツ国民教会の成立を目指す団体であった。ところが一八七〇―七一年の独仏戦争（普仏戦争）勝利によってプロイセン国王ヴィルヘルム一世（Wilhelm I, 1797-1881）はオーストリアを含まない小ドイツ主義による、従来の領邦国家をほぼ存続させた形での連邦国家としてのドイツ帝国の成立を宣言した。リッチュル学派の線に立つ牧師であり、後にプロイセン宮廷説教師となったA・シュテッカー（Adolf Stoecker, 1835-1909）は、ドイツ帝国成立三週間後に「ドイツ国民の福音主義神聖帝国（Das heilige evangelische Reich deutscher Nation）が完成した。その意味で、われわれは一五一七年から一八七一年にいたる神の御業の跡を見て取ることができる[69]」と歓呼している。また、領邦教会に属さない自由教会のうち、福音派（evangelikar）の協力組織であるドイツ福音主義同盟（Deutsche evangelische Allianz）の機関誌であった『新福音派教会新聞（*Neue evangelische Kirchenzeitung*）』は一八七一年三月一八日号でヴィルヘルム皇帝を「新しい歴史の創始者、ドイツ国民の福音主義帝国の創始者（Gründer des evangelischen Kaisertums deutscher Nation）[70]」と呼んでいる。

H・A・ヴィンクラー（Heinrich August Winkler, 1938-）によれば、現実に成立したドイツ帝国は「不完全な国民国家」であり、この国の国民は「言語共同体としても意思共同体としても定義できなかったため、帝国アイデンティティのほかの次元を探し求め」る必要に迫られ、その結果、保守派と国民自由派は「文化、社会、国家におけるプロテスタント原理の支配」にそれを見出したとする。(71) ドイツ・プロテスタント同盟にとってもドイツ帝国成立は大きな転換を迫られる出来事であった。理念上、小ドイツ主義に基づきつつ、分邦主義を最大限温存したドイツ帝国の体制は彼らの理想からはかけ離れたものであり、領邦教会の統一による自由な国民教会の形成はむしろ遠のいたと言ってよい。この時点で、ドイツ・プロテスタント同盟は国民自由主義を掲げる他の政党などの団体同様、あくまで一八四八年革命の理想を貫くか、現実を受け入れて路線の修正を行うかが問われていることを自覚していたと推定することができる。実際、ドイツ・プロテスタント同盟はドイツ帝国成立後、いわゆる「文化闘争」の開始に伴って全面的に帝国宰相O・v・ビスマルク（Otto von Bismark, 1815-1898）のローマ・カトリック教会に対する強硬政策を支持し、アンチ・ウルトラモンタニズムの考えを鮮明にすることによって、その存在意義を主張してゆくことになる。(72) 一八七二年のシュドウとリスコの事例は、まさにこの転換期における国民自由主義プロテスタンティズムの主張の一例と見ることができるであろう。

一方でそのおよそ二〇年後に、シュレンプフが使徒信条を用いずに洗礼を施した時には、ドイツのプロテスタント教会の内外のあり方は大きく変わっていた。ドイツ帝国成立以前から問題となっていた、ローマ・カトリック教会とドイツの領邦諸国家との関係は、帝国成立によって全ドイツ的問題として浮かび上がることとなった。帝国議会においてローマ・カトリックの利害を代表する中央党は、プロテスタントに基づくドイツの「文化的統一」を志向するビスマルクと全面的に対立したため、ビスマルクはこれに抑圧政策で対応した。一八七一年にいわゆる「説教壇条項」によってすべての教役者が国政に関わる言動を教会において行うことを禁止、翌一八七二年にはプロイセン国内の宗教立を含むすべての私立学校を国家の監督下に置くこととし、さらに同年に帝国内のイエズス会の活動を禁止、一八七三年にはそれまで教会が担っていた出生、婚姻、死亡の証明を含む住民登録業務を役所に移管させたほか、婚姻の際に教会で結婚式を挙げることが不可欠ではなくなる民事婚義務化を公布、さらに一八七四年には教役者の滞在地域を国家が制限でき、従わない者は帝国外に退去させる法律が成立し、これによってローマ教皇が任命した司教をドイツ帝国政府が拒絶することが可能となり、一八七五年にはローマ・カトリック教会への国家資金の分配をすべて停止し、さらに医療と福祉に専念するものを除いてすべてのローマ・カトリックの修道会が解散を命じられた。(73)

注意すべきなのは、これら一連の「文化闘争」にまつわる立法措置は、その多くはローマ・カトリック教会のみならず、プロテスタントの領邦教会にも適用されるものだったということである。一八七八年、ドイツの諸政策に強硬的な側面をもって応じていたローマ教皇ピウス九世（Pius IX., 1792-1878、在位 1846-1878）が逝去し、対照的に対話的姿勢を持つレオ一三世（Leo XIII., 1810-1903、在位 1878-1903）が教皇位に就いたことで、ビスマルクは文化闘争の終結を宣言し、ローマ・カトリック教会を標的とした諸法を順次廃止したが、国家による学校の監督、民事婚、説教壇条項などは継続された。領邦教会にとってこの影響は決して小さいものではなかった。すでに述べたように、もともと地域主義に基づく伝統的な農村共同体のあり方と密接に結びついていたドイツの領邦教会は、産業革命の進行に伴う都市化に即応することができず、人々の教会離れに深刻な危機感を持ちつつも根本的な打開策を打ち出すことができずにいたところへ、追い打ちをかけるようにビスマルクの政策によって教会が世俗政治に直接的に関与する比重が低下した結果、それに反比例する形で、領邦教会の枠組みや政治上の制限を乗り越えて、当時のドイツが抱えていた大衆的窮乏をはじめとする近代が生み出した社会的課題に参与しなければならないという動機が増幅され、その結果生まれたものの一つが、一八九〇年設立の福音主義社会協議会だったのである。(74)

しかしながら福音主義社会協議会の問題点は、政治的立場も神学的立場も全く異なる人々を「キリスト教倫理」のみを結束点として糾合しようとしたところにあった。[75] 福音主義社会協議会の源流の一つは一八七八年にシュテッカーが立ち上げたキリスト教社会党（Christlich-Sozialer Partei）であるが、シュテッカーは職業身分制度や国教制度を支持する「保守的」な信念と、ユダヤ人は大衆的窮乏を助長し、国教としてのキリスト教のあり方を妨げる存在であるという反ユダヤ主義的信念を併せ持っていた。シュテッカーの信念とドイツ・プロテスタント同盟の理念である自由主義的ナショナリズムとは、一見すると似ているようにも思われるものの、本質的には全く相容れないものであり、またキリスト教、シュテッカーの場合は国教としてのプロテスタント教会の徹底化は、ドイツ・プロテスタント同盟の「自由な（frei）」国民教会すなわち政府の一機関としてではなく全ドイツ国民の自発的な総体としての国民教会の理想とも完全に対立するものであった。福音主義社会協議会はプロイセン領邦教会最高教会会議の後押しもあり、キリスト教倫理によってプロテスタンティズムが社会的課題に対し具体的に応答する活動として、ハルナックをはじめとする第一線の神学者や、講壇社会主義者あるいは国民経済学者として知られていたA・ヴァークナー（Adolph Wagner, 1835-1917）、すでに社会的活動で知られていた、社会民主主義と自由主義との調停的な立場を取る牧師F・ナウマン（Friedrich Naumann, 1860-1919）などが参画を求められたが、彼らの神学的、政治的な相違をキリスト教倫理の実践だけで乗り越えることは当初から疑問視されていた。ノットマイアーは、ハルナックがすでに一八九〇年の時点で、シュテッカーが「信仰の問題において、全く信仰的でない活気に溢れている」ことに警戒心を持っていたことを指摘している。[76] ハルナックの警戒心はやがて現実のものとなり、シュテッカーはハルナックら穏健な自由主義神学者たちとの齟齬を乗り越えることができず、一八九六年にシュテッカー自らが福音主義社会協議会を脱退して独自に「自由教会社会協議会（Freie Kirchlich-Soziale Konferenz）」を設立することになる。

シュレンプフが宗務局に送った手紙にあるとおり、シュレンプフが使徒信条を用いずに洗礼式を行った最大の理由の一つは「キリストを道徳的な理想を述べただけの人物と認識するあり方」に疑問を抱いたことにある。まさにその時期、ドイツのキリスト教の前景ではキリスト教倫理を結束点にしようとする動きが最高潮に達していたのであり、その一つが福音主義社会協議会の設立であると言える。その意味でシュレンプフの使徒信条への問題提起は、使徒信条そのものを拒絶する側面だけでなく、むしろ使徒信条を教会のあらゆる行事の儀文としている領邦教会が、急激な変化の中で大衆的窮乏のような諸課題を抱えている当時の社会からの要請に応答しきれていない現実、およびそれに対してシュテッカーのように信仰的に疑念を持たれる節のある者たちがキリスト教倫理を中心に活動していることへの問題提起であったと受け止めることが可能であろう。

第5章　ヘルマン・クレマーとの論争——シュレンプフ事件をめぐって

1　シュレンプフ事件に対するハルナックの応答

シュレンプフ事件に関してハルナックが「使徒信条の件において」と題する論文を発表したことはすでに述べたとおりである。同論文は一八九二年八月一八日発行の『キリスト教世界』誌上に掲載された後、(1)使徒信条の成立史およびあとがきを付した上で、『使徒信条——一つの歴史的使信、序論とあとがきとともに（*Apostolische Glaubensbekenntnis. Ein geschichtlicher Bericht nebst einer Einleitung und einem Nachwort*）』と題し、独立した小冊子として発刊され、同じ一八九二年内に実に二六版を重ねた。(2)同冊子の最初において、ハルナックはベルリン大学の学生たちからシュレンプフ事件に対する領邦教会当局の処分について意見を求められたことが執筆のきっかけであることを明言している。(3)

ここでハルナックは自身の考えを以下の九つの点に要約して述べているが、その内容を簡潔にまとめると次のようになる。(4)

一、使徒信条を含む古代信条は、信徒と教役者とを問わず多くの実直なキリスト教徒が保持しているものであるが、宗教改革以降に積み上げられてきた福音理解には馴染まない。プロテスタント教会は古代信条と自分たちの福音理解とに齟齬があるという問題に向き合わなければならないだろうという意見に私は賛同する。

二、シュレンプフに対し領邦教会総会が下した処分は、信仰告白の問題に関して言えば誠実なものだったとは思えない。

三、「使徒信条を廃棄（Abschaffung）するべきである」という主張は実現されるべきではない。そのような暴力的とも言える主張は宗教改革の思想を受け継ぐ教会とその信仰とには馴染まない。

四、使徒信条を礼拝から廃棄しなければ教会を守ることができないなどという意見は必然性がない。

五、しかし、使徒信条よりももっと簡潔な新しい信仰告白が必要であるという主張には、一定の理解が可能である。

六、使徒信条はキリスト教と神学との成熟さが表れた指標ではない。使徒信条に肯定的な価値が認められるのは、その歴史的な意味すなわち使徒信条が古代の信仰を証するものの一つであるということにおいてである。

七、使徒信条の文言には実証的でなく受容できないものが含まれており、それは信仰と信仰告白とによって不可視的に価値を認めるしかないものである。

八、多くの信徒は「聖霊によって宿り、おとめマリアより生まれ」をもはや信じていないので、これは新しく解釈せざるを得ない。実直な信徒のためにこそ、彼らの信仰を表現する信仰告白が必要であろう。また個々の教役者が認容していない信仰告白は、実直な信者のためにも不要とすべきである。しかし使徒信条を用いる場面に遭遇した当該教役者が、(a)自身が所属する教会の基本的な考え方に賛成しており、(b)その場合に自身の使徒信条に関する立場を隠す必要がなく、(c)自身の使徒信条に関する立場を隠さなくても職務上窮地に陥らないのであれば、自由に使徒信条を用いたとしても道義上適切であると言える。

九、現在、神学を学んでいる最中であり、将来教役者になろうとしている者たちのうち、使徒信条を廃棄した方がよいのではないだろうかと問う学生の皆さんには次のように申し述べたい。(a)すでに述べた理由から

「使徒信条を廃棄する」という文言自体が誤りである、(b)そのように問う学生たちは、私が思うに、開かれた観点から判断してそう言っているわけではない、(c)こうした特定の問いにはキリスト教的にも学術的にも熟達していることが欠かせない。若い時に興奮気味に感じたことも、やがて学業と良心の高みに達すれば恥じ入るようなこともあるであろう。

その上でハルナックは、使徒信条の文言の中で本質的なものに属し、なおかつプロテスタント的と認められる要素として「聖なる教会」「罪の赦し」「永遠の生命」を挙げ、全能の神、子なるイエス・キリスト、聖霊である神を信じることにより、主であるイエス・キリストが成就したものとしてそれらが与えられるとされている点を指摘している(5)。

これに続いてハルナックは五部構成で使徒信条に関する自身の分析と評価を述べていく。第一部と第二部では使徒信条の成立史を概観しているが、特に注目すべき点は見当たらない(6)。第三部ではいわゆる古ローマ信条と使徒信条の関係についてハルナックの見解が述べられている。古ローマ信条の成立期については異論があるものの、古ローマ信条が使徒信条の最大の源泉である点については研究者たちの見解は一致しているとハルナックは言う(7)。ハルナックによれば、古ローマ信条の用いられた時期は、西ローマ帝国の滅亡（四七六年）と、アレイオス主義を受け入れていた東ゴート王国（四九七―五五三年）によるイタリア半島を中心とする西欧支配の時期と一致する。つまり古ローマ信条は「正統主義とアレイオス主義の間の中立的なもの(8)」として西方教会でその役割を果たしたのである。ところが六世紀に東ローマ帝国のユスティニアヌス一世（Justinianus I, 在位527-565年）によって旧西ローマ帝国の版図の大部分が東ローマ帝国の支配下に入ると、古ローマ信条はその固有の存在意義を失い、ニカイア・コンスタンティノポリス信条が用いられるようになる。しかし八世紀に東ローマ帝国に代わってフランク王国が西欧の支配者となると、フランク王国の本拠地である当時のガリア地方に伝わっていた信仰告白が洗礼の際に用いられるようになったのであり、それが使徒信条であった。辺境であったガリア地方の信仰告白が「使徒」信条と呼ばれ、ローマ教会に受容されたことは「パラドックス」であり「歴史の不思議な成り行き」であるとハルナックは評している[9]。

第三部で説明された使徒信条の歴史的経緯から、第四部においてハルナックは、使徒信条における「陰府にくだり」「聖なる教会」「聖徒の交わり」といった文言が、歴史の変遷に伴って人々に理解できなくなっていったのは必然であるとし、ルターが「聖なる公同の教会（Sanctam ecclesiam catholicam）」を「聖なるキリスト教会（Eine heilige christliche Kirche）」、「聖徒の交わり（Sanctorum communionem）」を「聖なる者の共同体（Gemeinschaft der Heiligen）」と意訳したのは適切であると評価する[10]。

第五部においては、使徒信条を「父」「子」「聖霊」の三部に分けて考察しているが、力点が置かれているのは「子」すなわちキリスト論に関する部分である。「おとめマリアより生まれ」についてはマルコ、ヨハネ両福音書とパウロ書簡に言及がないこと、「ダビデの末裔」であることに重きを置く当時のメシア待望論に基づけば疑義があることはすでに言われていたことであるが、ここでハルナックは「天に昇り」を引き合いに出す[11]。イエスの復活後の昇天は、新約聖書では使徒言行録にしか見られず、使徒教父文書においては『バルナバの手紙』にしか言及が見られず[12]、クレメンス書簡、ポリュカルポス文書、『イグナティオスの手紙』、『ヘルマスの牧者』には全く現れない。つまり、文献学的に見れば、「おとめマリアより生まれ」よりも「天に昇り」の方がキリスト教の最初期の証言である可能性が低いということになる。また、補論においてハルナックは「おとめマリアより生まれ」が原ニカイア信条（三二五年）にないことを付け加えている。ハルナックのこの指摘は、かつてシュドウが処女懐胎に焦点を絞った講演を行ったことで議論を呼んだことを考慮すると[13]、使徒信条論争で繰り返し取り上げられた命題の一つに敢えて触れたものと見做すことができ、また後述するように、この点に関する批判文書を生み出すこととなる。

ハルナックの意見表明は、この部分に代表されるように、総じて歴史学的分析による検証が大半を占める。そこから導出される結論として、ハルナックは、リスコやシュドウが属していた、急進的とも言える自由主義神学者たちの団体であるドイツ・プロテスタント同盟が使徒信条に関して表明した「(使徒信条とは)教会の過去のある一時期における重要な文書にすぎない」との見解には賛同せず、その一方で教会当局が使徒信条を事実上「教義的拘束力のあるもの」として扱うことにも理解を示すことはできないと述べる(14)。そうではなくて「古代教会や宗教改革時代が(福音を)その(時代の)形式で理解したように、私たちがいにしえの福音を新しい形式で認識することはできるはずである(15)」とする。結局のところ「使徒信条はその題名にしか意味がないものである。つまりそれは不完全な代物であるということである。なぜなら、救いを眼前に示し、心に刻み込むような完全な信仰告白などないからである(16)」とする。

要するにハルナックは使徒信条の価値を認めるか認めないかという二分法にとらわれず、使徒信条の現代における意義を見定めた上で、そもそも使徒信条が指し示しているところの福音を現代の形式でどう表現するかという課題へ取り組むことを提案していると見ることができるであろう。その具体的な提案の一つとして、新しい信仰告白を作成することが示唆されているが、この問題は後に、実際に使徒信条に代えて独自の信仰告白を用いて堅信礼を行ったC・ヤトー(Carl Wilhelm Jatho, 1851-1913)の事例が一九一〇年前後に表面化した際に詳細に論じられることになる。

2 クレマーの反論

ヘルマン・クレマーはハルナックと同時代のドイツにおける、いわゆる正統主義神学の立場に立つ組織神学者の代表的存在として知られる。ハレ、テュービンゲンで学んだ後、現在ノルトライン=ヴェストファーレン州ゾースト市の一部となっているオステネン(Ostönnen)で牧師を務め、一八七〇年にグライフスヴァルト大学の組織神学教授に就任した。当時から著名な神学者として知られていたため、アルトホーフやハルナックらはクレマーをライプツィヒもしくはベルリンに招聘しようと尽力したが本人は固辞し、終生グライフスヴァルトに留まった。二〇一五年現在でもクレマーの神学思想は当時の神学潮流を知る上で不可欠な研究対象となっている。[17]

ハルナックの意見表明後、クレマーはほとんど時を置かずにハルナックへの批判文書である『使徒信条をめぐる論争について――ハルナック博士に対する論駁書（*Zum Kampf um das Apostolikum. Eine Streitschrift wider D. Harnack*）』[18]を発表し、ハルナックもこれに応える形で『キリスト教世界』誌に「クレマー博士の論駁書『使徒信条をめぐる論争』への応答（Antwort auf die Streitschrift D. Cremers: Zum Kampf um das Apostolikum）」[19]を掲載し、両者は議論を行っている。[20]

『使徒信条をめぐる論争について』において、クレマーは主に以下の五つの点においてハルナックを批判する。

第一に、ハルナックが引用している古代教父文献に偏りがあり、あるいは引用が恣意的であるとし、たとえば『バルナバの手紙』には聖霊論が明記されていること、[21]リエのファウストゥス（Faustus Reiensis, ?-495）の文書（五世紀）に「聖徒の交わり」「聖なる公同の教会」「陰府にくだり」が見られることなどを挙げている。[22]もしこれらの証言を考慮するならば、ハルナックの主張する使徒信条の文言の「新しさ」はその根拠に疑問を抱かざるを得なくなると論じる。

第二に、イエスの昇天の記事は確かに単独では例が少ないが、復活に随伴して語られている例には枚挙に暇が無い。[23]このことからクレマーは、これは古代キリスト教の信仰を見る際に、復活と昇天をわざわざ分けて考えることはあまり意味がないと主張する。[24]したがって、クレマーはハルナックがイエスの昇天に疑念を示したことを「歴史研究の結果ではなく、『文書間で食い違いが見られる事柄は後世のものである』という原理に基づく批評」[25]にすぎないと指摘する。

第三に、処女降誕を論じる際に、ハルナックが一―二世紀の異説であるエビオン派（Ebioniten）に触れていないのは問題であるとする。[26] ユダヤ人キリスト者のグループとされるエビオン派では、[27] イエスを「生まれた」存在であることを認めなかったため、彼らへの論駁としてアンティオキアのイグナティオス（Ἰγνάτιος Ἀντιοχείας, ?-110?）はすでに二世紀初頭にイエスを「肉であり霊であり、（父から）生まれたけれども生まれたのではない（はじめからある方）、（地上に）肉となってあらわれた神、死の中での真実の生命、マリアから生れ同時に神から出たもの」[28]と表現していることから、「おとめマリアから生まれ」は使徒に遡る伝承である可能性を指摘する。[29] クレマーが強調するのは、「おとめマリアから」の文言がなかったとしても、原ニカイア信条、ニカイア・コンスタンティノポリス信条あるいはルターの『小教理問答』においても「生まれた」存在であることが明記されていることである。[30] つまり、「おとめマリアから生まれ」の文言で最も重要なのは「おとめマリア」ではなく「生まれ」の部分であり、イエスが神であり、なおかつ「生まれ」た存在であることに力点が置かれるべきであるとする。[31] このことは福音書においては特にヨハネによる福音書で顕著であるとする。そこから言えることとして、重要なのはイエスが血統においてダビデの末裔であるということでなく、ダビデの「家」に生まれた「ひこばえ」であるということであるとする。[32]

第四に、クレマーはイエスの位格についての信仰を歴史研究から帰結させようとするハルナックの手法に異を唱える。[33] たとえば、ローマ・カトリック教会の特権的階級制度（Aristokratie）は、当事者によれば原始キリスト教に由来するところの、ある意味で歴史的産物とされているのだが、プロテスタントはこれを歴史主義とは別の学術的観点から「信仰の本質的なもの（fides implicita）」ではなく「信仰の非本質的なもの（fides explicita）」と見ているのであって、もし歴史的観点を中心とするならばこうした問いにどう答えるべきかという問題が生じるとクレマーは指摘する。[34]

第五に、そもそも信条批判によって得られたキリスト像とは何なのかという問いをクレマーは投げかける。[35] 使徒たちの宣教の中心はイエスの「死と復活、父なる神と同質の神性、再臨による救いの完成という光におけるそのペルソナ[36]」であって、イエスの「人生と『位格（Persönlichkeit）』の総合的な物語（Geschichte）[37]」ではないとするる。そうであるとするならば、使徒信条はハルナックが考えている以上にむしろ「使徒の宣教内容にふさわしいもの[38]」であり、「これほど見事に使徒の宣教内容を再生したものはないのではないか[39]」とクレマーは問うのである。

クレマーの反論はハルナックの意見表明と比較すると、歴史学的観点を用いつつも、最も力点を置いているのは使徒信条の内容と正統教理との整合性の問題、すなわち教義学的観点であると言える。この観点によって使徒信条を肯定することは必ずしもクレマー独自のものではなく、すでに宗教改革期にカルヴァンが『キリスト教綱要』において使徒信条を「神の純粋な御言葉から取られたもの以外は何一つ含まぬ信仰内容の完璧な要点が、充分にまたすべての部分にわたってわれわれに確立していることを心に留めなければならない[40]」ものであると規定している。ただし、カルヴァンは使徒信条を教会の教理文書というよりは、教理教育の教材としての有用性を認めていた[41]。これに対しクレマーは教理文書として使徒信条を評価する傾向が強い。

前章で述べたとおり、ハルナックが使徒信条を乗り越えた新しい信仰告白を示唆する方向性を示したのに対し、クレマーが使徒信条に依然として教理文書としての重要性が認められることを強調したことで、両者の違いが浮き彫りになったと言えるであろう。これに対してハルナックは、さらに自分の意見を展開していくことになる。

3　ハルナックの反論

クレマーに対しハルナックは「クレマー博士の論駁書『使徒信条をめぐる論争』への応答」によって反論を行った。ハルナックはクレマーの主張は以下の三点に集約できると受け止めた。すなわち、

一、目下の使徒信条をめぐる論争で問題になっていることは、目新しい出来事でもなければ歴史研究の成果で

もない
二、というのはイエスのペルソナに関する問いや、イエスとは誰なのか、あるいはイエスとは何なのかという問いは歴史研究によって決定されるようなものではないからである
三、キリストとは誰なのか、キリストとは何なのかという問いは信条批判によって決定づけられるものなのか、の三点である[42]。

この理解を基に、ハルナックはクレマーの批判のうち、一一か所の論点について反証を行うが、その内でハルナック自身が「中心的な事柄」として最も丁寧に論述しているのが「おとめマリアから生まれ」についてである[43]。ハルナックはまず、クレマーは歴史批判的問いを全く受け入れようとせず、歴史家の良心に共感を持っていないとし、さらにキリスト論とキリストの先在についての領域を故意に看過していると指摘する[44]。ハルナックはクレマーのこの姿勢を以下のように分析する。すなわち、キリストの位格の先在と、聖霊による処女降誕の奇跡とは「教義的技法（dogmatische Kunst）」として両者を互いに直観するならば神学的に統合可能であろうが、そこに歴史的視点が入ると整合性を保つのが困難になるとする[45]。ただし、ハルナックは自分の主張する「歴史的」とは、処女降誕をいわゆる「歴史的事実」として検証することではなく、また生理学的な事実として考えることでもないとする[46]。一方でハルナックは「キリストの先在（の教義）を守るために、処女降誕の教義を守るのは果たして適切なのだろうか[47]」とも疑問を投げかける。その意味でクレマーの主張を分析すると、「聖霊によっておとめマリアから生まれ」が、客観的（sachlich）に聖書のどの文言に基づいているかが示されていないことを指摘する[48]。しかし仮にこのような客観的根拠を求めようとするならば、それこそが歴史的証言に基づく批判ということになることをハルナックは指摘する[49]。

その上でハルナックは、最初に挙げたクレマーの主張の三つの点を彼の原理として批判を加えていく。

第一に、信条ひいては教義に関する論議が歴史批判の対象ではないというのは現実に相違しており、そもそも

宗教そして教義とは歴史において伝承されたものであって、芸術、哲学も然りであり、その意味でまさに使徒信条をめぐる論争は歴史研究の対象なのであるとする。(50)

第二に、イエスのペルソナは歴史研究の対象外とするクレマーの原理に対し、ハルナックは、イエスの歴史性を考えない人々は「熱狂主義者（Schwarmgeist）、ローマ・カトリック信者、思弁的宗教哲学者（ヘーゲル的な）(51)」であると批判する。なぜなら、熱狂主義者は内面的信仰のみを頼りとし、ローマ・カトリック信者は教会の教義のみを受容し、思弁的宗教哲学者は神観念の可能性や必然性のみを対象とするからである。(52)前項でハルナックは、使徒信条をめぐる論争は歴史研究の対象であるとしたが、それならば「歴史的な問いに含まれるものは、歴史的探求によってのみ解明される(53)」とする。キリスト教というものが、歴史に現れたペルソナを信じるものであるとするならば、その歴史を研究する研究者は申し分のないキリスト教徒であると言えるだろうとハルナックは言う。(54)確かにいわゆる「歴史主義」と呼ばれる、歴史研究によって何もかも説明しようとする試みでは、キリスト教会が抱える諸問題をすべて解決できないことはハルナックも認める。(55)しかし同時に、数多の誤った伝承や教理という「がらくた」の中から神の言葉を活き活きとしたものにするのも歴史研究なのであるとする。(56)

第三に、キリスト論と信条の関係についてであるが、ハルナックはすでに挙げた二点における歴史研究の重要性に立脚し、ある一つの信条（あるいは信仰告白）だけに着目するならば、そこに福音のすべてを見出すのは難しいことは認めつつも、たとえばプロテスタンティズムは「ルターに従い、福音的に理解するところの、短い福音主義的信仰告白はもたない」特徴を有していることを指摘する。(57)また、キリストの先在は歴史的判断や知性（悟性、Verstand）の領域が判断することではなく、信仰が判断することであり、かつ内面世界の外における証言の課題であるとする。(58)しかし、もしも「キリストは主である」という信仰告白が口先だけの発言であるとするならば、その価値に疑問を抱かざるを得なくなるであろうし、それは「まことの神は永遠の父より生まれ、まことの人はおとめマリアより生まれ」ということをどのように内面的に根拠づけた上で告白するかに関しても同様であろうと指摘する。[59] そのために神を信じる人は、「自分の人生の物語（Geschichte）のみならず、神の光によって永遠という視点のもとで見て、その視点から認識した人間の歴史の部分において、人となった神を信じ、またそれにおいて生きる」[60] ことができるとするのである。

このハルナックの反論によってより明らかになるのは、ハルナックは歴史を超越している真理、ここでは特にイエスのペルソナに関する事柄であるが、それはその歴史性を研究することによって歴史を超越した真理であることが証明されると考えているのに対し、クレマーは歴史を超越した真理はそもそも歴史を超越しているがゆえに歴史研究の対象にできるはずがないと考えていることである。したがって聖書の使信の歴史性に関する両者の議論はすれ違いのままにならざるを得なかったと言える。

4　論争の影響——プロイセンの政治と教会の観点から

一八九二年の『キリスト教世界』誌上におけるハルナックの意見表明直後、ラーデはハルナックに対し次のような手紙を書き送っている。

きみが使徒信条に関する記事を公にしたことは間違いだったということを、われわれは少しずつ悟らざるを得ない。私は後悔していない。私は全面的な共犯者だ。だがあの記事は遺憾に思う。こんなにもひどく、また心をかき乱される結果になるなんて思いもよらなかったからだ。……われわれの失敗は、あまりにも無邪気すぎたことだ。[61]

というのは、記事の発表直後からハルナックの意見表明はまず政治問題となり、当時のプロイセン文部大臣

R・ボッセ（Robert Bosse, 1832-1901）からハルナックは記事発表直後の一八九二年一〇月三日に召喚状を受け、同七日に著名な外科医で岳父であるC・ティーアシュ（Carl Thiersch, 1822-1895）とともにボッセを訪れている。[62] ボッセによる召喚はプロイセン領邦教会最高宗務会議議員（Oberkonsistorialrat）のB・ヴァイス（Bernhard Weiss, 1827-1918）の要請によるものであり、ハルナックがボッセと直接面会して釈明したことにより、政治上は落着するかに見えた。しかしラーデがハルナックに宛てた前述の手紙が書かれたのと同じ一八九二年一〇月二〇日、ケーニヒスベルク大学教授のF・グラオ（Richard Friedrich Grau, 1835-1893）が、ハルナックの「おとめマリアより生まれ」についての意見を問題視する記事を発表した。[63] これにクレマーなどが続くことにより、ハルナックの意見をめぐる論争が拡大することとなった。領邦教会も改めてこの問題への対応に乗り出すことになったが、それはハルナックにとって全く予想しないことだった。[64] ツァーン＝ハルナックは、ハルナックの本来の意図および彼の立場と、その意見表明が引き起こした結果にまつわる要素は以下のとおりであるとしている。

一、プロテスタント教会とはそもそも教役者が権威によって教義を信者に強要するものではなく、信者一人一人が良心に従って教義を受容するものであり、たとえ教会当局と衝突しようとも、神学者は良心に基づいて教会内で行動するのが道義的に正しいとハルナックは考えていた。[65]

二、ハルナックは、使徒信条を廃棄すべきであるといきり立つ学生たちを鎮めるつもりで意見表明を行った。[66] つまり騒動を起こそうと思ったのではなく、反対に騒動にならないようにと願い、使徒信条を廃棄しようとする学生たちを鎮めることを念頭に置いた上での意見表明だった。

三、ハルナックが改めて説明した使徒信条の成立史は、古代ヨーロッパ史を反映した、わかりやすく魅力的なものであり、そのことは当時課題となっていたプロテスタンティズムの独自性に関する議論や、反対にエキュメニズムの促進に関する議論を刺激するものでもあった。[67]

四、ドイツ・プロテスタント同盟からはハルナックは保守的な正統主義と革新的な自由主義の間を行く「調停神学」の人物と見做されていた[68]。他方で教会当局からは、当局の見解とは異なる教義理解を持つ神学者として、一八八八年にハルナックがベルリン大学に招聘された際は当局が難色を示したこともあった[69]。つまりハルナックは正統主義の立場に立つ教会当局からも、自由主義の立場に立つドイツ・プロテスタント同盟からも論難される対象であった。

五、「おとめマリアから生まれ」に関するハルナックの見解は、それ以前にも大学の講義や出版物においてしばしば同様に語られており、公にされたのは今回が初めてではない。しかし当時の神学界における最高権威であったベルリン大学教授として、しかもベルリン大学招聘時に教会当局がその就任に難色を示した人物として、ハルナックに対する世間の注目度は以前とは全く異なっていた[70]。

以上の点を見ていくと、ハルナックがシュレンプフ事件の代表的論客と見做されているのは、政治との関連および彼自身の当時の神学界における立場に依る側面が大きかったからであるということになる[71]。現にボッセは、本件はベルリン大学神学部において自由主義神学者ハルナックに比肩するような正統主義神学者がいない不均衡状態が最大の問題であると考え、グライフスヴァルト大学教授であったA・シュラッター（Adolf Schlatter, 1852-1938）を招聘することで事を収められると考えた[72]。しかし事態は政治による裁定では収束せず、むしろ神学上の複雑な論争に発展したのはこれまで見てきたとおりである。

ツァーン＝ハルナックの見解を乗り越えるものとして、G・シュライバー（Gerhard Schreiber, 1978-）は、シュレンプフ事件を、使徒信条にまつわる論争の単なる一つにすぎないものではなく、それまでの数ある論争中の特に中心的なものとし、シュレンプフ事件によって使徒信条論争は終結したのではなく、一つの新しい局面に導かれたことを指摘する[73]。ハルナックによる意見表明と、それによって展開された論争のあり方はシュレンプフ事件のこの特別な性質の一つであり、それ以前のシュドウ、リスコの事例を含め、使徒信条の諸事例には見られなかったことである[74]。最も特徴的なのは、教会当局はシュドウ、リスコに対しては当事者に対する通達の中で使徒信条使用の堅持を言明するにとどまっているのに対し、シュレンプフ事件では公開の回状（Zirkularerlaß）の形式で、使徒信条の使用とその価値についての教理的見解を公にしていることである。[75] プロイセン領邦教会はもっぱら政治的理由による改革派とルター派の合同教会であり、一九世紀初頭の教会合同に際しても、教会当局が使徒信条に対して教理的見解を一切提示せずに、ただ使徒信条を礼拝、洗礼式等で用いる儀文として位置づけたのは、両派の教理的衝突を回避するためであったと判断できる。[76] したがって、シュライバーの指摘は、プロイセン領邦教会における使徒信条のあり方が、教会合同から七〇年余りを経て新たな局面に入ったことにも当てはまるという意味でも意義深いものであると言えよう。

したがって、ハルナックとクレマーの論争において扱われた事柄の中には、その後の使徒信条研究の進展によって乗り越えられている部分もあるものの、使徒信条研究史の重要なエポックの一つとして、またすでに述べたようにその後の神学における歴史と教理の問題を先取りしたものとして記憶され、顧慮される一定の価値が認められると思われるのである。[77]

第6章　ヤトー事件

1　ヤトー事件と使徒信条論争

「使徒信条論争」に含まれる出来事の一つとして、「ヤトー事件」が挙げられることがある。これは、一九一一年、プロイセン領邦教会に属するケルンの教会の牧師であったC・ヤトー（Carl Wilhelm Jatho, 1851-1913）が、自身が牧師をしていた教会において、堅信礼を行う際に、公定式文に記載されている使徒信条を用いずに、ヤトー自身が作成した独自の信仰告白の文章を用いていたため、領邦教会当局によって牧師職を解任された事件である。

事件の概要だけを見ると、ヤトー事件はすでに取り上げたシュレンプフ事件の一類例にすぎないと感じられるかもしれない。しかしながら、中心的な問題性あるいは時代背景に関しては大きな相違が見られる。ハルナックはヤトー事件の直接的な当事者ではないが、そのヤトー事件への意見表明はトレルチのそれと並ぶ代表的なものとされている(1)。

ヤトー事件は一般にシュレンプフ事件に続く使徒信条論争の一事例と見做されているが(2)、後述するさまざまな点において、シュレンプフ事件とは異なる点も少なくない。そこで本章ではヤトーの意見表明とその内容を吟味した後に、ハルナックの関わり、およびハルナックの見解を検証する。

2　カール・ヤトー

ヤトーは一八五一年にカッセルで生まれた(3)。プロイセン＝フランス戦争に従軍した後、マールブルク、ライプツィヒの各大学で神学を学び、一八七六年に牧師となり、ブカレスト、ボッパート（Boppard am Rhein）の教会での勤務を経て、一八九一年にケルン旧市街地区の牧師となった。ケルンの牧師として行った説教をまとめた説教集をいくつも出版しており(4)、一般には卓越した説教者としてその名を知られた(5)。

ヤトーの行動が「事件」として最初に表面化したのは一九〇五年である。同年七月一八日付で、ケルン旧市街地区の信徒および同地区でヤトーと協働していた牧師たちは連名で、ヤトーが独自の信仰告白文を堅信礼に用いていることに対し、同地区が属するプロイセン領邦教会ラインラント管区宗務局に苦情を申し立てた。これに対し同管区監督のP・V・ウムベック（Philipp Valentin Umbeck, 1842-1911）は、ベルリンの最高教会評議会へ諮りつつ、ヤトーから計三回の事情聴取を行った上で「戒告（Mahnung）」処分を下した。

実際にはヤトーが独自の信仰告白文の使用を始めたのは一八九九年からであり、「事件」として表面化するまで足かけ七年の歳月があったことになる(6)。シュレンプフ事件の表面化と比較すると、その違いが大きく感じられるが、理由は複数考えられる。第一に、シュレンプフが初めて使徒信条を用いずに洗礼式を行った直後に、自らの手でその事実を宗務局へ連絡したのに対し、ヤトー自身は宗務局へ何も告げずに使徒信条を用いない堅信礼を行い続けている。第二に、シュレンプフがヴュルテンベルク王国という、ドイツの中でも比較的保守性の高いルター派の信仰が伝統的に堅持され続け、なおかつドイツ敬虔主義の盛んな地域の牧師であったのに対し、ヤトーが牧師をしていたケルンは、ケルン大聖堂に象徴されるようにローマ・カトリックが盛んな町であり、その一方でケルンを含むラインラントにおけるプロテスタントは伝統的に改革派が優勢であり、さらにケルン旧市街地区のプロテスタントはプロイセン領邦教会当局のもとでルター派と改革派の合同教会になっていたという複雑な事情が背景にある。このためケルンのプロテスタント信徒たちにとって、プロイセン領邦教会の公定式文は決して馴染み深いものではなかった[7]。第三に、シュレンプフは使徒信条を完全に省略し、別の信仰告白文もしくはそれに類するような文言をほとんど用いずに洗礼式を行ったのに対し、ヤトーは使徒信条に代えて、自らが考案した、使徒信条よりもはるかに長い信仰告白文を用いて堅信礼を行っている。管見であるが、シュレンプフの洗礼式に参列した一般信徒は、使徒信条が省かれたことにすぐに気づき、洗礼式そのものが簡略化されたとの印象を持ったかもしれないが、ヤトーの堅信礼の場合は、使徒信条が用いられないことに対する神学的疑念よりも、それに代わる長い信仰告白文が朗読されたことで、より丁寧な儀式が行われたという満足感を抱く可能性もあったと思われる。これらの理由により、ヤトーの事例が問題化するまでに比較的長い時間を有したことが推察される。

さらに、ヤトーは戒告処分によってむしろ活動を本格化させ、一九〇七年に聖餐に関する講演をケルン福音主義自由同盟（Verein für evangelische Freiheit zu Cöln）の会合で行った[8]。これによりヤトーは一九〇八年にふたたび戒告処分を受けた。追い詰められた形になったヤトーだが、教会当局に対して一切の譲歩をせず、その後も自説を繰り返し公にした結果、一九一一年六月二三日から二四日にかけてベルリンにおいて審判団による審理が行われ、審判団のうち二名は処分に反対したものの、賛成多数により解職処分となった。

3　ヤトーの「信仰告白」

ヤトー事件はヤトーの比較的長期にわたる諸活動が問題視されたことは明らかであるが、他方で使徒信条の不使用およびそれに対するヤトーの見解が重要な争点になっていることは疑いがない。ではヤトーは使徒信条に代えてどのような信仰告白文を用いたのだろうか。いささか長文ではあるが、ヤトーが一八九九年から用いていた信仰告白文の全文は次のとおりである。

私は信じます、生ける神、この世界の全能の創造者にして、その力をもって統治する方を。その知恵によって世界は秩序づけられ、神のいのちに満ちています。私は信じます、霊であり、霊において、また真理において賛美されることが望まれる神を。また、愛であり、その愛は明白なる善に由来し、原初より啓示されており、この私にも示されている神を。この神に私は幼子のように私の生命を委ねます。なぜなら神は私の父であり、この父は父を愛するすべての者にあらゆる最も良いものを与えて下さることを知っているからです。神の言葉は私の足元を照らし続けます。神の意志は私の最高の律法です。神の前に、私は私の心を打ち明けます。すべての罪を告白し、誠実に悔い改め、その恵みによって慰められます。なぜなら神は慰めに満ち、私たちが罪のうちに死ぬことを望まれず、その本性と生命に立ち返ることを望んでおられるからです。

私は信じます、主イエス・キリスト、神の子、栄光に輝き、神の本質（Wesen）と同形（Ebenbild）であって、私の知恵、義認、聖化、救いのために神によって働かれる方を。彼は道、真理、生命であって、彼なしに私は父のところへ行くことができません。彼はぶどうの木、私たちはその枝であり、この彼の生命のつながりによって私たちは実を結びます。彼は善い羊飼いであって、私たちはその牧場の羊です。彼は私たちの師であり、私たちはその弟子です。彼は私たちの頭であって、私たちは彼の体の肢です。

生命ある限り、私は彼にいつまでも従います。彼のくびきを負い、彼に学びます。なぜなら彼は柔和で、その心は謙遜だからです。私は彼を愛します。彼が人を愛したように。彼を信頼します。彼がその死に至るまで人を信頼したように。彼とともに私は苦しみを耐え忍びます。彼とともにこの世と罪に打ち克ちます。彼とともに新しい生命へと復活し、彼の豊かさのうちに、彼によって、天の父が完全であるように、完全な者となることを望みます。

私は信じます、聖霊、神と私たちの主イエス・キリストの霊であり、人間において働き、それにおいて神の子たちはキリストの共同体へと集められる方を。私はすべてを真理へと導く真理の霊を信じます。力と愛と養いの霊、人の心を神の神殿とし、永遠に私とともにおられる霊を信じます。

それゆえ、この霊は私のうちに生きており、私は喜んで神の言葉に心を開き、福音の告知を努めて聴き、聖書を自ら読み、研究します。本日私が成人会員として入会するところの私たちの福音主義教会を信じます。主が私の魂を悪から救済し、恵みのうちにその永遠の天の国へと助け出されることを絶えず信じます。アーメン(9)。

この信仰告白文を使徒信条と比較してみる。神論に関してはそもそも使徒信条は天地創造、全能について短く述べているにすぎず、ヤトーにおいてはむしろそのことが詳述されていると言ってよい。キリスト論については、使徒信条が十字架と復活による救済論に集中しているのに対し、ヤトーはキリスト自身の十字架と復活の出来事に言及しておらず、救済についても贖罪というよりは自力救済が説かれていると解釈するのが妥当である。総じてキリストはあくまで個々人にとっての永遠の同伴者のような見方でしか描かれていない。シュドウの主張において焦点となった処女懐胎についても一切触れていない。いわゆる肉体の復活、最後の審判についても言及がない。聖霊論は使徒信条においてほとんど内実がないが、ヤトーの信仰告白文における聖霊理解では聖霊を三位一体の一位格と考えているか否かは否定も肯定もできないと言わざるを得ない。もとより使徒信条のみから三位一体論や原罪論および贖罪論は明確に読み取ることができないため、それに代わって用いられたヤトーの信仰告白文をすぐに誤った教理と判断することはできないと見てよい。この信仰告白文をもとに敢えてヤトーを批判するならば、公定式文に掲載されている使徒信条を用いていない、もしくは使徒信条の要点をすべて網羅しているわけではないという不作為であり、結果的にそれが「誤った教理」であるとの議論を惹起したのは「未必の故意」

と言われても致し方ないという次元に留まるのみであろう。

4　ヤトーと「審判団」

教会当局もこの点を承知しており、審判ではヤトーによる信仰告白文だけではなく、ヤトーが出版していた説教集なども対象とされ、最高宗務評議会はヤトーへの口頭での聴取および長文の質問状において彼の主張のうち特に次の五つの点について確認を行っている。(10) すなわち、一、神とは「永遠の生成（das "ewige Werden"）」と「万有の終わりなき発展（die "unendliche Entwicklung des Weltalls"）」である、二、「すべての諸宗教は等しく正当である」、三、人間は「憐れな罪人ではなく、命に溢れ、神的な美しさの充満する神の子として生み出された」存在である、四、イエス・キリストは「時代の中で絶えず翻弄されている流動的な偉大な人物」であり、「ただ命だけがあなたを救済できる。その命とはあなたの救済であり、和解者（Versöhner）であり、主であり、解放者であり、裁き人であり、弁護者であり、ことばとともにある。すなわちあなたのキリストである」、五、人間は「神から発生し、神にふたたび飲み込まれる」という主張に関してである。(11) これに対しヤトーは第一及び第二の事項についてはほぼそのまま認める。(12) 第三については、人間に罪や咎があることは否定しないが、人間が罪のうちに生まれ、生来のままでは善を指向することがないということは信じておらず、「放蕩息子のたとえ」を援用しつつ、人は自ら悔い改めを決断することで自分を救済できるとする。(13) 第四については、ヤトーはメシア像と再臨待望について「歴史的興味から得られる限りにおける、イエスの道徳的かつ宗教的直観の強さと直截さ」の二つの要素しか認めないとする。(14) ヤトーはここでハルナックの「イエスが人であるとの枠を超えているところのイエスに関するすべての証言は受け入れられない。それらはイエスの史的な生活像と衝突するからである」という主張を肯定しつつ、(15)「史的な生活像とは……今日のわれわれには教育的な意味以外の何ものでもない」とする。(16) 第五については、ヤトーは死後のことについては「私は何の確証にも至っていない」とし[17]、「説教や葬儀であの世について語ることはないが、あの世を信じることについて論争することもしない」との立場を明らかにしている[18]。その結果、ヤトーは「彼の教説は、教会が採用している信仰告白と一致しない[19]」と判断された。

ツァーン＝ハルナックは、一九〇九年から一九一二年の期間を、プロテスタント教会にとってある一つの教会闘争の時期であったとする[20]。発端は一九〇九年一一月、プロイセン領邦教会総会（Generalsynode）が、いわゆる「審判団（Spruchkollegium）[21]」の設置案を採択したことである。動機となったのは、自然科学における一元論の提唱やエネルギー不変法則、あるいはヘーゲル哲学の急進派が唱えるイデオロギーといった教会外の状況の変化、さらには教会内でもマルクス主義や史的イエス研究、さらには神智学（Theosophie）などを大胆に取り入れて独自の教説を説いたブレーメンの牧師A・カルトホフ（Albert Kalthoff, 1850-1906）らの活動が無視できない問題になっていたことであった[22]。審判団は領邦教会の常設の部署ではなく、問題が生じた場合にそのつど召集されるものであり、最高教会評議会から四人、領邦教会総会から三人、管区会議から三人、問題となった牧師の属する管区からの代表一人と、国王が指名する神学教授が二人の合計一三人という構成であった。その役割は、教会当局へ告発を受けた牧師が唱える教説の内容が、教会の信仰告白に基づく教理と矛盾しないかどうかを判断することであった。プロイセン領邦教会がヤトーへの処分を最終的に決定したのも、この審判団においてであった[23]。

審判団の設置はプロテスタント教会のあり方において一つの画期であったと言える。それまでのシュドウ、リスコの処分などはすべて教会の秩序紊乱による宗規違反（Disziplinarverfahren）として行われていた。しかし審判団の設置により、教理に関する審査はこうした懲戒処分手続きと切り離されることとなった。しかし教理に関する審査を行う機関の行動は、人々から見ればいわゆる中世の異端審問のように映ったのはある意味当然であり、ハルナックを中心とする『キリスト教世界』誌を意見表明の場とする自由主義神学者たちは、このような審判団のあり方に対しおおむね批判的であった[24]。

つまり、ヤトー事件は確かに使徒信条論争の一つに数えるに相応しい事例の一つだが、この事件の背景には使徒信条のみについての神学的論争の範囲を超えた事柄、すなわち審判団の設置と行動があり、そのことも充分に考慮する必要がある。そこで次節では、ハルナックによる審判団に関する見解を考察し、そこからハルナックのヤトー事件への意見表明を検討する。

5 ハルナックの見解

ハルナックはプロイセン領邦教会における審判団の設置に関して、一九〇九年一一月一六日発行の『プロイセン年報（*Preußische Jahrbücher*）』第一三八巻三号に「新しい教会審判団（Das neue kirchliche Spruchkollegium）」と題する文章を発表、[25] さらにこの文章の二番目の後書きとして「審判団について（Für das Spruchkollegium）」と題した文章を『キリスト教世界』誌の一九一一年四月六日号に掲載している。[26] 一九〇九年の発表は審判団の設置が決定されたことに対するものであり、一九一一年四月の二番目の後書きの発表は審判団によるヤトーへの審理開始が決定された時期に相当する。そこでまずは前者のテキストにおけるハルナックの見解、特に信条に関する意見表明を検討する。

審判団の役割はすでに述べたように教理に関する審査を行うことにある。そこでハルナックはそもそも教会における「誤った教理（Irrlehre）」とは何かと問うことから始める。[27] 彼によればプロテスタント教会は法規ではなく自由、主体性あるいは個人の信仰経験に重きが置かれるのであって、この点ではプロテスタント教会が作成してきた信仰告白文書も、聖書や古代の諸信条同様、学術的な歴史批判の対象であるとする。[28] すなわち、ハルナックにおいてはそれは「核」と「殻」の分離作業を行うべき対象であるということである。[29]

さらに、パウロはヘブライ語聖書を神の言葉として認めている一方、[30] そこに書かれている律法と犠牲の教えは福音によって乗り越えられているとしており、[31]ハルナックはこれをプロテスタント教会において聖書や信仰告白を批判できる権利に援用し、この権利を単に所与のものとするのではなく、いかに活かそうとするかが重要であるとする。[32]ここから「プロテスタント教会の本質（Natur）」とは何かという問いが提起され得るであろう。[33]しかしプロテスタントの「本質」はこれであるという形式主義から出発して「誤った教理」が審判されるようでは本末転倒であるとハルナックは言う。[34]すでに述べたように教理の基盤となる聖書や信仰告白を批判できる自由こそがプロテスタントの重要な側面である。もし「誤った教理」によって教役者が解任されるようなことがあるとすれば、それは重要ではないものによって処分が行われたということになってしまう。[35]前に述べたプロテスタントの重要な側面を別言すれば、宗教的、反熱狂主義的あるいは非ローマ・カトリック的ということになるが、こうしたプロテスタントの重要な側面を理解していないのはプロイセン教会当局のみならず、ヤトー事件で教会当局に抗議する側も同じであるとハルナックは分析する。[36]

とりわけ各個教会と教役者の自由が重要であることをハルナックは強調する。[37]それは言い換えれば信仰告白を批判する自由である。他方でこの自由から展開して、新しい信仰告白を作成するべきであるという議論が長らく行われていた。しかしここでハルナックは新しい信仰告白を作成することには賛成しない。[38]ヤトー事件に代表されるように、教会の信仰告白が結局のところ教会法として機能してしまう傾向をハルナックは指摘する。[39]すでに多くの激しい議論がある中で、公式に新しい信仰告白の制定をしようとすれば議論がより激化して教会の一致がさらに保てなくなることは目に見えており、したがって当時のプロイセン領邦教会が新しい信仰告白の制定を望む声明を出しているにもかかわらず、制定は実現しないであろうと予見する。[40]新しい信仰告白を制定することが諸課題に対する唯一の解決策であるとする動きに対し、この複雑な事情を根拠としてハルナックは制定の現実性を明確に否定している。[41]

ところで、独自の信仰告白に示されたヤトーの「誤った教理」に対して最高教会評議会は宗規違反に関する処置を下したわけであるが、ハルナックによればこの最高教会評議会の行動はプロテスタント教会の本質とプロテスタントの教職理解におけるその義務と本質に反するという(42)。なぜならば、プロテスタント教会においては前述の自由は既定の信仰告白と等しく価値があるのであって、信仰告白や教会の秩序のみを一方的な根拠として教役者の自由が軽んじられるようなことがあってはならないとハルナックは主張する(43)。ちなみにこの教役者の自由に関し、審判団の規定において、礼拝等の集会において朗読することが定められているにもかかわらず使徒信条が読まれなかった場合、教会の秩序に違反したとして罰せられるとされていることをハルナックは批判する(44)。そもそも不作為の動機が教理上のものなのか、もしくは教理的な意図とは全く異なり、ある意味でその対極にある熱狂主義のような感性に駆られたといったものなのかは、同じ不作為であってもそれだけでは単純には区別できないはずである(45)。したがって、使徒信条を朗読しないという不作為を「誤った教理」によるものと決めつけ、しかもそれを教会の秩序を乱す行為として罰することは恥ずべきことであるとハルナックは言う(46)。

したがってプロテスタント教会においては教会の秩序に関係するとされる領域、すなわち教会法によって管轄される範囲は制限されるべきであるとし、その理由として以下の二つをハルナックは列挙する。第一に審判団による目下の裁定の仕組みは一審制で控訴が不可能であり、これでは審判団がある意味で教皇のように振る舞いかねず、信仰告白の重要性も揺らぎかねない(47)。プロテスタント教会のあり方はあくまでプロテスタントの精神に適合したものでなければならないことをハルナックは主張する(48)。第二に審判団の構成員のうち三分の二以上は最高教会評議会に関係している者たちで、言うなれば審判団は「教皇制」のもとにあるも同然であり、審判団が最高教会評議会の意向と異なる判断を下すとは思えず、やはり信仰告白の独自の存在意義を希薄なものにしかねない(49)。

対してハルナックは審判団の規定の中の「教理の使信はただ聖書に書かれ、信仰告白に証言されている神の言葉こそが標準となる」とされている部分に目を留める(50)。すなわち、信仰告白に対する神学的あるいは歴史的解釈が異なるとしても、神の言葉を基盤として実証主義や自由主義などさまざまな立場の者たちも含めて同じ領邦教会において協同作業ができるであろうとする。(51) 最後にハルナックはツヴィングリの言葉と思われる「キリスト教徒は教義によって偉大なことを語るのではなく、神によっていと高く大いなることをなすのである(52)」を引用し、審判団のあり方への提言としている。(53)

以上がハルナックの見解である。ここでハルナックの見解の前提となっていることを確認しておく。ハルナックは審判団の設置そのものについては以下のように評価している。

> プロイセン領邦教会総会は今年一一月、全会一致である教会法を採択した。すなわち、教役者が教理へ異議を唱えた場合、これを宗規に関するものとしては取り扱わず、(教理面の)確認手続きに限定するものである。この法が運用されていくのであれば、この日は教会史において忘れられぬ日となるであろう、なぜならそれはきわめて重要な前進を意味するからである。(54) 私見であるが、一定の大きさを誇る教会共同体が「誤った教理」を宗規に関するものとは見做さないこと、すなわち違反行為とは判断しないことは、未だかつて教会史において見出されたことがない。今やプロイセン領邦教会はこうした処分をやめたのである。ある教役者の教説に対する異議が根拠のあるものとされれば、この確認手続きにおいては、無論であるが、職を解かれることもあろう。しかし、宗規による懲戒処分に対して、この処分が持つ独自性は次のとおりである。すなわち、仮にその者が領邦教会において教役者の立場の権利を奪われた場合でも、年金法に定められた支給額と牧師の称号は保てるのである。(55)

すでに見たとおり、シュレンプフが年金受給権を即座に剥奪されたことを念頭に置くならば、この新しい手続きの確立は確かにある意味で前進と言えるかもしれない。すなわち、牧師の視点からすれば、少なくとも自身の教説が問題とされた場合でも牧師資格そのものと年金受給権は保証されている。しかしながら、ハルナックが肯定的に評価しているのは、基本的にこの点のみであると言ってよい。

さて、ハルナックの主張を子細に見ていくと以下の事柄に気づく。第一にハルナックの論法は「誤った教理」と「正しい教理」の対置という図式を深化させず、そもそもプロテスタンティズムには確固たる「正しい教理」と言える存在がないのだということを示唆する。すなわち、一般に教理の規準と考えられることの多い、聖書および信仰告白の諸文書も絶対的なものではなく批判の対象であるとすれば、確かに教理に対して「誤っている」「正しい」という二分法を用いるのは適切ではない。その一方でハルナックは主著『教義史教本』『キリスト教の本質』および審判団についての論文においても、キリスト教の総合的内容は「核」と「殻」に分離することが可能であるとする二分法の思考を一貫して主張している。しかし、教理すべてを「殻」と見做すこともできるかもしれないが、教理の中にもキリスト教の「核」に端を発し、「核」に属するものと「殻」に属するものとがあるのではないかという疑問への解答は審判団についてのハルナックの意見表明の中で見つけることはできない。

第二に、聖書や信仰告白の位置づけが総じて低く感じられる。二番目の後書きの中でハルナックは宗教改革期の信仰告白は「現在も有効な法律文書ではなく……プロテスタント的感覚の証言」であると表現している[56]。誤った教理を裁く道具として信仰告白を用いるべきではないという主張は首肯し得るところが大きいかもしれず、信仰告白も聖書と同じくまた批判の対象になり得るというのも肯定的に受け止められる可能性が高いが、たとえば、アウクスブルク信仰告白はそのむすびにおいて「われわれの教理の表明」あるいは「教理の大要」と自己規定していることからうかがえるように[57]、そもそも信仰告白文書には少なくとも作成された動機が教理の表明であると言ってよいものが存在する。これを前述のように「感覚の証言」と解釈する場合、相当程度の論証が必要であろう。また、原ニカイア信条やドルトレヒト信仰基準が明言しているように、信条あるいは信仰告白とは目的そのものが特定の教理の排斥である場合が確かに見受けられる。仮にこのことに力点を置くならば、信条あるいは信仰告白を教理に関する出来事の審判に用いるのは全くもって適切なことなのである。こうした信条あるいは信仰告白の本質論に触れずに事を批判的に論じようとするならば、信条あるいは信仰告白の価値を低く見積もるようになるのはある意味必然であると言えるであろう。この点に関してハルナックの語気が減衰するのも無理からぬことなのである。

ヤトーに解職処分が下ってからおよそ一か月後の七月二七日、ハルナックはベルリン大学におけるキリスト教原資料に関する講義においてヤトー事件に触れた。その内容は『ベルリン福音主義教会新聞（*Der Evangelisch-Kirchliche Anzeiger für Berlin*）』に掲載された。これを読んだヤトーはハルナック宛ての公開書簡を八月三日付の『ケルン新聞（*Die Kölnische Zeitung*）』に発表し、ハルナックの応答は『キリスト教世界』八月一〇日号に掲載された。さらにヤトーの返答が『ケルン新聞』八月一〇日号で述べられ、両者の公開往復書簡は終了している[58]。ハルナックの講義の前半は審判団の制度的問題を扱っており、すでに詳述した一九〇九年の見解とほぼ同じである。しかし後半部分では問題となったヤトーの見解そのものに言及している。

ハルナックによれば、ヤトーの教説における問題は次の二点に集約される。

一、キリスト教において宣教される神は単に自然法則そのものでもないし、自然の働きから推量可能な存在でもなければ、単なる動的な霊的存在でもない[59]。

二、宣教内容であるイエス・キリストの位格は、キリスト教会から除外できるものではない。イエスはもはや生ける存在ではないとか、生ける存在かそうでないかはどちらでもよいなどという言説は、教会が歴史上そうであったように、現在の教会にとっても受け入れられるものではない[60]。

既述のとおり、ハルナックは一個人の教説を教会が審判することにはプロテスタンティズムの立場から疑問を呈している。しかしヤトーに関してハルナックは「ヤトーは境界線を踏み越えてしまった」とする[61]。そしてヤトーの教説を「彼の神学」と呼び、卓越した説教者として人々の支持を得ていたヤトーを種まく人にたとえて「二つの箱に種が満ちている。一つには彼の神学、もう一つには聖書であり、彼はこの箱からも常にまきつづけるべきであった」として、ヤトーの教説は聖書の使信とは別物であることを示唆している。(62)

これに対してヤトーは「尊敬する教授、イエスは生きていないなどといつ私が主張したでしょうか。いつイエスの歴史的存在性をほかのものと交換可能だなどとしたでしょうか。私はイエスの歴史的事実性を公開の場で提示しました」(63)と反論し、「イエス・キリストには余人をもって代えられない役割があったはずだなどという意見があなたの口から出るということを、どう理解したらいいでしょうか。これまで『余人をもって代えられない役割』などということを全く言ったことのなかった、教義史の大家であるあなたを私は頼りにしていたのです」(64)、「もはや古代のキリスト論など信じていない、あなたや私のような懐疑家は、神の客観的価値など追求しなくてもよいのではありませんか」(65)とハルナックに呼びかけることで、自分はハルナックに近い神学的傾向に従っていると自認していることを主張した。

ハルナックは再反論を行い、「『私たちと同じように彼（イエス）は神を探求する人だったのである。たとえそれを唯一達成した人であるとしても、そのような人にすぎない』などと私は教えたこともないし、私の著書に書いたこともない」(66)として、ヤトーが理解しているものはハルナックの意見とは異なることを強調し、またヤトーは自由を主張するが、教会には（自由の）権利だけではなく義務もあることを指摘した。(67)すなわち、領邦教会の牧師である以上、神に対する姿勢とこの世に対する姿勢との間に相違を持たないのが義務とすべきであるにもかかわらず、ヤトーは学問の自由と教会での義務をはき違えているとし、ヤトーの両性論を否定した単性論的なイエス理解あるいは汎神論的な神概念を斥けている。(68)

しかしヤトーは最後の手紙で、自分は両性論を否定してイエスをただ一人の人間にすぎないなどと言ったことはないと反論し、そもそも神を探求するのは人間の本質なのであって、「イエスは神か、もしくは神の探求者か」

といった客観的かつ選択的な神論にこだわるハルナックの姿勢を批判している。(69)

残念ながらこの往復書簡では両者の議論はほとんどすれ違いに終わっており、実りあるものであったとは評価し難い。しかしこの往復書簡から少なくとも次のことを看取できる。すなわち、ハルナックはプロテスタント教会が「異端審問」を行うことには疑問を呈しているが、プロテスタント教会が一定の教義の枠組みを持つことは重要視する。しかしこのハルナックの姿勢に対し、ヤトーは歴史的視点とともに、宗教にも学術にも「聖なる火」を燃え立たせ、学術と領邦教会に截然たる区別をつけない主体性を強調し、「信仰告白の字面」と「絶対的主観主義」とのあいだを主張する。(70) そこには「実存」の語は用いられていないものの、本質的に実存主義的と呼ぶに相応しい位相を見出すことができる。すなわち、ヤトーはシュレンプフにきわめて近い立場から問題提起を行ったと見做してよいであろう。そしてハルナックは最後までこの観点に気づいていなかったのである。

第2部　プロテスタンティズムにおける使徒信条の位相

第7章　初期プロテスタンティズムにおける使徒信条の位相

1　使徒信条論争の遠因としての宗教改革

使徒信条論争が一つの事件を指す用語ではなく、使徒信条をめぐる諸事例の総称であることはすでに述べた通りである。ところで、特にシュレンプフ事件に関して発表されたハルナックの言説は、使徒信条に批判的な、いわゆる自由主義の意見を代表するものとして取り上げられることが多く、使徒信条論争に対する意見表明の一つの頂点であると見做されることが少なくない。この見方は一九五〇年に出版されたツァーン＝ハルナックの『一八九二年の使徒信条論争とその現代的意義（*Der Apostolikumstreit des Jahres 1892 und seine Bedeutung für die Gegenwart*）』によって包括的に提示された後、半世紀あまりにわたって相当の支持を受けてきた[1]。

その一方で、二一世紀以降、使徒信条論争については幾分異なった指摘もなされるようになってきている。たとえば、ハルナックの意見はこれまでその内容に関しては深く吟味されてきた。また今日、彼が使徒信条に関する意見を形成する過程と、それに影響を与えた他の神学者の言説や事象との関連性について、従前よりも幅広い見方を提案する向きが見られる。そしてこれらの新しい提案には、使徒信条論争そのものに含めてもよいと思われながら、これまであまり顧慮されることのなかった出来事などに関する指摘も含まれる[2]。その意味では使徒信条論争そのものを総体的に再検討することが求められると言えるかもしれない。

そこで本章では使徒信条そのものが、プロテスタント教会およびプロテスタント神学において宗教改革以降どのように評価され、用いられてきたのかを改めて検討する。次節以降では宗教改革期および一七世紀までの使徒信条に関する理解、特に、前述のシュレンプフ事件、すなわち洗礼式において使徒信条が唱えられなかったことが問題とされたことの是非を念頭に置いて、洗礼式における使徒信条の位置づけについて取り扱う。

2　ルターにおける使徒信条の位置づけ

ローマ・カトリック教会においては、使徒信条は伝統的に洗礼式において唱えられる信仰告白文として用いられており、通常のミサではニカイア・コンスタンティノポリス信条が用いられている。対して宗教改革者たちは、使徒信条はキリスト教教理における要点を示すものであると受け止めた。ルターはその代表的な著書の一つである『大教理問答』において、「使徒信条はわれわれが神から期待し、受け取らねばならないいっさいのものを示」し、「神を徹底的に知ることを教えてくれる」ものであると規定する。[3] 他方で、ルターは使徒信条を十戒に次ぐものとして位置づけており、「もしわれわれが、自分の力で十戒を正しく守ることができたとしたら、われわれはそれ以上何ものも必要とせず、使徒信条も主の祈りも不要になるであろう」とも述べ、使徒信条を内容に従って三つに区分、すなわち「我は天地の造り主、全能の父なる神を信ず」、「我はその独り子、我らの主、イエス・キリストを信ず……かしこより来りて、生ける者と死ねる者とを審きたまわん」、「我は聖霊を信ず……永遠の生命を信ず」に分け、使徒信条を通して神の三位格について理解把握することができれば充分であるともしている。[4]
洗礼式に関しては、ルターが作成した洗礼式文には使徒信条をそのまま唱える場面は見られない。[5] 洗礼を施す直前、代理親（代父・代母）に向かって悪魔を斥けるか否かを尋ねた後、「あなたは全能の父、天と地の造り主を信じますか」、「あなたはそのひとり子、私たちの主、生まれて、苦しみを受けたイエス・キリストを信じますか」、「あなたは聖霊、聖なるキリスト教会、聖徒の交わり、罪の赦し、からだの復活、死後の永遠のいのちを信じますか」の三つの質問がなされるが、それらはおそらくは使徒信条に由来すると言えるものの、「省略」されている部分は少なくない上に、その省略の部分こそが議論の余地の多い部分でもあるため[6]、使徒信条そのものを用いているとは言えない[7]。使徒信条が洗礼において重要視されているとは言えない理由は、ルターが『大教理問答』で述べた以下の主張から推察できる。

洗礼を受ける者が、信じているか、いないかは、必ずしも重大なことではない。信仰の有無によって、洗礼が不当なものとなることはなく、神のことばと戒めとがいっさいだからである。……すなわち、神のことばが水とともにあるならば、たとえ信仰がそれに加わらなくても、洗礼は正しいのである。なぜなら、私の信仰が洗礼をつくるのではなく、それは洗礼を受けるものだからである[8]。

つまりルターの考えでは、洗礼を行うにあたり、受洗者が自覚的な信仰を表明することはそれほど重要なことではない。したがって、使徒信条が唱えられる場面が洗礼式に見られなくても大きな問題ではないと言えるであろう。他方で、ルターは『大教理問答』において洗礼を論じる中で「洗礼が神の事柄であり、人間によって考案、工夫されたものでないという事実を疑ってはならない」と述べた直後に、「十戒と使徒信条と主の祈りとは、人間が自分の頭から編み出したものでなく、神ご自身によって啓示され与えられたものである」とも断言していることは留意されなければならない[9]。

礼拝に関しては、ルターは「ミサと聖餐の原則」（一五二三年）において、福音書の朗読に続いて信条を歌うよう設定しているが、その姿勢は、それまでのローマ・カトリック教会のミサで毎回いわゆるニカイア信条（正確にはニカイア・コンスタンティノポリス信条）が歌われてきた伝統を念頭に置いて「ニカイア信条を歌う習慣は気にならない」というものであり、「ミサにおける信条にいたるまでに行われているすべてのことは私たちのものであり、自由であり、神から要求されたものではない。だから、それらはミサに必然的に属するものではないのである」として、この時点では礼拝の中で信条を唱えることに格別の意味を見出していない[10]。その理由は三年後の一五二六年に著された「ドイツミサと礼拝の順序」で明らかになる。ここで示されている日曜日の礼拝式文では、「福音書のあとで、全教会は信条、『私たちはすべてひとりの神を信ず』、をドイツ語で歌う[11]」、つまりニカイア・コンスタンティノポリス信条を礼拝参加者全員で歌うと指示されている。しかし、これはルターが使徒信条よりもニカイア・コンスタンティノポリス信条を重視しているということを意味するのではない。同時にルターは次のように述べている。

礼拝やミサには、三つの区別がある。第一はラテン語のもので、これは私たちが先に出版した、Formula Missae と呼ばれるものである[12]。……第二にはドイツ語のミサと礼拝である。それは私たちが今とり上げているもので、単純な平信徒のために制定すべきものである。……しかし第三の様式は、福音的な礼拝式の正しい方法がもたれるものであって、これは公然と広場で、あらゆる種類の民衆の中で行われるべきものではない。かえって熱心にキリスト者たろうとし、手と口とで福音を告白する者は、その名前を登録し、ただ祈り、朗読し、洗礼を受け、聖餐にあずかり、その他のキリスト者のわざをなすために、ひとつの家に集まるべきである。ここではまた、洗礼と聖餐が、短くて美しい様式で守られ、すべてのことが御言葉と祈りと愛とに向けられる。ここでは使徒信条、十戒、主の祈りについての、より短い教理問答がなければならない[13]。

ルターはここで礼拝には三種類あるとし、伝統を重視したラテン語による第一の形式と、日曜日に行われる、信者でない者やあまり信仰熱心でない者たちが大勢いることを意識した第二の形式においては、ローマ・カトリック教会以来の伝統に則りニカイア・コンスタンティノポリス信条が用いられればよいと考えている一方、自覚的で熱心な信仰を持つ人々の集まりである第三の形式、つまりルターが最も「福音的」で「正しい」と考える理想の礼拝において、使徒信条は教理問答の形で共有されるべきことを示している。したがって、使徒信条は礼拝あるいは洗礼式の儀文の一つとしてではなく、教理教育の「教材」として重要視されていることがより明確に提示されていると理解できよう。

3　カルヴァンにおける使徒信条の位置づけ

カルヴァンは『キリスト教綱要』第二篇第一六章八節において、当時すでに使徒信条の「陰府にくだり(descendit ad inferos)」の文言が古代教父の文献に見られないことについて論争があったことに触れつつも、使徒信条とは「神の純粋な御言葉から取られたもの以外は何一つ含まぬ信仰内容の完璧な要点が、充分にまたすべての部分に亘って我々に確立していることを心に留めなければならない[14]」ものであるとする。カルヴァンは『ジュネーヴ教会信仰問答』において、使徒信条を十戒よりも先に置き、「神への信頼を据えるべき基礎また原理は、神をキリストにおいて知ること」であるが、使徒信条はその「認識の総括」そのものであると規定した[15]。また、ルターが使徒信条を三つに区分したのに対して四つに区分した。すなわち、一、父なる神、二、御子イエス・キリスト、三、聖霊、四、教会である[16]。

このようにルターとカルヴァンとでは使徒信条の理解に幾分の差異が存在するが、両者に共通するのはキリスト教教理の理解に重要な貢献をするもの、いわば「教材」としての意義を使徒信条に強く見出している点である。

カルヴァンの場合、それはストラスブールの宗教改革者マルティン・ブツァー(Martin Bucer, 1491-1551)の影響が大きいことが指摘される[17]。ブツァーの指導による宗教改革後のストラスブールでは使徒信条が朗読されることなく幼児洗礼が執行された。これは使徒信条が不要とされたことを意味するのではなく、使徒信条の意味内容を理解できる年齢（一〇歳から一三歳頃）に達した際に、使徒信条の文言を用いた教理問答による教理教育が行われることになっており、この教理教育によって自覚的信仰に導かれることが期待されていたからなのであって、それゆえ、洗礼の際に使徒信条を唱えることは、受洗者が教理問答を受ける日まで「延期された」ものと理解される。(18) カルヴァンはストラスブール滞在中にこのブツァーの事例に刺激を受け、後に自らが指導するジュネーヴの教会においてもこのブツァーの洗礼式文の形式を受け継ぎ、使徒信条を洗礼式文に含めていない。その一方で、ジュネーヴの式文では、家族のみが参加する私的な行事としての、それまでの洗礼式の慣習と異なり、幼児への洗礼は公的礼拝で行われるべきことが示されていることは指摘されなければならない。ジュネーヴの礼拝式文では礼拝の最後に牧師が行う祝禱の直前に、常に使徒信条が全会衆によって歌われることになっている。つまり、洗礼が行われる礼拝全体としては使徒信条が存在しているのであるが、他方で洗礼が行われるのは説教の直後であり、使徒信条は洗礼後に歌われたのであるから、たとえ公的礼拝の中で行われる「洗礼式」であったとしても、使徒信条が信仰告白として洗礼の前提としての役割を担っていたわけではなかったと考えられる。カルヴァンにとって、使徒信条はむしろ聖餐に対して重要な意味を持っていた。というのは「使徒信条は体の甦りと永遠の命についてのキリスト教の希望を祝うとともに、創造と贖罪の神の力強い働きを朗誦する賛美歌である」(19)と理解されたからである。したがって、聖餐が行われる際は、使徒信条は必ず聖餐の前に全会衆によって歌われた。

4　ルター以後のルター派による洗礼における使徒信条使用の理解

第2節で明らかになったとおり、ルターは洗礼において使徒信条の全文が読まれる必要はないと考えており、この考えに基づいた洗礼式文を著した。一方で、ルター派教会と呼ばれる諸教会は、礼拝の様式を標準化することによって「ルター派教会」を画一化する必要はないと見做していたところが多く、ルター派となったドイツその他の諸地域の各教会では、当時の教団組織としての教会単位、すなわちおもに都市や領邦ごとに、ルターが直接指導したヴィッテンベルクの式文を基調としながらも、それぞれ細部において異なる式文が制定されていった[20]。一六世紀に各地で作られた式文は膨大な数にのぼるとされ[21]、すべてを精査し、系統的に配列・分析していくことは容易なことではないが、大きく分けて三つのグループに大別することができるとする見方がある。すなわち、中央ザクセンのグループ（北ドイツ、中央ドイツ、デンマーク・スウェーデンを含む）、超保守派とされるグループ（ブランデンブルクとオーストリア）、そして改革派の影響を受けた中間派のグループ（西南ドイツ）である[22]。

洗礼式文に関して見てみると、たとえば北ドイツのブラウンシュヴァイクをはじめとしてハンブルク、リューベック、北欧のデンマーク、ノルウェーなどに宗教改革を広めたJ・ブーゲンハーゲン（Johannes Bugenhagen, 1485-1558）が一五二八年にブラウンシュヴァイク市のために作成した教会規定（Kirchenordnug）では、洗礼に際して福音書の朗読と説教が奨励されているものの、使徒信条を唱えることには言及されていない[23]。あるいは、当初はルターのもとでヴィッテンベルク市の宗教改革を進め、後にブランデンブルクなどで宗教改革を指導したA・オジアンダー（Andreas Osiander, 1498-1552）が一五二四年に作成した洗礼式文はルターのものをそのまま踏襲している[24]。ところが、同じオジアンダーがその九年後、一五三三年にブランデンブルク辺境伯領とニュルンベルク市の教会のために作成した洗礼式文では、使徒信条の全文がルターの三区分に従って分けられつつ質問される形式に変化している[25]。式文の提示に先立つオジアンダーの解説では、洗礼を受けた幼児を神に認められた存在として教会が受容することに言及されていることから、洗礼を受ける、あるいは授けることの共同体的意味の強調が背景にあるものと推察される[26]。これ以降の各地の洗礼式文の多くでは、使徒信条の全文が、このルターの三区分によって分けられた三つの質問の形式で用いられている[27]。たとえばメランヒトンとともにアウクスブルク信仰告白の作成に参与したことで知られるJ・ブレンツ（Johannes Brenz, 1449-1570）が一五五九年にヴュルテンベルク公国領内の教会のために作成した洗礼式文は、やはり使徒信条の全文を三つに分けて質問する形となっている[28]。

続く一七世紀においては、ルター派正統主義神学の集大成とされるJ・ゲアハルト（Johann Gerhard, 1582-1637）の『神学総覧（*Loci Theologici*, 1610–1625, 9 Bände）』において、洗礼における使徒信条の位置づけは次のようになされている。

今日われわれは洗礼において使徒信条が唱えられるのを通常のこと（usitatus）として聞くが、それは初代教会においても同様に行われていたことなのであり、多くの根拠があってのことである。特に、洗礼によって教理教育に導かれるという点が挙げられる。[29]……教会の外に救いはない。それは使徒信条の有名な公理（axioma）にあるとおりである。「私は信ずる、聖なる公同の教会、聖徒の交わり、罪の赦し、永遠の生命を」。幼い子供は教会に受け入れられる。それは洗礼を通してのみ可能であり、つまり、洗礼は教会への入り口であり、恵みの端緒と呼ばれる通常の方法なのである。[30]

ゲアハルトの文章からいくつかのことが明らかになる。第一に、一七世紀前半期にはルター派教会において洗礼の際に使徒信条の全文が読まれることは概ね定着していたと見ることができよう。第二に、洗礼の際に使徒信条の全文が読まれる根拠を、宗教改革者であるルターにではなく、初代教会に遡って求めていることである。第三に、特にルターの洗礼に関する使徒信条理解を脇へ置いているにもかかわらず、教理教育に関するルターの使徒信条理解は尊重され、むしろその点を洗礼と結びつけて、洗礼と使徒信条の関係に関する新たな理解が形成されていると見ることができる。第四に、ルターは洗礼そのものの根拠を福音書のみに置いたが[31]、ゲアハルトにおいては使徒信条の教会論までが取り込まれ、それゆえに洗礼に際して使徒信条が朗読されることは不可欠であるとの主張がさらに補強される結果となっていることである。[32]

ハイデルベルク

改革派教会の場合、当初はルター派と同じように、各地でさまざまな式文が形成されていったが、しだいに同一化が進んでいった[33]。これは、ルター派がその教派的アイデンティティを提示する教義的根拠を、地域を越えた汎用性の高い、いわゆる『一致信条書』に置いたのに対し、J・F・ホワイト（James F. White, 1932-2004）によれば、改革派教会はルター派の領邦教会よりも広い単位の、いわゆる総会単位で独自の信仰告白を制定する傾向がしばしば見られた結果、「伝統のさらなる統合」がなされたことに由来すると考えられる[34]。ただしそれらの信仰告白の焦点はおもに教義的な事柄であり、礼拝やサクラメントの内容に触れているものは比較的初期のものに限られ、内容もあくまで教義上の解説に留まる[35]。おそらくはそのためであろうが、ハイデルベルク信仰問答は一五六三年に作成されたが、それとは別に同じ年にハイデルベルクを含む当時のプファルツ選帝侯国のための改革派教会の洗礼式文が制定されている。そこでは使徒信条が質問形式ではなく、そこにいる人々全員で唱える信仰告白文として、主の祈りの直後、代理親への質問の直前に置かれている（その後で洗礼が施される）[36]。この形式および位置は、同年に著されたジュネーヴ教会の式文と同じであり[37]、むしろ伝統的なローマ・カトリック教会の洗礼式文における使徒信条の扱われ方に近い。

このハイデルベルクにおける洗礼の形式は、いわゆる三十年戦争（一六一八―一六四八年）後も大きな変化はなく、洗礼式は日曜日、祝祭日または平日の公的礼拝で行うことが勧められており、礼拝説教の後、詩編一二四編八節「わたしたちの助けは天地を造られた主の御名にある」、通称ウォータムの朗読から始められ、洗礼の必要性とそれによる再生の意義の説明、三位一体論の簡易な解説、共同体の信仰告白とキリスト者の生活の堅持の勧告、幼児洗礼の聖書的根拠などの神学的かつ教義的解説がなされた後に洗礼に先立つ祈りがささげられ、主の祈りと使徒信条が続き、そして両親あるいは代理親への質問がなされるという形式がおおよそ従前どおり行われていたことを確認できる。(38)

しかし改革派教会では、前述のとおり各地の教会会議で独自の信仰告白が制定される傾向のもと、礼拝式文も教会会議単位において同一化されていく傾向にあったため、ルター派ほど多様な展開は見せなかったとはいえ、その後スイス、ドイツのみならずオランダ、イギリスなどで形成されていった、改革派神学を基調とするさまざまな教会について、上記のハイデルベルクの実例のみをもって「改革派とは」と斉一的に論じるのは現実に即しているとは言い難い面があると思われる。そこでハイデルベルクとは異なる進展を遂げ、なおかつ本論考に資すると思われる諸事例をいくつか取り上げることによって考察を進めることとする。

ウェストミンスター礼拝指針

イギリスにおけるピューリタン革命の影響下で一六四七年に作られ、一般に「穏健カルヴァン主義」の神学的特質を表すとされる「ウェストミンスター信仰告白（The Westminster Confession of Faith）」を作成したのと同じウェストミンスター神学者会議が、イングランド、スコットランド、アイルランドで使用されることを目的として一六四五年に定めたいわゆる「ウェストミンスター礼拝指針（Directory for Public Worship of God, Throughout the Three Kingdoms of England, Scotland, and Ireland）」の中の洗礼式文では、独自の勧告文や祈禱文が制定されているものの、使徒信条の全文あるいはその一部分と目される文章さえ見当たらない。松谷好明は「親への諭し」の中における「親としての義務の遂行を厳粛に約束するよう、求めるべきである」としている注意書きについて以下のように指摘する。

親たちにどのような形で約束することを求めるかについては言われていない。当時は幾つかのやり方があった。たとえば、一、幾つかの簡単な質問をする、二、使徒信条を復唱することを求める、三、使徒信条への同意を求める、四、信仰内容については何も答えることを求めず、義務を果たす旨応答する、などだった。いずれにしても、スコットランドにおいては本礼拝指針採択以降、公的神礼拝において使徒信条が用いられることはなくなっていった(39)。

これに随伴する神学的側面について補足するならば、同じウェストミンスター神学者会議が一六四八年に作成した「ウェストミンスター大教理問答」および「ウェストミンスター小教理問答」は、神論、創造論、キリスト論、救済論、聖書論などの命題が、大教理問答では九八問、小教理問答では四一問にわたって独自の形式で解説され、そのあとに十戒、主の祈り、礼典の解説が続く形式となっており、十戒と主の祈りについてはそれぞれ一戒および一祈願ずつ解説が施されているのに対し、使徒信条はその一部どころか、存在すら言及されていない。

オランダ

他方でオランダにおいて、レモンストラント派と呼ばれた、いわゆるアルミニウス主義の排斥を決定したドルトレヒト教会会議に貢献し、その後ユトレヒト大学神学部教授として活動した改革派神学者G・ヴォエティウス(Gisbertus Voetius, 1589-1676)は、『教会政治論集(*Tractatus selecti de politica Ecclesiastica*)』において次のように述べている。

問　洗礼の際、大人たちは使徒信条と主の祈りを唱えなければならないであろうか。

答　否。使徒信条と主の祈りの内容を明確に理解していない限り、その者をキリスト者と呼べようか。

……（そのためには）たとえば教理問答を用いることによって、その者が魂の中においてはっきりと、また親しくこの対象を受け止めているかどうか問えばよい。それには簡明に、然り、あるいは否、我信ず、我信ぜず、我同意す、我同意せずと返答させればよい。(40)

ヴォエティウスが、司祭一人が使徒信条と主の祈りを含む儀文のほとんどを読み進めていくローマ・カトリック教会の洗礼式文を意識的に対置して、それとは対照的に洗礼の内容理解を優先していることは明らかである。宗教改革期以来の教理問答による自覚的信仰の形成と確認の重視を根拠に、使徒信条および主の祈りを形式的に唱えることを否定している点は興味深い。実際、その後のオランダ改革派教会の洗礼式文には、信仰内容および義務を問う三か条の質問は見られるものの、使徒信条も主の祈りも見られない(41)。また、洗礼式文そのものとしては、牧師が朗読する儀文、質問、祈り、洗礼執行などの順番に異同はあるものの、総体的に見てウェストミンスター礼拝指針と比較した場合、決定的と言えるほどの違いは見受けられない。したがって、少なくともイギリス、オランダの改革派教会では洗礼式において、改革派教会としての神学的な考察も随伴しつつ、使徒信条はほとんど用いられなかったと言える。

結果として言うならば、洗礼に際して使徒信条を用いることの是非は、ルター派、改革派それぞれにおいて個別に概観してもかなり複雑な経緯が存在し、さらにその両者を総括して「プロテスタントとして」成否を判断することは極めて難しい。そしてまさにこれこそが、使徒信条論争が複雑な様相を呈せざるを得なかったことの要因の一つであり、現在も信仰の場において「素朴に」重要視されている向きもあると感じられる使徒信条であるが、実はそのあり方の歴史に関して見れば、プロテスタントの洗礼式における用いられ方の経緯一つを取ってみても、決して「素朴に」終わるものではないことを知らされるのである。

第8章　プロイセン式文論争と使徒信条

1　プロイセン式文論争

一七世紀に至るまで多様で複雑を極めたプロテスタント諸教派の礼拝式文が、政治的事情も含めてある程度一定の方向へ収斂していく過程で生じた式文に関する最も活発な議論の一つが、一九世紀初頭における当時のプロイセン王国におけるいわゆる式文論争（Agendenstreit）である。プロテスタントにおいてはルター派、改革派いずれにおいても、教理に関しては時に教派の分裂に進展しかねない論争も生じたが、礼拝式文そのものがそれに比肩するような論争を惹起することはほとんどなかったと言ってよい[1]。

その意味で、式文論争は後述するように、広範な議論を呼び、実際に教会分裂を引き起こし、後世まで、特に使徒信条の位相をめぐって影響を残すことになった、式文に関する数少ない事例として特別に注目する価値があると考える。そこで、式文論争を生むことになったプロイセン領邦教会の成立史と式文論争時の状況を概観し、その上で式文論争がプロテスタント教会における使徒信条の位相にどのような影響を与えたのかを考察する。

2　宗教改革受容から式文論争まで――プロイセンの宗教状況

一般的なドイツ近世史の理解においては、三十年戦争後に締結されたウェストファリア条約（一六四八年）ににおいて、アウクスブルク宗教和議（一五五五年）で決定された「領主の宗教が領邦の宗教（cuius regio, eius religio）」が再確認され、一領邦一教派（ローマ・カトリック、ルター派、改革派のいずれか）の原則が維持されたとされる。しかしこの原則の施行の実態は領邦によってさまざまであった。特にプロイセン王国の前身の一つであるブランデンブルク選帝侯国では一六一三年に領主ヨハン・ジギスムント（Johann Sigismund, 1572-1619）選帝侯が、ユーリヒ・クレーフェ・ベルク公国の継承権を主張するにあたり、同国が伝統的に改革派の根強い地域であったため、事を有利に運ぶためルター派から改革派に改宗したが、臣下や住民には改宗を強制しなかったため、領邦君主は改革派、住民の大半はルター派という状態となり、一六一八年に彼がルター派のプロイセン公国を婚姻相続によって手に入れると、この領主と住民の教派の「相違状態」は同国にまで広がった。[2] 更に一六六四年に当時のブランデンブルクおよびプロイセンの君主フリードリヒ・ヴィルヘルム（Friedrich Wilhelm, 1620-1688）によって公式に宗教寛容令が出され、住民はユダヤ教を含めて事実上どの教派を信仰するのも自由となったが、ここには三十年戦争やペスト流行などで荒廃した国土回復のため、フランスから追われたプロテスタント信徒の集団、すなわちユグノーと呼ばれ、高度な職能集団でもある者たちを受け入れ可能にするという政治的意図も少なからずあった。[3] 同君連合であったブランデンブルク選帝侯国およびプロイセン公国は一七〇一年より名実ともに統合してプロイセン王国を称したが、同王国では引き続き教派に関しては上記のような「寛容な」状態が続いた。

しかし一八〇六年にナポレオンに敗北したプロイセンは、国土と住民の半分あまりを割譲せざるを得なくなった際、絶対君主制の下で中央集権体制を強めることによって国家再建を進めることになり、宗教行政に関しても、国家統治機構とほぼ重なる中央集権的な教会統治組織が策定された。[4] 具体的には、国家教会である領邦教会（Landeskirche）は、国王が象徴的な教会最高統治者（summus episcopos）として君臨し、宗教政策は文部省の管轄となり、プロイセン内を八つの管区（Provinz）に分けてそれぞれに最高責任者である管区監督（Oberpräsident）がおり、管区監督のもとで管区の最高常任協議機関である宗務局（Konsistorium）が実質的な執行部として管区を差配し、さらに宗務局員を兼ね、管区をさらに細分化した区域である教区（Kirchenkreis）の教区監督（Generalsuperintendent）がそれぞれの教区を管轄する体制が確立され、これらの役職はすべて国家公務員であった。ちなみにこの組織構図は行政上の統治機構とほとんど同じであり、管区監督は行政上の州（Provinz）の州長官（Oberpräsident）に、教区監督は州の下位の行政単位である県（Regierungsbezirk）の長である県長官（Regierungspräsident）に相当した。[5] この政策はプロイセンが、ナポレオン失脚後に成立したいわゆるウィーン体制（一八一五年以降）によって、ナポレオンに割譲させられた地域を回復しただけでなく、新たな地域をも領土とすることとなった後もほぼそのまま継続された。けれどもこの中央集権的な教会組織は、ウィーン体制以前から伝統的にプロイセンの版図であった地域とは異なってウィーン体制後に新たにプロイセンへ編入された地域では、旧領邦において国教会ではない、自由教会として活動し、いわゆる「長老制」による合議制によって運営されていたが、ナポレオンによる占領およびプロイセンへの編入によって強制的に国教会の管理下に置かれることになった改革派教会からの強い反発を引き起こし、斉一的にこの体制を敷くことには多大な困難を喫した。[6] 折しも一八一七年は宗教改革三〇〇周年にあたり、一八一三年から一八一七年にかけてドイツではさまざまな記念行事あるいはそれを念頭に置いた個人、団体による多様な意見表明が行われた。たとえばシュライアマハーはプロテスタントのドイツ民族における伝統を称揚し、「神への信頼」は「民族への信頼」であるとする主張を行っている。[7]
しかしながら、そもそもわざわざシュライアマハーがそう主張した、あるいは主張せざるを得なかったのは、当時のドイツ各地のプロテスタント教会では、同じプロテスタントと称しながらも、三十年戦争後に確立した三〇〇を超えるそれぞれの領邦への親しみと愛着（地域主義、Föderalismus）[8] が非常に強く、プロテスタンティズムあるいはプロテスタンティズムを生み出したドイツ民族という連帯意識はそれよりも遙かに下位に位置するものであったことの裏返しであると理解される。[9] その具体的な現れが、プロイセンの教会合同に対して強固な反発が示されたことであると言える。それに対してシュライアマハーは、啓蒙主義的、自由主義的な方向性を持つ時代精神のもと、フランス革命およびナポレオン戦争によってナショナリズムの刺激を受け、これをドイツのプロテスタント神学および教会にも読み込み、教会合同に賛意を示したのであった(10)。

3　「統一式文」の指向

このように、領邦教会の機構改革は政治機構の改革とほぼ同様に行われたが、それは明らかに政治上の理由からであった。政治上の観点からすれば、組織的に掌握が容易な統治機構を構築することができれば、教会を概ね完全に国家管理下に置いたことになると見ることができるであろう。実際、教会改革の最大の目的はルター派と改革派を合同し、完全な統一管理が可能な教会組織を築くことにあった。上記の国家的危機という現実を背景にした政治主導の教会改革は、一部で激しい抵抗も見られたものの、国家改革の一環として着々と遂行されることとなった。他方で当時のプロイセン王フリードリヒ・ヴィルヘルム三世（Friedrich Wilhelm III., 1770-1840）は、政治的な教会組織や制度の統一のみに終始することなく、信仰的領域においてもルター派、改革派を一つにまとめる必要性を感じており、その方策の一つが「統一式文」の策定であった。実際、ウィーン体制以前から教会統一問題およびそれに含まれる式文統一問題は課題としてすでに浮上しており、ナポレオン戦争以前の一七九八年七月一八日に発布した以下のような勅令において、同王は自身が啓蒙主義的観点に立っていることを示唆しつつ、ルター派、改革派共通の新しい式文を制定する望みを明らかにしている。

……最高宗務局員ザックが法務大臣トゥーレマイアーに提出した覚書によれば、両教派の牧師と各個教会は改善された典礼と、浄められた宗教概念（gereinigte Religionsbegriffe）が取り戻される適切な新しい式文（Agende）を切望しているとのことであるが、余はそれを喜んでいる。とりわけ喜ばしいのは、両教派が、それぞれの意見の違いに囚われない新たな共通式文によって、互いに歩み寄ることであり、また、平安、忍耐、愛は宗教の領域において一致に至る唯一の手段であるということが未だ啓蒙されていない（unaufgeklärt）教会共同体の一つの側面として存在するということがさらにはっきりわかることである。……改善された式文がそれぞれの完全な自由意志によって公に使用されるか、それともなお古い式文が使われるかは、そのいずれも余は許可すべきであると判断する。この重要な機運に、さらなる新たな時代においてはっきりと宗教性を復興させられるかどうかは、ここにかかっており、争いが起きることなく高尚なる望みを執行できるであろう……。[11]

この勅令から、フリードリヒ・ヴィルヘルム三世の教会合同の動機が啓蒙主義に刺激されたものであり、教派意識を超克した「宗教概念」のもとにルター派、改革派が合同されることを企図していたことがうかがわれる。そしてその具体的手段の一つと目されたのが式文の統一であった。

管見であるが、この勅令の前提になっているのは「一致の欠如」であると言えるだろう。宗教改革期の決別以来、ルター派と改革派はそもそも別々の道を歩んできたのであるから、そこに「一致」があったとは言えないのは当然であるが、ここで問題にする「一致の欠如」はそれではない。A・ニーバーガル（Alfred Niebergall, 1909-1978）によれば、一八世紀から一九世紀の転換期のキリスト教界は、一方では教会組織の退廃的なあり方に不満を抱く人々が敬虔主義的傾向を強め、他方では合理主義の広まりによって啓蒙主義の影響が教役者たちにも及ぶことが危惧されるという複雑な状況にあった。[12] さらにJ・ロッゲ（Joachim Rogge, 1929-2000）は、合理主義に加えてドイツ観念論の影響、およびシュライアマハーに代表されるロマン主義者たちが教派の相違に拘泥することに意味を見出さない姿勢を持っており、このような神学や信仰態度の新しい傾向は大学のみならず教会指導層からあらゆる教会の日曜日の礼拝説教にまで及んでいたことを指摘する。[13] つまりここでの最大の課題は教理や教派、教会どころか「キリスト教」における一致の欠如ですらなく、より広い意味での宗教性あるいはスピリチュアリティにおける人々の一致の欠如であったと理解できる。今日ではこのような現象は「多元的」として肯定的に評価される向きもあるものの、より強固な中央集権国家建設を目指していた当時のプロイセン政府およびフリードリヒ・ヴィルヘルム三世にとっては必ずしも好都合な状況ではなかった。当時のこの時代精神の問題性を最も如実に描いているものの一つがシュライアマハーの著書『宗教論（Über die Religion, 1799, [3]1821）』である。

最近ではとりわけ、教養人の生活は宗教に類似するようなものすべてからも離れたものになっています。あなたがたは……人間と祖国、芸術と学術、これらですべてを包括できると信じているのを私は知っています。あなたがたの心情（Gemüt）は満たされているので、あなた方の彼岸の世界にある永遠で聖なる存在（Wesen）はもはやどこにもその余地がなく、そうしたものに対する感覚も有さず、またそうしたものが共にいる感覚もないのです[14]。

シュライアマハーは同書の中で、キリスト教教理、教派の問題を中心に据えることはほとんどせず、ただただ人々が失った「宗教性」を再び取り戻すことを訴える。前述の勅令において式文改革への希望を表明したフリードリヒ・ヴィルヘルム三世が賛意を示した「浄められた宗教概念が取り戻される」ことは、このシュライアマハーの意見と重ね合わせることができるであろう。

4 「ベルリン大聖堂教会式文（一八二二年）」の公布

式文論争はすでに述べたように、いくつかの伏線と呼べるものがそれ以前から存在しているが[15]、広範な議論を惹起した嚆矢とされるものは、一般的には一八二二年に公表された『ベルリン大聖堂教会式文（*Kirchen-Agende für die Hof- und Domkirche in Berlin*）』（以下、一八二二年版）と見做される。同式文は、執筆者名のない前文（Vorrede）において以下のとおり趣旨説明がなされている。

> ……時代の変化は高まっている。主の礼拝も、われわれの敬虔な歩みの一つとして、また今まさに同じく興隆し、より高められなければならない。それにもかかわらずこれまでの礼拝に関する指示は斥けられ、使い古されたものが大手を振ってきた。プロテスタント教会は確かに確固とした永遠なるキリスト教を信じるキリスト教信仰の共同体であるという教理と秩序とに立脚している。しかし、もしも同時に、教会の保持する諸慣習が、唯一の神への崇敬のあり方として、本質的なものではないとするならば、この式文において、教会とはどういうものであるかという了解事項のみならず、かつて何世紀にもわたってキリスト教徒が用いてきた、賛美、感謝、祈願、連禱、誓願といった形で示され、子供たちを神へと導く、それまで考慮を積み重ねられてきた、魂の平安、敬虔さの確信が提示されているのである。
>
> 国王陛下自身の所感である、この観点から、この式文、すなわち上記の教会規定（Kirchenordnung）[16]に基づき、幾分時代を先行するものとして改善され、この状況の要請に応えるものであるところの式文は、まずもってベルリン大聖堂の礼拝に供されるものである。そして、神が共におられ、キリストの神が導かれることにより、真の徳とまことの祖国愛が求められることであろう[17]。

この前文の中でフリードリヒ・ヴィルヘルム三世の考えがこの式文に強く反映されていると明言されていることは重要である。上記の引用文に見られる観点を同王が持つようになったのは、M・マイアー＝ブランク（Michael Meyer-Blanck, 1954-）によれば、政治的・軍事的親交を深め、ベルリンで直接面会したこともあるロシアのアレクサンドル一世（Александр I, 1777-1825）から東方正教会の典礼を学び、一八一四年に自らロンドンを訪問した際には英国教会の典礼に接して強い印象を受けたことにあるとされる[18]。しかし既述の一七九八年の勅令では、フリードリヒ・ヴィルヘルム三世はおもに啓蒙主義の観点から式文を改訂することへの希望を表明しており、伝統への復古と啓蒙主義的観点は本来相容れないものではないかという疑念も起り得る。実際、この式文は題名こそ「ベルリン大聖堂教会式文」となっているが、フリードリヒ・ヴィルヘルム三世の意向によってプロイセン領邦教会のすべての牧師に配布された。しかし一八二二年末の時点で、この式文への支持を表明したのは、同領邦教会に属する六〇〇〇人以上の牧師のうち、わずか三八九人にすぎず、特にミュンスター、ケルン、コブレンツといった、元来ローマ・カトリック教会もしくは改革派が強く、かつウィーン体制成立後にプロイセンに編入された地域のみならず、ブランデンブルク、シュレージエン、西プロイセンといった、旧来のブランデンブルク＝プロイセン治下の領域からも強い拒絶反応が見られた[19]。それはこの式文が、啓蒙主義の刺激を受けた人々から見れば時代に逆行する「旧時代的」なものに感じられ、他方でルター派、改革派いずれかの礼拝の伝統に馴染んでいる牧師や信徒にとってみれば、自らの保持する伝統を否定するような内容のものであると受け取られるようなものだったからであり、この式文は大半の人々において受け入れ難いものであったと推察できる。

5　一八二二年版式文における使徒信条の位相

一八二二年版式文では、聖餐を伴う通常の礼拝においては、福音書朗読の直後に使徒信条が牧師の司式者単独で全文が唱えられることになっている[20]。マイアー＝ブランクによれば、この礼拝式文はルターの「ドイツ・ミサ」を基調としながらも多分にローマ・カトリック教会の典礼的要素が盛り込まれ、さらにそこに改革派において伝統的に礼拝の冒頭で唱えられるウォータムと呼ばれる詩編一二一編二節の文言「わたしの助けは来る。天地を造られた主のもとから」などがそこに挿入されるという、古今東西のさまざまな教派の礼拝要素を組み合わせた「折衷的方法」によって作られたと評される。[21] この折衷的方法を適用することにより、ルターのドイツ・ミサではローマ・カトリックの伝統を引き継ぐ形で用いられ続けていたニカイア・コンスタンティノポリス信条を、時代や地域にもよるが改革派教会の通常礼拝で用いられる傾向が見られた使徒信条に置き換える作業がフリードリヒ・ヴィルヘルム三世によって行われたとマイアー＝ブランクは見ており、「この改革派教会的特色が七〇年後にあらゆる典礼的な意味での注目を集めることになろうとは、誰も予測しなかった[22]」と、後の使徒信条論争につながる問題性が、一八二二年版式文の作成によって植え付けられたとしている。

他方で洗礼式文においては、洗礼直前に両親もしくは代理親に三つの質問がなされるが、まず伝統的な、この世の悪と悪魔を斥けるか否かの質問が短くなされた後、二番目の質問として、使徒信条全文を一つの質問として一度に読み上げ、両親もしくは代理親に質問する形式となっている。[23] そのあと「この子に洗礼を授けたいと願うか？」との質問がなされ、直後に洗礼が施されることから、この洗礼式文において、教理に関する事柄は使徒信条全文を問うことにほぼ集約されていると見ることができる。[24] この洗礼式文における使徒信条の位相は、使徒信条を省略および分割して質問することとしたルター、洗礼に際して使徒信条を用いなかったカルヴァンとは大きく異なっていることを指摘しなければならない。[25] また、一八二二年版式文の末尾には付録として「キリスト教会の三つの公同信仰告白（Die drei allgemeinen Glaubensbekenntnisse der christlichen Kirche）」と称し、使徒信条、ニカイア・コンスタンティノポリス信条、アタナシオス信条および「福音主義信徒のための教理問答（Catechismus für Evangelische Christen）」が掲載されている。この教理問答は一般に認知されているところのいわゆる教理問答の形式とは異なり、一、十戒、二、使徒信条、三、主の祈り、四、洗礼のサクラメント、五、聖餐のサクラメントの五章にわたっているが、十戒、使徒信条、主の祈りについてはそれぞれの原文のみが記載されているだけで解説などは全くなく、洗礼と聖餐については、制定に関する聖書箇所がそのまま引用されているにすぎない内容であり、「教理問答」の題名が冠されているにもかかわらず、文章もいわゆる問答形式ですらない、実質的には単なる「資料集」とでも称した方がふさわしい体裁である[26]。結果的に、使徒信条は一八二二年版式文において明確な説明や評価あるいは位置づけが何もなされていない一方で、諸式文と付録すべてを通じ、一八二二年版式文において最も頻出する教理文書の立場を獲得している。

6　一八二九年版式文以降における使徒信条

一八二二年版式文は既述のように強い拒絶反応を引き起こしたため、フリードリヒ・ヴィルヘルム三世が意図した、ルター派と改革派の合同による領邦教会としての統一式文の制定は複雑な様相を呈することになった。一八二九年にようやく各個教会で用いられるための新たな式文『プロイセン王の諸領邦の福音主義教会式文（*Agende für die evangelische Kirche in den Königlich Preußischen Landen*）』（以下、一八二九年版）が公にされたが、基本的には同一内容ながらも、ブランデンブルク、ポンメルン、シュレージエン、ザクセン、プロイセンの五管区のそれぞれの地域の伝統を加味していくらかの付加や改変のある五つの「地方版」として発行された[27]。

一八二九年版式文は一八二二年版式文と比較すると、基本的な構造に決定的な変化は見られないが、重要であると思われる変更点を三点挙げておく。第一に一八二二年版式文では冒頭にあった、ルター派の伝統的式文から援用した、ローマ・カトリック的要素を残した文章が一八二九年版式文では廃されるなど、ローマ・カトリック教会のミサを想起させるような「典礼的」印象を薄めるよう努力したと受け止められる変更が見られること、第二に、礼拝の最初に行われるいわゆる「三位一体の御名による祝福（「父と子と聖霊の御名によって、アーメン」という、ローマ・カトリック教会ミサ通常文よりルター派の式文が継承している祝福の言葉。改革派の式文にはあまり見られない）」の部分には、「もしくは――父と子と聖霊の御国が、今もいつも永遠に賛美されんことを」との脚注がつけられるなどの「選択の余地」が随所に設けられていること、第三に一八二二年版式文では説教以下は最後のいわゆる祝福（祝禱）に至るまで「祝福の部」との見出しが付けられていたが、一八二九年版式文ではこれが「説教の部」に変えられ、伝統的に説教を重視するルター派、改革派のあり方に歩み寄りを見せたと評することができる。

特に第二の点である、式文の実際の運用にあたり「選択の余地」が設けられたことは、もはや「統一式文」の目的を自ら否定すると見られても致し方ないであろう。「選択の余地」の組み合わせ方によっては、同じ管区にあって同じ式文を用いる教会同士であったとしても、相当程度異なった礼拝を行うことも可能になってしまうからである。このことの評価は意見の分かれるところであるが、細部が異なる「地方版」の製作、「選択の余地」の設定の二つの事実だけを勘案しても、当初フリードリヒ・ヴィルヘルム三世が指向した式文の統一は、その理想に遙か及ばない結果になったと言わざるを得ない。

その一方で、使徒信条に関しては、その位置および司式者が単独で朗読する形式は変わらないものの、「使徒信条に代えて『われらはみな唯一の神を信ず（Wir glauben all' an einen Gott）』を会衆が歌ってもよい」との脚注が付されている。[28] 洗礼式における使徒信条の用いられ方に関しては、変更は全くない。

式文論争は、政治的理由によりフリードリヒ・ヴィルヘルム三世が企図した、ルター派と改革派の合同に随伴して生じたものであるが、教会、学校その他において実際に教務に携わっている牧師たちや、礼拝や洗礼式の当事者たちにとっては、自分たちが日常的に直接参与し、個人および集団の信仰生活の一部であるところの礼拝式文が、名義上は教会の首長であるとはいえ、世俗の政治指導者である国王によって根底から変えられてしまったことの方が大きな衝撃として受け止められたことは想像に難くない。[29] この出来事は結果的に教派合同を拒否して領邦教会から離脱するグループを生み出し、また領邦教会内でも結局、合同派、ルター派、改革派の三つが容認されるなど、プロテスタントの合同というフリードリヒ・ヴィルヘルム三世の願望とは裏腹に、むしろより複雑なプロテスタント諸教会のあり方を生み出す結果となったのである。

統一式文が多分に問題性を孕んだものであり、また対処を必要とする問題を引き起こしたことは、同時代にも充分に認識されていた。フリードリヒ・ヴィルヘルム三世の後継者フリードリヒ・ヴィルヘルム四世（Friedrich Wilhelm IV., 1795-1861）は教会合同に伴う混乱の主因が、それ以前とは大幅に異なる統一式文にあることを認識していた。フリードリヒ・ヴィルヘルム四世は父の引き起こした混乱を収束させるべく、より簡素な礼拝式文を一八五四年に構想している[30]。そこでは福音書朗読の直後に説教がなされ、「信仰告白（Glaubensbekenntnis）」は説教後の賛美歌のあとに置かれている。ただし、この構想メモからは、この「信仰告白」が使徒信条のみを意味するのか、それともニカイア・コンスタンティノポリス信条などを含むのかは、それ以上のコメントがないため定かではない。このフリードリヒ・ヴィルヘルム四世の構想は宗務局に下問されたが、結局その時点で式文改訂が行われることはなく、実際に公定式文が大幅に改訂され、彼の構想が幾何かの現実化を見たのはその死後、実に四〇年あまり後の一八九五年版式文の発行においてであった[31]。

フリードリヒ・ヴィルヘルム三世の一八二二年版式文が現れるまでは、ルター派では通常礼拝においてはニカイア・コンスタンティノポリス信条、洗礼式の際にのみ使徒信条が用いられることが一般的であり、改革派では通常礼拝で使徒信条を用いるところもあれば、全く用いないところもあり、洗礼式で用いられることはあまり見られないなど、その位置づけは実に多様であった。そもそも宗教改革期においては、ルター自身が書いた洗礼式文においては、省略しかつ分割された使徒信条の内容を質問するにすぎず、カルヴァンに至っては使徒信条そのものが洗礼式に登場しない。当時の著作などから、むしろ両者とも使徒信条を礼拝その他の儀式の儀文としてよりも、教理文書として重視していたことがうかがえる[32]。しかしフリードリヒ・ヴィルヘルム三世によって、使徒信条は両派および合同教会において通常礼拝や洗礼式、堅信礼などで全文がそのまま用いられることが必須の儀文となっており、これによってプロテスタント史上初めて使徒信条は最も重要な儀文の位置を獲得したと言える。その後に改訂を重ねていったプロイセン領邦教会の式文においても使徒信条のこの位置づけは変わらなかったため、使徒信条を用いる礼拝や洗礼式の形式が当然のものとして牧師にも信徒にも定着していったと考えてよい。要するに、フリードリヒ・ヴィルヘルム三世の啓蒙主義的観点に立脚した一八二二年版式文において、使徒信条は折衷的方法の結果として最も使用頻度の多い儀文としての地位を得たのであり、それは教理に関する周到な議論を経たものではなかったのであるが、七〇年後の一八九二年にシュレンプフが使徒信条を唱えずに洗礼式を行っただけで牧師解任という重い処分が下された背景には、このプロイセン教会合同に伴う統一式文の問題が一つの重要な伏線として存在していたと推察できる。

第9章　シュライアマハーと式文論争

1　シュライアマハーの問題提起

すでに述べたように、プロイセンはナポレオンへの敗北を契機として政治改革を断行したのであるが、教会改革もそれに伴う重要な改革要素の一つであった。この教会改革に関しシュライアマハーが政府からの諮問に対して答申したのが「プロテスタント教会の新たな教会憲法について、プロイセン国家への提案（Vorschlag zu einer neuen Verfassung der protestantischen Kirche für den preußischen Staat vom 18. November 1808）」と題する小論である。(1) 同小論で主張されている教会組織は、長老制を連想させる、国家管理から相当程度独立した会議制的なものである。かつ礼拝改革や牧師と信徒の意識変革で両派の合同は可能であることが説かれている。新しい教会組織については具体的な改革案が箇条書きの形で列挙されている。その一方で、教理的な事柄や、教会合同が成った場合の新しい礼拝の内実については具体的な言及がない。(2) その後のナポレオン失脚によるウィーン体制によってプロイセン王国が失地回復したことにより改革の意義は大きく変わったが、欧州世界の新たな秩序のもとでも中央集権的な国家のあり方を追求したために、教会組織も政治体制と同様の中央集権的なものに再編されることとなり、シュライアマハーの提案がそのまま教会の機構改革に活かされることはなかった。しかしこの小論を皮切りに、シュライアマハーはプロイセン王国における教会合同問題に関するさまざまな提案を断続的に発表していくことになる。

2　シュライアマハーの礼拝改革案

一八〇八年の小論発表後、教会改革のために設けられたいくつかの政府委員会のうち、宗教教育に関する委員会に属していたシュライアマハーは、宗教教育および教会の組織改革に関して何度か意見表明を行っているが[3]、式文に関してはまず一八一四年に『プロイセン国王陛下によって新しい典礼形式の立ち上げに招聘された栄誉ある委員会委員たちへの祝辞（*Glückwünschungsschreiben an die Hochwürdigen Mitglieder der von Sr. Majestät dem König von Preußen zur Aufstellung neuer liturgischer Formen ernannten Kommission*）』と題する小冊子を匿名で出版している[4]。背景には一八一四年のナポレオン退位による国際情勢の変化がある。既述のように、教会改革を含むプロイセン国家改革の発端はナポレオン侵攻によるプロイセン国家存亡の危機に後押しされたものだったが、ナポレオン失脚によるフランスのヨーロッパ覇権の消滅によって危機は去り、そのため改革の動機と目的は必然的に大きく転換することとなった[5]。教会改革に関しては、一八一四年九月に教会憲法改革よりも礼拝改革に重点を置く公式声明(Publikandum）がいち早く発表された[6]。シュライアマハーの小冊子発刊は、この教会改革の方向転換への応答であると見做される。

この小冊子の中でシュライアマハーは、礼拝を変革する必要性を認めつつも「新しい典礼が用いられるために多大な圧力がかけられ、上からの権威のもとで[7]」それぞれの教会で用いられるようになることは適切ではないとし、また「宗教とは何かという考えは実に多様だが、そのことはプロイセン領邦教会におけるこの作業（礼拝改革）には関係がない[8]」、なぜなら前世代と異なり今は「市民社会（bürgerliche Welt）」すなわち啓蒙主義の思想の上に成り立つ社会であること、あるいは反対に個人的かつ内面的な信仰覚醒運動が勃興する傾向もあり、その結果、いずれにしても公的礼拝が与える心象のみによって救済の安心を得る人はもはやほとんどいないと指摘している[9]。

また、前述の教会改革の方向転換が発表された公式声明には、大学の神学者が改革に関わることの意義が全く触れられていないとし、新しい式文が外国のものも含めた古今東西の式文の単なる寄せ集めになることへの危惧が述べられている[10]。シュライアマハーは「率直に言ってほしい。栄誉ある委員諸君、あなたがたは私たちの礼拝の典礼的部分の字面を変えたいと本気で思っておられるのか？　あなたがたが亡くなったあとも末永く、すべての人々にとってもこれからそうあるべきであると本気でお思いか？[11]」と問いかける。というのは、シュライアマハーによれば「プロテスタンティズムの本質においては、信仰とはそのようなところにあってはならない[12]」からである。したがって、礼拝改革が成功するとすれば、それは法的に個人の精神（Geist）を押さえつけるようなことをせず、人々の感情を害さない形でしかあり得ないし、そもそも生き生きとした霊的信仰は机の前に座って書き物をすれば生まれるのではなく、人々と直接に関わる行動を為し、あるいはそのような霊的信仰から何事かを為すことから生まれるのだとシュライアマハーは言う[13]。また公式声明が礼拝堂内の十字架や燭台といった調度品にも言及していることに対して、それらの使用を重視しない改革派の立場から異論を述べつつ、結論として礼拝の改善は生き生きとした（lebendig）新しい教会憲法に立脚したものでなければならないことを訴える[14]。

この小冊子の中でシュライアマハーは礼拝の内容に言及する際に使徒信条にも触れている。彼は礼拝の諸要素を常時不変のものとそうでないものの二つに分け、使徒信条を聖書とともに前者に分類して、主の祈りや祝禱（祝福）とともに、使徒信条も一切改変して用いるべきではないことを極めて強い口調で主張し[15]、そのように不変のものとそうでないものが、それぞれに応じて適切に用いられることで教会の一致が実現するとシュライアマハーは言う[16]。

続いて一八一七年にシュライアマハーは『ポツダム宮廷・駐屯地教会とベルリン駐屯地教会のための新しい典礼について（*Über die neue Liturgie für die Hof–und Garnison–Gemeinde zu Potsdam und für die Garnisonkirche in Berlin*）』を公刊している。これは前年にフリードリヒ・ヴィルヘルム三世の意向が強く反映された『ポツダム宮廷・駐屯地教会とベルリン駐屯地教会のための典礼（*Die Liturgie für die Hof–und Garnison–Gemeinde zu Potsdam und für die Garnisonkirche in Berlin*）[17]』が発表されたことを受けて書かれたものであり、先述の一八一四年の小冊子が匿名であるのに対し、今回はシュライアマハーの実名入りであるが、これは批判の対象に国王が含まれていることを考慮すると、相当程度挑戦的な行動であると見做される。[18] 実際、シュライアマハーが危惧した通り、公表された新しい式文は彼の見るところ「新しいものは何もなく、個人的な意図による寄せ集め、あるいは外国の典礼からの借り物[19]」であり、したがってこの小冊子は総じて新しい式文に批判的な内容となっている。

その一方でこの式文において、使徒信条が毎日曜日の礼拝に採用されたことに関しては、シュライアマハーは肯定的に評価しており、「新しい試みがなされた時代に、多くの地域で忘れられていたことが、再び前に出てきたことはたいへん喜ばしい[20]」ことであり、洗礼と聖餐の際に信仰告白が必要とされるのは言うに及ばないが、「キリスト教信仰と……われわれの至福への希望（Hoffnung unserer Seligkeit）[21]」が使徒信条に基礎づけられていると同式文内の祈りの中で表明されていることに賛意を示している。

しかしシュライアマハーのこの二つの小冊子による批判がその後のプロイセンの礼拝改革に取り入れられたとは言い難く、結局、ローマ・カトリック教会の典礼を思わせる一八二二年版式文が日の目を見ることとなった。ここに至ってシュライアマハーは批判の方向を転換し、それまでは上述のように式文の内容について神学的な観点から批判を行っていたが、礼拝改革が多分にフリードリヒ・ヴィルヘルム三世の個人的な意向の反映であることに照準を据え、一八二四年に『福音主義領邦君主の典礼上の権利について（*Über das liturgische Recht evangelischer Landesfürsten*）』を著し、ローマ・カトリック教会のみならず、プロテスタンティズムにおいても世俗君主が礼拝内容に介入する権利は、過去にも類例がなく、現在でも容認できないことを強調した。[22]

一八二二年版式文への多方面からの批判に対し、フリードリヒ・ヴィルヘルム三世は一八二七年に匿名で『ルター――一八二二年に著され、一八二三年に増補改訂版が公表されたプロイセン教会式文との関係において（*Luther in Beziehung auf die preußische kirchenagende vom Jahre 1822, mit den im Jahre 1823 bekannt gemachten Verbesserungen und Vermehrungen*）』を出版し、一八二二年版式文がルターの「ドイツ・ミサ」に基づいていることを強調することでこれを擁護しようとした。同書では一八二二年版式文が使徒信条を用いていることについて「いわゆるニカイア信条は……最早あまり知られていないので……一般によく知られている使徒信条と入れ替えた」[23]と説明している。シュライアマハーは同書への応答として『二人の自ら熟考する福音主義キリスト者の対話――書物「ルター――新しいプロイセン式文」について、最後の、もしくは最初の言葉（*Gespräch zweier selbst überlegender evangelischer Christen über die Schrift: Luther in Bezug auf die neue preußische Agende. Ein letztes Wort oder ein erstes*）』をやはり匿名で出版し、その中で使徒信条の使用について「新しい式文で使徒信条がこの位置に置かれたことを[24]、ルターは決して悪くは思わないであろう。ただし……新しい式文で、パンとワインの設定前に信仰告白が置かれていないのは冒瀆的である」[25]と主張している。

3　シュライアマハーの神学における使徒信条の位相

式文論争と並行して、シュライアマハーは主著『信仰論（*Der christliche Glaube*）』初版を一八二一年から二二年にかけて刊行している。同書では神論、キリスト論、教会論等の教理に関する諸項目が詳細に論じられているが、いわゆる「信条学」に相当する章はない。そもそも信条や信仰告白（以下、諸信条と総称）は教派、教会によって形成されたものがほとんどである。たとえばいわゆる古代信条と呼ばれるニカイア・コンスタンティノポリス信条をはじめとする諸信条は古代の公会議で承認された教会文書とされており、アウクスブルク信仰告白は神聖ローマ帝国議会で、スコットランド信仰告白はスコットランド議会で承認された公文書であって、承認した組織の権威に基づき、その権威の及ぶ領域に対し相応の効力を持つものである。

それに対し、使徒信条は教会その他の会議や組織による公的記録によって成立の経緯が確認できない「伝承」に属する。西方教会では慣習的にその重要性が認められ、教会論の基礎となる諸信条の一角に加えられてきた。

教会合同に基本的には賛意を示していたシュライアマハーが諸信条に見出した「問題点」はまさにここにある。すなわち、組織によって承認された諸信条を教会の基盤に据えた場合は、その組織との連続性を認めるか、諸信条そのものを認めない限り、教会として一致はできない。伝承の承認は組織の連続性の承認そのものに直結する事柄であり[26]、異なる歴史を積み重ねてきた教会同士の一致をさらに困難にする可能性を孕む。本来、信仰上の一致を目的とするこれらの諸信条が結果的に持つ「排他性」が焦点になることを回避するにはさまざまな方策が想定されるが、その一つはそもそも教会一致の原理として諸信条を用いないというものであり、シュライアマハーが『信仰論』初版で採用したのはまさにこの方策であると言える。

シュライアマハーは「教会の本質的かつ不変的な基本的特質（Grundzüge）」として「キリストを受け入れた人々による自発的共同体形成」「聖書の共有」「神の言葉への奉仕」「神とキリストの霊、聖霊の個々人への働きかけ」「洗礼と聖餐の聖礼典」「教導職」「キリストの名による祈り」を「教理」として挙げるが、諸信条はそこにはない[27]。他方でこの諸原理の解説文の中で、シュライアマハーは歴史的に教会が一致をあるべき姿としつつもローマ・カトリック教会からプロテスタントが分裂してきたことを取り上げ、教理面について以下のように述べる。

この課題の解決、つまり両者がいくつかの点において不可避であり、誤った事柄でなぜ分裂しているのだろうかということの解決を、信仰教理（Glaubenslehre）の領域において試みることはたいへん困難であり、しかも一般的な認め方では解決できない。というのはあらゆる教師たちはこの面について数百年来、必ず断絶を見出してきたのであり、それらのあらゆる表現に価値を認めることの難しさ、そのために制限されていることを何とかしようとしても、それは思い上がりであると言われてしまうのである。[28]

この文章のみからすべてを推論することは拙速の誹りを免れないが、ここで少なくともシュライアマハーが諸信条を柱の一つとする従来型の教会教理を後景に退かせた理由が示唆されていると見ることができる。

ここで注目すべきなのは、シュライアマハーが教会の基本となる要素を動的なもの（Zug）としてとらえている点である。その意味でシュライアマハーにおいては、教理の意味が伝統的な理解とは異なることに留意すべきであろう。教理というものを神、キリスト、聖霊、人々、教会の動的な働きととらえるならば、諸信条を含む教条的なキリスト教理解や教会理解が後景に退くのは当然である。したがって、シュライアマハーの教会論においては伝統的な意味での教理は基本要素として顧慮の対象になっていないと言ってよいであろう。

並行していた教会合同問題を念頭に置いて書かれた『信仰論』初版の第一六七章で、シュライアマハーは「二つの教会組織（Kirchengesellschaft）の間の共同体（Gemeinschaft）を完全に止揚することは非キリスト教的である」と題して、ルター派と改革派の組織統合の困難さを強調する。[29] その中で、両者にはすでに別々の異なる「信仰告白と生活綱領」があることを指摘している。[30] つまりシュライアマハーにおいては、信仰告白は異なる教会組織の識別指標とも言うべきものであり、現実的には教会一致の原理に対置しているものと見做されていると言える。これらの認めざるを得ない現実的相違から出発し、教会の一致を求めるとするならば「見えざる教会の一致は、聖書や使徒的教会の成立よりも前の時代にすでに確立していた洗礼の承認」[31] にあるとさえ言う。ここまで遡及するならば、シュライアマハーが求める究極の教会一致の理念において、もはや諸信条の位相は求めるべくもない。

他方で、一八二一年から二二年および一八二五年から二六年の冬学期の講義草稿が元となっているシュライアマハーの『キリスト教教会史（*Geschichte der christlichen Kirche*）』[32] を中心とした彼の諸信条に関する見解は、M・オースト（Martin Ohst, 1957-）によれば、プロテスタントの一致信条としての用に耐え得るのはアウクスブルク信仰告白、アウクスブルク信仰告白弁証、シュマルカルデン条項および四都市信仰告白とツヴィングリの『信仰の解明(*Ratio Fidei*)』であるとされ、使徒信条はこれらに比して内容的に不充分であると判断されたとされる。[34]ここには使徒信条はもとより、ニカイア・コンスタンティノポリス信条などの、いわゆる古代信条は一つも含まれていない。ルター派の『一致信条書』が使徒信条、ニカイア・コンスタンティノポリス信条、アタナシオス信条を冒頭に掲げていることと比較すると、シュライアマハーは諸信条を総合的な教会合同の基盤としてではなく、現実的な教会一致の接点として、相当程度焦点を絞って捉えていたと見ることができる。それはシュライアマハーの次の言葉からも推察できる。「……信条的諸文書(die symbolischen Bücher)は教理概念を形成するのではなく、ただ個々の点を生み出すだけである[35]」。

4　シュライアマハーの使徒信条理解

フリードリヒ・ヴィルヘルム三世の個人的な意向が強く反映された統一式文の内容に対し、シュライアマハーは総じて批判的であったが、使徒信条の使用についてはほぼ一貫して好意的に受け止めている。一八二二年版式文に関して一八二四年もしくは一八二五年頃に書かれたと推定される、当時は公刊されなかった手稿「式文について(Zur Agende)」では、堅信礼の式文に関して「何よりも使徒信条が義務的に保持されるべきであり、それは福音主義教会にとって不可欠である[36]」とまで言い切っている。

本章で明らかになったように、シュライアマハーは確かに礼拝改革においては使徒信条の使用について一貫して好意的な姿勢を示す一方、教会合同のための教理的共通基盤としては使徒信条をほとんど顧慮していない。すなわち、シュライアマハーの「礼拝論」から見れば、使徒信条はプロテスタント教会の礼拝において、超教派的な価値を有する重要な儀文であるとすることも可能であるが、シュライアマハーの「神学」から見れば、使徒信条は少なくともプロテスタントにおける超教派的な教理文書としての価値は見出せないと見ることもできる。

プロイセン領邦教会における式文はその後、幾度か改訂されていくのだが、使徒信条が用いられることについては大きな変化は見られない[37]。結果として使徒信条はドイツ最大級のプロテスタント教会であるプロイセン領邦教会の礼拝における最重要儀文として、事実上定着していくことになる。

他方でシュライアマハーの神学は自由主義神学および調停神学の嚆矢とされ、以後プロテスタント神学に多大な影響を及ぼし続けたことは説明するまでもない。

したがって、このシュライアマハーにおける「礼拝論」と「神学」とにおける使徒信条理解の差異が、一九世紀末の使徒信条論争が、教会の牧師たち、教会当局、大学の神学者など、立場の異なる人々の間で議論が噛み合うことなく複雑を極めることになった萌芽の一つであると推察し得るであろう。

第3部　プロテスタンティズムと教義

第10章　プロテスタントの「再カトリック化」問題

1　「再カトリック化」とは何か

一般に、特にドイツにおける「再カトリック化（Rekatholisierung）」とは、ウェストファリア条約（一六四八年）によって中央ヨーロッパを中心とする諸国の国教がローマ・カトリック、ルター派、改革派のいずれかに一応の落ち着きを見せるまでの間、一旦はプロテスタントを受け入れた地域や国家が再びローマ・カトリックに転じたことを指す[1]。広義にはその後、一八世紀においても特定地域や国家が時の為政者によって強制的にローマ・カトリック化されたことを含む場合もあるが[2]、いずれの該当諸事例をも念頭に置いて簡潔に言い換えるならば「プロテスタント信仰が優勢あるいは部分的に見られる地域が、おもに政治力によって再びローマ・カトリック化されること」と定義することができるであろう。

しかし「再カトリック化」は全く別の意味で用いられることもある。ルター派の正統主義神学に疑念を表明してハンブルク大学講師職を辞し、ナチスからも国家社会主義思想にそぐわない人物とされた宗教哲学者K・レーゼ（Kurt Leese, 1887-1965）はナチス政権によって神学の学問的自由が奪われ、教会が国家によって統制されていった過程を「プロテスタント教会の教義的、典礼的かつ原理的（disziplinär）な再カトリック化[3]」と表現している。カール・バルトに直接学び、いわゆる告白教会にも参画し、第二次世界大戦後にゲッティンゲン大学の組織神学教授を務めたE・ヴォルフ（Ernst Wolf, 1902-1971）は、第二次世界大戦後に政治面において、復古的なキリスト教世界像に基づくヨーロッパのあり方への志向が台頭した際に、これを「プロテスタンティズムの内面的な再カトリック化の危機」[4]と表現している。

レーゼ、ヴォルフともプロテスタントの立場に立っており、ここで彼らが「カトリック」の語を用いて表現しようとしたことは、当然のことながらローマ・カトリック教会が自己定義する際の「カトリック」の意味とは相当異なっており、否定的な意味合いを帯びている。すなわち、レーゼにおいては教会の組織面が統制的になること、礼拝が典礼的に統一されること、教会とは何か、という原理がプロテスタンティズムの基本的教会観から逸脱することを指している。ヴォルフの場合はいわゆる中世の「キリスト教国（Christendom）」のイメージ、つまりキリスト教が唯一の宗教であり、そこから統一的な価値観や世界観が提示され、すべての人々がそのもとにあるような社会のあり方をもって「カトリック的」としていることがうかがえる。

プロテスタントがこれらの方向へと進むことを「再カトリック化」と呼ぶのであれば、一九世紀はまさにドイツのプロテスタント教会が「再カトリック化」した時代であったと言える。そこで本章では一九世紀のプロテスタント教会の「再カトリック化」の実態を概観し、それに対してハルナックがどのように向かい合ったのかを検討する。

2　一九世紀におけるプロテスタント教会の「再カトリック化」とは

レーゼが「再カトリック化」と呼んだようなプロテスタント教会組織の変容は、実のところすでに述べた、政治改革であるシュタイン・ハルデンベルク改革（一八〇七―一八〇八）の一環としてのプロイセン領邦教会における組織再編がまさに該当する[5]。しかしウィーン体制成立後にプロイセン領邦教会に編入されることになった、西部のラインラント、ヴェストファーレンは、元来改革派教会が強い勢力を持っており、長老制による合議型の教会組織が根付いていた。W－D・ハウシルト（Wolf-Dieter Hauschild, 1941-2010）はこれを「カトリシズムという競合相手がすぐそばにいるという状況を原因とする政治的意味を含意していた」[6]と分析している。たとえばラインラントに含まれる旧領邦であり、改革派の住民が優勢であったユーリヒ・クレーフェ・ベルク公国は、ウィーン体制以前は、ミュンスター司教侯領、ケルン大司教選帝侯領、リュッテヒ司教領というローマ・カトリック教会の聖界諸侯の領邦と国境を接しており、長老制の教会組織は彼らへの対抗という政治的意味もあって強く根付いていたということになる。この地域の改革派教会に長老制をやめさせて中央集権的な管区制を敷くことは、改革派の信徒にしてみれば自分たちのアイデンティティを奪われ、長年対抗してきたローマ・カトリック教会のあり方に近づくこと、つまり「再カトリック化」に他ならなかったのである。

一方で、伝統的にルター派が多かった東プロイセンやブランデンブルク地方などの、旧来のプロイセン地域などでは管区制は比較的速やかに定着した。教会は国家の一機関としての性格をより強めることになり、一九世紀半ばを過ぎると、保守的な正統主義神学では、いわゆる王座と祭壇（Thron und Altar）の一致を理想的なものと見做す向きも見られるようになり、政治哲学者F・シュタール（Friedrich Julius Stahl, 1802-1861）がそう呼んだように、プロイセン王国は「キリスト教国家（Der christliche Staat）」としての教会の政治的統治や教役者教権主義（Klerikalismus）が築き上げられていった[7]。しかしながらそれに相反するような、いわゆる自由主義、リベラリズムが欧州全体に台頭していたこの時代、その先駆けとしてのシュライアマハーによる「自由な」教会組織のあり方、あるいはドイツ・プロテスタント同盟に代表されるような「ナショナル・リベラリズムの宗教」[8]を求める動きも同時に強く見られたことはすでに述べたとおりである。現実にはビスマルクの「文化闘争」の結果、プロテスタント教会への国家統制も強められることとなり、その意味では「再カトリック化」は実質的にさらに進展したと言える。

このような複雑を極める状況を整理するのは容易ではない。そこで少々長くなるが、ここでは歴史家T・ニッパーダイ（Thomas Nipperdey, 1927-1992）の洞察に聞くことにしたい。

政治の理想論から言えば、政治的な神学に一致することと一致できないことという二面性は、別のことを指し示していると言える。もともと宗教と政治、教会と国家は互いに距離を取っていたものであった。この世界において両者はそれぞれ固有の権限を有していた。キリスト教政治論あるいはキリスト教自然法（自然権、Naturrecht）などというものはルター派神学には存在する余地のないものである。それが一致点となるような、教役者教権主義などあってはならない。しかし、国家と教会が分離するというのは、緊密な関係にあるということから決して遠くない事柄なのである。国家とは人々が「道徳的に」共同生活する秩序のことであるし、その意味では当然のことながら宗教と関係することになる。ここでは、市民の宗教のエトスを指し示すものが、すなわち教会である。つまり根本的な価値観において、国家と教会は結びついているのである。これは基本的な事実である。そしてこの事実を王座と祭壇の結びつきによって説明しようとしても、余計にわからなくなるものである。近代になって、宗教とは「内面的」なものであり「個人的」なものであると言われるようになった。しかしそれはまた「公的」なものであった。どこにその境界線を引くかということだけが議論された。保守主義と新ルター主義の神学は、そこから国家の問題点をどう改善し、国家をどうキリスト教化できるかということを導き出そうとした。他方でこの世をキリストが支配することがなお望まれているとするのは、ルター神学の二王国論においては都合の悪い考えであった。それでもなお二王国論の枠組みを守ろうとするならば、保守主義の立場からすれば、国家というものは人間に必要な秩序を保証するものとして、罪から守る障壁として、あるいはキリスト教にとって、それ自体が行動力を持つ聖なる権力と見做すことになる。また現実主義的な自由主義者たちは、ヘーゲルに従い、国家を道徳的権力として、教育および実行権力として、神の国の到来に参与する働きの一部として――それによってキリスト教的に――自由の代行者と見做した。万一、見える教会の自由が、その際に特別な機能を果たすわけではないとしてでも、である。自由主義者たちは「人格的神学（Persönlichkeitstheologie）」を強調した。しかしそれは市民権や民主主義と直結するものではなく、全くもって観念論的に強力な国家と結びつくものであるとされていた。(9)

ニッパーダイによれば、神学的には一見全く相反するように見える、保守的な正統主義神学と領邦教会のあり方を堅持する人々と、自由主義者と呼ばれた人々とは、国家と教会の結合に関しては決して正反対の意見を持っていたわけではなく、むしろその点に関しては類似する観点を持っていたということになる。そしてこれこそは前述のヴォルフが指摘するところの「プロテスタンティズムの内面的な再カトリック化の危機」、すなわち「キリスト教国」を当然の前提とする、当時の時代精神を映し出しているように思われる。それではハルナックはこれに関してどのような考えを持っていたのかを、以下で考察することにする。

3　ハルナックとカトリシズム

ハルナックのローマ・カトリック教会に対する態度は単純で理解しやすいものとは言い難い。後述するように、学術的なローマ・カトリック教会評価とは別に、ハルナックの個人的背景の複雑さによるものと推察することができる要素がいくつか存在する。

ハルナック自身は、敬虔主義の色濃い厳格なルター主義者であり、かつ著名なルター研究者であるテオドジウス・ハルナック（Theodosius Harnack, 1816-1889）の長男として生まれ、家庭では「笑うところを滅多に見た人はいない」という、その謹厳さを常に失うことのない父のもとで幼少期を送っている。(10)他方ですでに大学入学前から、ハルナックは神学に関心を持ちつつも、父とは異なり、キリスト教を教義的にではなく歴史的に理解することにキリスト教の本質を見出そうとしていた。[11] 一八七九年、二八歳の時にアマーリエ・ティーアシュ（Amalie Thiersch, 1858–1937）と結婚する。アマーリエの父カールはプロテスタントであったが、母ヨハンナはローマ・カトリック信者であり、アマーリエも兄弟ともどもローマ・カトリックの洗礼を受けていた。ただし、アマーリエたち兄弟は堅信礼の際にプロテスタントへ教派を変更し、後にヨハンナもプロテスタントになったが「内面的な自由さ」を保っていたとされ、このような宗教的背景を持ったアマーリエとの結婚が、ハルナックの見識にも影響を与えたとツァーン＝ハルナックおよびノヴァクは指摘している。[12]

実際のところ、家庭事情がハルナックの学術的な営みに具体的影響を与えたことを証明することは難しい。[13] 他方でハルナックはベルリン大学着任以後、国家の教育および宗教行政に参与していくことになるが、その際にローマ・カトリックに対し否定的な態度を取ることはなく、また全ヨーロッパ的な教派問題に関してもカトリシズムに対し拒絶的なところは全くなかったという。[14] このことを最も如実に表現しているのが一九〇七年一月二七日に皇帝ヴィルヘルム二世の誕生日の祝賀会においてハルナックが行った講演「ドイツにおけるプロテスタンティズムとカトリシズム」であり、ハルナックは両教派が友好的であることを「敬虔な望み（fromme Wünsche）」[15] として述べ、「汎キリスト教的立場（Christenstand）」は「教派的立場（Konfessionsstand）」よりも重要であるとし、中道的な視点から、教派と政治の分離を支持した。[16] しかしこの講演は、プロテスタントが大半であった聴衆には心外なものとして受け止められ、講演後にはほとんど拍手が起きなかった。[17]

神学者としてのハルナックの射程には、常にカトリシズムがあったことはさまざまな著作から明らかである。特に晩年にエキュメニズムへ関わるようになると、そのことは行動的にも明らかになるが、これについては章を改めて考察することとし、ここではこれまであまり注目されることのなかった、比較的初期の著作や手紙などから、ハルナックのローマ・カトリック理解を探ることとし、そこからハルナックが一九世紀のプロテスタント教会の「再カトリック化」をどのようにとらえていたかを検討する。

4　ハルナックと文化闘争

文化闘争はすでに述べたとおり、一八七一年にビスマルクがおもにローマ・カトリック教会の活動を制限する諸法を定めたことに始まり、一八七八年に対話的態度のレオ一三世が即位したことをもって終息したとされる。ハルナックは一八七一年当時はドルパート大学の学生で二〇歳であり、一八七八年の時点ではライプツィヒ大学の員外教授であった。ちなみに前述のアマーリエとの結婚は、文化闘争終息の翌年の一八七九年である。当時のハルナックは刊行物だけを見ると、この時期に『使徒教父文書』シリーズ中の「ヘルマスの牧者」の校訂（一八七七年）[18]、『イグナティオスの時代とティラノスまでのアンティオキア主教の年代記』（一八七八年）[19]といった業績を公にしており、教会史家としての活動を順調に開始した様子がうかがえる。

文化闘争はそもそも政治的な権力闘争であり、学術的な範囲を超え出ることのない神学上の論争とは性質が大きく異なる。しかし文化闘争の主な舞台は政界であったとしても、対象となったのは教会であり、必然的に神学界も無縁ではあり得ない。文化闘争に積極的に関わったと評価される神学者たちにしても、その多くは政治闘争としての文化闘争に対し、一般的な政治家のように参加したわけではないが、ビスマルクが「帝国の敵」としたローマ・カトリック教会に対し、ドイツ帝国が守るべき「文化」とされたプロテスタンティズムに属する者として、さまざまな意見表明や行動が見られる。

ハルナックがその師と仰ぎ、多大な影響を受けたリッチュルは、文化闘争当時のプロテスタント神学界で最も影響力のある神学者の一人に数えられる。リッチュルの文化闘争に対する影響については多様な評価が存在する。M・ツェルガー（Manuel Zelger, 1954-）によれば、リッチュルは早くから政治と宗教を異なるものとして区別していたとする[20]。これは、当時の新ルター主義者たちが、ルター派の『一致信条書』に基づき、政治的権威と相即不離の教会のあり方を強く主張してプロイセン領邦教会の合同教会としての性格に脅威を与えていたことへのアンチテーゼという側面があったからであると指摘される。[21] リッチュルはビスマルクの政治による宗教介入をあからさまに支持したわけではないが、結果的にリッチュルの提示した神学プログラムはビスマルクの政策に呼応する部分があると見做された。N・ホープ（Nicholas Hope）は一八七〇年から一八七四年にかけて刊行されたリッチュルの主著『義認と和解（*Rechtfertigung und Versöhnung*）』で主張されている、プロテスタンティズムの正当性は新約から宗教改革へ歴史的に連続性が認められるという価値判断が、結果的に時宜を得て文化闘争に貢献したと評価する。[22] さらにはM・リーゼブロット（Martin Riesebrodt, 1948-2014）のように「リッチュルはカトリックに対するプロイセン政府の文化闘争だけでなく、無神論的社会民主主義運動の抑圧をも援護した」[23]と見る向きもある。

それではハルナックは文化闘争をどのように受け止めたのであろうか。ハルナックは一八七八年、すなわち文化闘争が終息した年に、六月一四日付でリッチュルに宛てた手紙の中で次のように短く述べている。「目下支配的な逆戻りの動きで、プロイセンの見通しは全くもって弱体化してしまうでしょう」[24]。他方でK・クピッシュ（Karl Kupisch,1903-1982）はカール・バルトのリッチュル評価「ビスマルク時代の国民自由主義的市民神学者」[25]を援用しつつ、リッチュルの神学は形而上学、神秘主義、敬虔主義に対置するものであったが故に、必然的にそれらの要素を強く持つカトリシズムに対峙するものとなり、教会闘争の性格と親和性を持つものであったと指摘している。[26] しかしクピッシュによれば、ハルナックにとってリッチュルはある意味で一人の案内人（Führer）にすぎない存在であり、文化闘争に参与するリッチュルのあり方に全くとらわれることはなく、リッチュルの文化闘争との関係もハルナックの研究にはいささかの影響も与えなかったとしている。[27] また、ノットマイアーによれば、ハルナックは一八八六年に実弟オットー（Otto Harnack, 1857-1914）に宛てた手紙において、ビスマルクの文化闘争はことごとくハルナックにとっては受け入れられないものだったと述べているとしている。[28] そして文化闘争への拒絶感がプロテスタンティズムとカトリシズムを何らかの方法で接近させようとする思考へとつながっていたとし、組織的合同や融合、あるいは教会の教義体系や教会論を無理矢理統一するのではなく、心的態度や内面性を宗教の本質として、そこから教会一致を志向する態度へとハルナックを導いたとする。[29] さらにハルナックは、単にプロテスタンティズムとカトリシズムを内面的には相容れるものとしてとらえることを主張しただけはなく、両教派ともドイツの宗教史および精神史に深く根を下ろしていることを提示している。[30] つまり、ハルナックにおいては、彼の宗教観においても、教会史家としての観点においても、プロテスタンティズムのみをドイツ文化のアイデンティティとし、カトリシズムを「帝国の敵」とする発想を許容することはできなかったと言える。

5　ハルナックのローマ・カトリック評価

ハルナックは一八九一年四月三〇日付の『キリスト教世界』誌に「われわれはローマ教会から何を学ぶべきであり、また学ぶべきではないか（Was wir von der römischen Kirche lernen und nicht lernen sollen）」と題する小論を寄せている。[31] ハルナックがカトリシズムについて触れている文書は少なくないが、この小論はその中でも最もまとまりのあるものの一つであると思われる。

ハルナックはまず、ローマ・カトリック教会とは宗教共同体であるのみならず、一つの国家（Staat）であると指摘する。[32] ただし、一八九一年の時点ではローマ教皇はすでにかつてのいわゆる教皇領を統一イタリア王国に接収されて、ほぼすべての世俗的領土を失っており、現在のような主権国家としてのバチカン市国の成立を見るのは一九二九年であって、この当時のローマ教皇は直接的に統治する領土を持たない、俗に「バチカンの囚人」と呼ばれる状態であった。したがってハルナックがここでローマ・カトリック教会を「国家」と呼んだのは、中世のような聖界諸侯の諸国を意味するものでもなければ、近代的な意味での主権を有する独立国家という意味でもない。ハルナックはここでローマ・カトリック教会を「古代ローマ世界帝国の延長（die Fortsetzung des alten römischen Weltreiches)」であり、「政治的、法的、宗教的精神による帝国（Reich）」であり、「西ローマ帝国はローマ教会という形式によって、その独裁主義とともにわれわれの眼前に生き続けているのである」と述べる。[33] したがって、「歴史的に判断するならば、これはカエサル（皇帝）に由来するものであってイエスや使徒たちに由来するものではなく、ローマであってガリラヤではなく、皇帝の法であって聖書に由来するものではないことは明らかである[34]」とする。つまりハルナックによれば、ローマ教会とは古代ローマ、教皇とはカエサル（皇帝）の言い換えにすぎず、その精神（Geist）には違いがないと言う。[35]

他方で、組織論に関しては歴史的判断としてそのように見ることができるが、福音が常にローマ・カトリック教会の中心に置かれ、そこから偉大なキリスト者が現れ、現在もそういった人々が見受けられるのも事実であることをハルナックは認める。[36] すなわち「この教会の神秘なところとは、世界国家でもあり、学校でもあり、サクラメントの保証機関でもあり、信仰の共同体でもあるということが一連にあるということなのだ[37]」とする。

ではプロテスタンティズムはカトリシズムから何か積極的に学べることがあるのだろうか。ハルナックは三つの事柄を挙げる。

第一は忍耐力である。ハルナックは例として一五世紀のローマ・カトリック教会の状況を挙げる。ハルナックによれば、当時の状況は「非常に困難というよりも、むしろ対処不能[38]」なほどにさまざまな教説や行動が見られたとする。いわゆるシスマ（教会大分裂）に対して公会議至上主義を唱えたジャン・ジェルソン（Jean Gerson, 1363-1429）、異端宣告により焚刑に処せられたヤン・フス（Jan Hus, 1369-1415）、『キリストに倣いて（*Imitatio Christi*）』の著者とされるトマス・ア・ケンピス（Thomas à Kempis, 1380-1471）、人文主義者であったピウス二世（Pius II., 1405-1464）、フィレンツェで神権政治を試みたが最終的には敗北して処刑されたジローラモ・サヴォナローラ（Girolamo Savonarola, 1452-1498）、人間の尊厳について独自の哲学的主張を展開したピコ・デラ・ミランドラ（Pico della Mirandola, 1463-1494）らの名前を挙げ、さらに宗教改革に至るまで一〇〇年以上の思想的混乱が続いたにもかかわらず、ローマ・カトリック教会は崩壊することなく、徐々にではあるがさらに伸張し、今日まで存続していることを指摘し、そこからプロテスタンティズムも目下抱える「初期不良」について忍耐をもってあたるべきであるとしている。[39]

第二は活き活きとした敬虔さを持った人物たちの存在である。彼らがローマ・カトリック教会の中に存在しているのは、教会制度（Verfassung）の為せるわざでもなければ偉大な教会政治家の指導によるものでもなく、ローマ・カトリック教会の制度的、組織的なあり方とは全く無関係に、その人物と神との関係において現れたものであることをハルナックは指摘する。[40] ハルナックがその代表的人物として挙げるのはアッシジのフランチェスコ（Francesco d'Assisi, 1182-1226）である。[41]

第三は普遍的で実効的な兄弟的親交へと導く公同性である。[42] ハルナックはここでドイツを名指しはしないが、多くの人々が世俗的な愛国主義に強い刺激を受けて、それをキリスト教信仰に持ち込んだり、あるいは小さな集団に閉じこもったりしがちな状況を嘆かわしいものであるとする。[43] そしてこのような状況によって人々が分断されることは、福音による一致によって克服可能であり、決して単なる夢想ではないと説く。[44]

ハルナックは以上の三点を、プロテスタンティズムがカトリシズムから積極的に学ぶべき事柄の代表的なものであるとしている。その一方で、何もかも同意できるわけではないが、そこから何らかの学ぶべき課題を見出すことができる事柄として、続く四点を取り上げる。

一つ目は教条主義（教義主義、Dogmatismus）である。これをプロテスタント教会がローマ・カトリック教会を批判するときに口にするのは珍しいことではない。しかしハルナックは「われわれプロテスタント教会は教条主義的になってしまっており、公礼拝は少なからずそうである」[45]と指摘する。つまり生気を失った教条主義的な礼拝を課題として抱えているのはローマ・カトリック教会もプロテスタント教会も同じであるので「ここでわれわれはカトリック教会から多くのことを学ぶことができる。礼拝の内面性についても、外的な事柄についても、カトリック教会はわれわれよりもより力強く多様な礼拝を必要としているのだ」と主張する。[46]

二つ目は犠牲（Opfer）である。ローマ・カトリック教会ではミサを「いけにえの再現」[47]、「十字架上でのいけにえを現在化」[48]するのものであると規定している。しかしルターはいわゆる宗教改革三大文書の一つに数えられる『教会のバビロン捕囚（*De Captivitate Babylonica Ecclesiae Praeludium Martini Lutheri*, 1520）』[49]の中で、真実のミサには「犠牲に関する何ものも含まれていない」[50]はずなのであり、ミサの最大の意味は救いの契約であるが、「契約を分配すること、あるいは約束を受けることと犠牲を献げることとが矛盾している」[51]として、ミサにおける犠牲の意味を否定した。このような、ローマ・カトリック教会のミサにおける犠牲の考え方は、犠牲の概念の乱用であったとするプロテスタンティズムの基本的理念にハルナックは同意する。[52]他方で、キリストの業としての犠牲の概念の実践における、新約聖書本来の犠牲の理念までもがプロテスタントの礼拝説教、教理教育の授業、社会実践においても一切語られなくなってしまっていることにハルナックは疑問を呈する。[53]ハルナックによれば「宗教的生活を犠牲の理念が導いていない宗教など存在しない」[54]からである。ただし犠牲の概念を正しく用いるのは難しい、というのはプロテスタンティズムはそもそも一つ一つの行動よりも総体的な人格性を重んじるものであるし、「犠牲」という言葉は人々には消極的な響きを持つ言葉とされており、さらにその定義は簡単ではなく、誤って乱用される可能性が高いからである。[55]しかし若者が犠牲について学ぶようになり、宗教的かつ道徳的生活において犠牲を念頭に置くようになれば、より良いものを得るようになるであろうとハルナックは言う。[56]

三つ目はゆるし（Buße）をサクラメントから外したことである。プロテスタントでは礼拝式文において、集団で罪の告白とゆるしの宣言が行われる習慣を持つところは少なくないが、ハルナックは、一般的な教会共同体との関係が希薄になりがちな存在、たとえば子供および服役者に対する個人のゆるしの有効性に言及し、ローマ・カトリック教会が、ゆるしの秘跡の際に償いを課すことは不必要としながらも、プロテスタント教会が個人のゆるしについて再考する余地を示唆する。[57]

四つ目は修道制である。プロテスタンティズムの中で修道制を求める声に対し、ハルナックは、修道者たちの務めである隣人への奉仕と従順は、自由な決断によりプロテスタンティズムのディアコニッセ運動と呼ばれる社会奉仕活動や、あるいはプロテスタント教会のディアコン職（Diakon）によって実行されているとする。[58] 両者の間には多くの違いが存在するが、いずれも特定の人々のみによる福音の実践という意味では、ローマ・カトリック教会においても、プロテスタント教会においても司祭性（Priestertum）を不可欠としない「信徒的キリスト教（Leienchristentum）」がドイツにはないという点に関しては変わりが無いとハルナックは主張する。[59] この点に関して、プロテスタンティズムは逆説的にカトリシズムから学ぶべきだと言う。[60]

最後にハルナックは、ローマ・カトリック教会からプロテスタント教会が学ばなくてもよい点を三つ挙げる。

第一に、ハルナックによればローマ・カトリック教会は以下の三点が一三世紀のままであるという。すなわち、政治的な手法、教会の組織体、神学である。[61] 特に教皇権を頂点とする組織のあり方はインノケンティウス三世（Innocentius III, 1161-1216）およびインノケンティウス四世（Innocentius IV, 1195-1254）の時から変わっておらず、神学は依然トマス・アクィナスに強く依拠しているという点で、ハルナックはローマ・カトリック教会を「一三世紀の中世の段階に固執している」[62] と評する。

第二に、ローマ・カトリック教会は教会制度そのものに従順であることを信仰の本質的なもの（fides implicita）としているが、ハルナックによれば、本来の宗教は個人の良心に基づく従順を求めるのであって、組織への絶対的従順を求めるローマ・カトリック教会の教義に疑問を投げかける。[63]

第三に、ハルナックは「国家であろうと欲する教会は、国家としてのエゴイズムと熱狂主義を必要とすることになる[64]」と指摘する。ここでハルナックが言うところのエゴイズムと熱狂主義は必ずしも明確に定義されているわけではないが、続く文章でプロテスタント教会はローマ・カトリック教会と異なり「知性的で適切であり、そうした意味での寛容[65]」を有しており、ローマ・カトリック教会は自分たちを守るために法制度によって対抗するが、プロテスタント教会は表敬（Achtung）と同胞への愛によってそれを行うとしている。[66]

以上がハルナックの小論「われわれはローマ教会から何を学ぶべきであり、また学ぶべきではないか」の主要な論点である。すでに第二バチカン公会議（一九六二―一九六五年）によるローマ・カトリック教会のさまざまな態度の転換などを経験している現在の視点から見れば、ハルナックのローマ・カトリック教会批判には時代性を感じざるを得ない部分が多いのは説明するまでもない。一方で、ハルナックがカトリシズムから積極的に学ぶべきであるとした三つの点、すなわち忍耐力、活き活きとした敬虔さを持った人物たちの存在、普遍的で実効的な兄弟的親交へと導く公同性については、現在の世界情勢の文脈から見てもなお再考の余地がある指摘であるように思われる。たとえば、ローマ・カトリック教会およびいわゆる主流派（メインライン）と呼ばれる諸教会の、第二次世界大戦後のさまざまな面での「衰退」に対し、「歴史から忍耐力を学べ」といった指摘がなされることはあまりないように思われる。あるいは礼拝様式の刷新、各個教会のあり方の改革や、最新の情報技術を用いた伝道手法が注目される一方で、活き活きとした敬虔さを持った人物の出現こそが教会を変える原動力になるのでは、という議論がどれほど真剣になされているかは一考の余地があるのではなかろうか。また、教派間対話や宗教間対話の進展は、批判的視点もあるものの、評価されてしかるべき試みが続けられているが、それが古代キリスト教の霊性に連なるような普遍的で実効的な兄弟的親交へと導く公同性であるかどうかについては、やはり歴史的視点からより深い洞察が行われるべきであろう。本章は現代における試みを批判することが目的ではないので、ここでは上記のさまざまな試みを示唆するに留め、具体的事例を考察することは控えるが、一般論における理念上の問題として概観しても、一〇〇年以上前のハルナックの指摘はなお二一世紀の現代においても多くの有効な示唆を与えてくれるものであると考えられるのである。

6　「再カトリック化」の克服のために

一八九六年一〇月六日、ハルナックはアイゼナハにおいて友人たちを中心とした小さな集まりで、プロテスタンティズムの現状に関する講演を行った。同年、この講演をもとにした小冊子『プロテスタンティズムの現状について（*Zur gegenwärtigen Lage des Protestantismus*）』[67]が出版された。

同書においてハルナックは「われわれプロテスタント領邦教会が着実にカトリック化（Katholisierung）」していると指摘する。[68]厳密に言えば、ハルナックは同書において「再カトリック化（Rekatholisierung）」という言葉は使わないが、ハルナックの同小冊子を読む限り、ハルナックは「カトリック化」を本書で考察している「再カトリック化」とほぼ同じ意味で用いていると判断できる。ただし、これまで見てきたとおり、プロテスタントにおいて否定的な意味で「カトリック化」「再カトリック化」「カトリシズム」の語が用いられる場合、その表すところはさまざまであって、すべてに共通する明確な語義が存在するわけではない。ハルナックにおける「カトリック化」の語義も例外ではない。

そこで以降では、ハルナックがどのような意味で領邦教会が「カトリック化」していると指摘したのかを明らかにした後に、ハルナックによる当時の領邦教会の状況分析と、彼が提案しているプロテスタンティズムのあり方について検討する。

7　ハルナックにおける「領邦教会のカトリック化」

教会という概念は、時代や教派によって大きく異なるため、「同じキリスト教」といえども斉一的に定義することは極めて難しい。ハルナックもここで教会という概念について断定的な定義を下しているわけではない。しかしまず次のように述べている。

信じている者たちの（集まり）としての教会と、領邦教会としての教会を区別することはほとんどなされていない。大多数の人々が好意的に受け止めているところの、領邦教会のあらゆる秩序と固定したあり方は、過去の聖徒たちの守護と権威のもとにある。「教会がああ言った、こう言った」「教会はこう求める」――国家にものを言う際のこうした言い方は、ある意味で、この大多数の人々にとってみれば、この世の考えに対する神の声であろう……これこそがプロテスタント教会の概念がカトリック化する過程なのであり、目的もはっきりしており、成功する実りも多く、もともとプロテスタント教会にはそうした力（Gewalt）があるので、教会の指導層はあからさまに、それに反対する勢力に対抗する努力を惜しまない[69]。

ここで重要なのは、ハルナックは領邦教会が、すでに述べたようにローマ・カトリック教会のように、明らかに一つの国家となりつつあると警告しているのではない。そうではなくて、国家になるつもりは全くないにもかかわらず、世俗国家に対して対等とも言えるような社会的組織になりつつあること、この社会的組織と信仰上の教会、いわゆる「見える教会」と「見えざる教会」を無批判に同一視していることこそが「カトリック化」の過程であると指摘しているのである。このことをハルナックは以下のように表現する。

われわれプロテスタント信徒がこのカトリック的教会概念、すなわち信じている者たちの集まりとしての教会と、経験的な教会を同一視する概念を持つ時、このカトリック的教会概念に伴うあらゆる結果が生じるのである。つまり、熱狂主義、支配欲、焦燥感、迫害欲求、祭服、教会警察――これらのものはすでに生じているものもあるし、招来されつつあるものもある。主なる神が彼を信じる者の教会を領邦教会の中のうちに形成したわけではない。（見える教会と見えざる教会を区別しない）大多数の人々は、このことに全責任を負わなければならない。[70]

ハルナックによれば、領邦教会のカトリック化は一九世紀に顕著な進展を見せているが、その原因の一つは信仰告白の権威の強化である。[71] しかし信仰告白とは初期プロテスタンティズムにおいては「救済信仰の要約」[72] だったのであり、「神の言葉のより良い理解を適切になさしめる」[73] ものであったことは忘れられてはならないとハルナックは言う。ここで彼が言うところの信仰告白の権威の強化が具体的にどういうものであるかは詳述されていないが、これまで本書で論じてきたところの使徒信条論争の内実が念頭に置かれていると推測することは妥当であろう。このような領邦教会の動きにより「自由と恩寵、義認、教会に関するプロテスタントの教理は正統主義の名において異端によって歪められてしまった」[74] とハルナックは厳しく論評する。

いま一つハルナックが指摘するのは、礼拝式文を政治的権威によって統一的に定めることである。[75] 本書におけるプロイセン式文論争に関する考察においても明らかであるように、初期プロテスタンティズムにおいては政治的権威によって礼拝式文を強制的に統一するという発想はほとんど見られない。ハルナックがこのことを強調するのは、プロイセン王国政府主導で作成されたプロイセン領邦教会の公定式文が、最初の制定から七〇年余を経て完全に定着してしまったことへの批判であると見ることができる。この事実に対してハルナックは

礼拝順序が法的秩序として義務化されていること、文章化されている儀式が愚直に執行され、それが最も重要で必要不可欠であり、聖なるものと見做されているのは、儀式の誤用であり、そのために誠実なキリスト教徒が圧迫を感じ、苛立ち、その信仰を言い表すのをあきらめ、重荷を感じているのは、プロテスタント

的ではない[76]

と主張する。ではハルナックがここで言う「プロテスタント的」、換言すれば「プロテスタンティズム」とは何であろうか。彼はそれを以下のとおり端的に表現する。

そもそもプロテスタンティズムとは説教する教会であり、カテキズムの学校であった。それ以上の何物でもない。「ただ言葉だけがすべてをなすべきである」――いまや、教会のあり方がどれほど豊かなものになり、あるいは複雑化しようとも、である。[77]

ハルナックはこのプロテスタンティズムの定義と「カトリック化」の語義に基づき、当時の領邦教会に対して提案を行っていくことになる。

8　領邦教会の内実と将来への提言

当時のドイツにおける領邦教会に属する人々が、さまざまな観点から領邦教会に関して危機意識を持っていたことは本書で繰り返し提示しているとおりである。これに対しハルナックは以下のように述べる。

われわれプロテスタント領邦教会はすでに瓦解状態にあるとか、まもなく崩壊するであろうという見方に、私は組みしない。反対に、目下、より強化整理の段階にあり、崩壊したり瓦解したりする何らかの兆候など見られないと信じている。[78]

もちろんすでに見てきたように、これは領邦教会があらゆる面で盤石であるという意味ではない。「カトリック化」の進展に対して、もはや打つ手がないわけではないという意味での積極的観点であると理解するべきであろう。ハルナックの判断によれば、この時期のドイツの領邦教会は、宗教改革時代のプロテスタント的なあり方から、ローマ・カトリック的な意味での「使徒的」なあり方へ移行しつつあったとする[79]。

ところで、ハルナックが、領邦教会が本来のあり方から離れ、カトリック化しつつあると述べる際に一つの指標として引き合いに出している初期プロテスタンティズムとは、この場合どのようなものであろうか。ハルナックによれば、プロテスタンティズムとは「神学と教会が緊密な関係にある[80]」とし、「教会は信仰論、つまり基本的なアイデンティティを信仰告白と神聖神学（theologia sacra）に負っている。教会が説教し、教えるべきであるのはこの神聖神学のみであって、そのほかは自ずと見出される[81]」とする。この場合の神聖神学とは「預言と、聖霊に教えられる教理[82]」とハルナックは規定している。この神聖神学の規定はローマ・カトリック教会で確立したものであるが、「宗教改革の教会、つまり初期プロテスタンティズムにおいて、これは本質的に変革されることはなかった[83]」とハルナックは指摘する。というのは宗教改革期に再洗礼派が出現した際、彼らは宗教改革者たちの神聖神学を、聖霊の直観と自然科学とに分解しようと試み、神聖神学を拒絶し、弾劾したからである[84]。

当然ではあるが、宗教改革期の「自然科学」と、近代の「自然科学」とでは意味合いが大きく異なる。ハルナックは近代の学術に立ち、宗教改革期および初期プロテスタンティズム時代を念頭に置きつつ、近代的な意味での新約聖書の釈義および史的研究こそが「聖書の言葉を真実に理解可能にし、その精神が内的平安をもたらす[85]」とする。

それでは近代の学術に立って神学をどのように扱うべきであろうか。この立場から宗教の本質について考察することはシュライアマハー以来行われており、古典的な神学と教会の関係も改めて問われている[86]。そこでは「教義体系に対しては思弁的に対応し……『（教義）体系は学術的には手に負えない代物（Malheur）』という言葉が、教義を教会の倉庫へ押しやっているだけでなく、かつては教会が進む方向性を取りまとめる案内役を担っていた、教理としての神学に対しては史的認識の立場から受け付けられない、あるいは低い評価しか与えられない[87]」状態であるとハルナックは分析し、この状況の帰結の一つが「信仰告白に帰れ[88]」であると言う。つまりハルナックの言うところの、本来のプロテスタンティズムからすれば、信仰告白に過度の権威が認められる状況は、このような教会と神学の位置関係の変転が寄与しているということになる。

しかし、そこで神学に新たな局面をもたらしたのがリッチュルであるとハルナックは言う。

ルターの神学を（改めて）見出したリッチュル（の神学）を受容することにより、教会における神学の分裂状態を回避する新たな道筋が開かれた。神学が一般の諸学としての要請に応答する一方で、そのために部分的には教会と神学は距離を置くことになってしまったが、それでも神学と教会は特別な関係に入ることになったのである[89]。

彼は福音と宗教改革に関する基本的な考えを力強く、また明解にとらえ、なおかつロマン主義的、教会政治的、哲学的、神秘主義的なでっち上げ、またそれらとの結合からの解放を実行した。彼は新しいものを発見したわけではない。他人の考えを援用したわけではない。しかし自身の領域に実に多くの偉大なものを集結させたのであり、キリスト教の確信と喜びがあるのは彼のおかげなのである[90]。

その上で、領邦教会には本来のプロテスタンティズムの要素を強めることができるものがなお二つ見出せるとハルナックは言う。

一つ目は、神に対する幼子のような信頼において心の声に常に耳を傾けること以外のなにものでもない宗教としてのあり方である[91]。

二つ目は、神に対する幼子のような信頼に基づき、宗教的な誠実さから道徳的に生きることである[92]。この二点が領邦教会に見出せる以上、悲観的になることなく、神学者も落胆する必要はないとハルナックは勧める[93]。

そこで領邦教会の現状に関して、最終的に提言できることは三つあることをハルナックは示す。

第一は、救いの信仰の本質的な点が言い表されている信仰告白は、脇へ置いておくのが良いが、決して廃棄すべきではないということである[94]。なぜなら「そのようなしっかりした形式のものは教会にとって不可欠な防護手段であり、また闘争手段だからである[95]」。そもそも「キリスト教の独自の本質を言い表している、つまり神、子なるキリストを信じているということについて、古来の信仰告白は全くもって正しい[96]」のであり、「われわれ（キリスト教徒）は進歩の歴史とは別である[97]」からである。

第二は、人格性の涵養である。「プロテスタント信仰は喜びに溢れ、勇気があり、自立した人格性を創造する。そのことを示さなければならない[98]」。「もとより福音とは法律で定められた社会プログラムではない。しかしキリスト教的良心は窮乏する兄弟たちに、共同体的救済措置をより洗練された形で提供し、より深められた良心はキリスト教的人間性の特質を必然的に良い形で作り上げることになるのである[99]」。

第三は、忍耐力である。領邦教会を出て、新しい教会あるいは教派を設立したいという声に対し、ハルナックは領邦教会において新しい型式が打ち立てられるまで忍耐する価値はあると言う[100]。「この闘いがいつまで経っても起こらないなどということはない。それはやがてより高まりを見せるであろう。それに愛想を尽かしたり、権力闘争のように関与したり、冷めた対応をするべきではない。『主に希望を置く人に喜びがないことはあり得ない（Impossibile est, ut non laetetur qui sperat in Domino）』[101][102]」。

すでに取り上げた小論「われわれはローマ教会から何を学ぶべきであり、また学ぶべきではないか」においても、ハルナックは「多くの良いことと悪いことが生じている今世紀（著者注―一九世紀のこと）初頭以来、ローマ教会の模倣になる危険を避けるためにどうするべきだろうか[103]」と問いかける。ハルナックが指摘するのは『自然の』真理というものが無分別に『自然の』秩序と取り違えられている[104]」ことである。ハルナックによれば、自然科学的事実と超自然的真理を区別するのは近代に始まったことではなく、すでに中世に見られることであり、そのような作業自体が間違いだと言う[105]。「真理の認識のすべては良心的特質（Gewissenhaftigkeit）と自制（Selbstverleugnung）から生じるのであり、なおかつ真理の主に奉仕するものである[106]」からである。ローマ・カトリック教会はすべてが知的に、つまり教会法に表されるような法的秩序のもとにあるので、歴史、学術、個性、良心などは後景に斥けられているが、プロテスタンティズムは「キリストにおける神の福音の宣教以外の何物も受容したいと思わないし、それに並ぶものなどない[107]」のであって、ローマ・カトリック教会のあり方を真似ようとする必要などない。なぜならプロテスタント教会は「国家でもなければ、いつまでも人を子供扱いする学校でもなく、またサクラメントの保証機関であってはならない[108]」からであるとハルナックは主張するのである。

ハルナックの「再カトリック化」への憂慮と提言の特徴は、まず安易な原点回帰を唱えない点にある。ハルナックは「初期プロテスタンティズムの知性主義（Intellektualismus）」は放棄すべきだと繰り返し、そこから領邦教会の再構築を始めるべきだとしている[109]。知性主義の代わりにハルナックが唱えるところの敬虔性、福音宣教、宗教性の本質といったものは、シュライアマハーの宗教論に立脚している側面が強いことは論じるまでもない。しかしシュライアマハーを無批判に肯定するのではなく、独自に解釈したリッチュルの宗教論を重ね、さらに教義学的側面の強いリッチュル神学へ、教理史家としてのハルナック自身の見解を巧みに結合させて結論へと導く推論は興味深い。

さらに、本書第1部で取り上げたドライアーが「プロテスタント教会の組織は完璧とは言えない上に、礼拝行事を改善しなければならないのは疑いようがない[110]」という痛烈な批判から自説の展開を始めているのと比較すると、極めて冷静に領邦教会の長所と短所を整然と弁別して列挙し、それぞれに対して丁寧に論評を加えていくハルナックの論調は、その内容と共に一定の評価に値すると言えよう。そもそもハルナックは領邦教会当局からは疎まれ続けた存在であり、一八八八年にベルリン大学がハルナックを招聘した際には、プロイセン文部省からの形式的な諮問に対して領邦教会当局が難色を示した結果、彼の教授就任は最終的に皇帝の決裁まで仰がなければならない事態に発展している。学術界においてはドイツを代表する人物として要職を歴任したハルナックだったが、教会での要職には最後までほとんど関係することがなかった。かくも領邦教会から冷遇されたハルナックが、領邦教会に留まってその刷新を望む「忍耐」を説いていることは注目に価しよう。

最後に強調しておかなければならないのは、ハルナックはローマ・カトリック教会およびカトリシズムを全面的に否定しているのではないということである。M・シュレーダー（Markus Schröder）は、ハルナックの言論の随所に見られるローマ・カトリック教会批判をもって、ハルナックがカトリシズムの「本質（Wesen）」そのものを否定していると見るべきではないと指摘する(111)。シュレーダーによれば、ハルナックがカトリシズムの「本質」のうち、職制、組織とは別に、その精神的「本質」そのものであると考えたのはアウグスティヌスである(112)。実際、ハルナックは『キリスト教の本質』において次のように主張している。

この教会の精神の特徴である第三の要素は……アウグスティヌスおよびアウグスティヌス主義の名称によって提示される。……まずもって、アウグスティヌスの敬虔性と神学とは、罪（Sünde）と恵み、罪責（Schuld）と義認、神による予定と人間の隷属状態に関するパウロの経験と教説のある種の独特な再興なのである(113)。

……今日まで、カトリシズムにおいては内的かつ生き生きとした敬虔性とそれを言い表すこととは、まったくもって本質的にアウグスティヌス的である。……それは大多数の、それどころかきわめて信心深いプロテスタントの人々にとっても何ら変わらないのである(114)。

このアウグスティヌスをめぐるハルナックの論理によれば、プロテスタンティズムはカトリシズムのアウグスティヌス主義を相当程度継承していることになる。したがって、カトリシズムのアウグスティヌス的本質を否定することは、プロテスタンティズムのアウグスティヌス的本質を否定することにつながりかねない。このことのみをもってしても、ハルナックはカトリシズムを単純に否定するつもりがなく、むしろプロテスタンティズムがカトリシズムから受け継いでいる本質的要素について冷静な判断を行っていることがうかがえる。

ローマ・カトリック教会とカトリシズムおよびプロテスタント教会とプロテスタンティズムに関する諸論文においてハルナックが目指したのは、両者の相違点とそれぞれの特徴を客観的に明らかにすることであって、プロテスタンティズムの「優位性」や「進歩性」を主張することでもなければ、カトリシズムの「誤謬」や「異端的要素」を非難することでもなかった。『教義史教本』は、古代キリスト教史とは、ユダヤ教から生じたキリスト教がギリシャ哲学と融合して神学的発展を遂げた「福音のギリシャ化（Herenisierung）」であるという観点のもとに展開されている。しかしながらこれを福音の「進歩」ととらえるか、あるいは福音の純粋性が覆い隠されることになった「堕落」ととらえるかという批判がなされ、ハルナックもそのことは承知していた[115]。したがって、ハルナックのカトリック評価に進歩史観に類する歴史哲学的前提を見出そうとすることは適切なことではないと言えよう。ヘーゲルの影響下にあった神学者の中には、そのような前提に基づいてカトリックを批判する者も少なくなかった中で、ハルナックのカトリック評価とプロテスタント教会への提言は、時代的文脈を考慮しつつ、その内容に相応しい注意が向けられる価値があると言えよう。

第11章　プロテスタンティズムにおける教義とは何か

1　「教義」と「教理」――プロテスタントに「教義」は存在するのか

「教義」と「教理」の区別は時代、教派、個人などによって相当程度の差異がある。場合によってはほとんど区別なく用いられていることさえ見受けられる。本書では基本的にドイツ語の Dogma を「教義」、Lehre を「教理」と訳しているが、Lehre は「教説」と訳した方がよいドイツ語文献の文脈に出会うこともあり、その都度適切と思われる訳語を選択することにしている。

ローマ・カトリック教会の場合、教義の定義は比較的はっきりしている。二〇世紀から二一世紀への転換期におけるキリスト教神学における最も重要な文書の一つと目されており、当時の教皇ヨハネ・パウロ二世（Ioannes Paulus II., 1920-2005）のもとで、教理省長官ヨゼフ・ラッツィンガー（Joseph Alois Ratzinger, 1927-）を中心に編纂された『カトリック教会のカテキズム』では、教義とは「教会の教導権（［独］Das Lehramt der Kirche、［羅］Ecclesiae Magisterium auctoritatem）」を説明する文章の中で、次のように扱われている。

> 教会の教導権は、教義を決定的に宣言する場合、すなわち、キリストの民に信仰による決定的な同意を義務づける形で、神の啓示の中に含まれる諸真理を啓示する場合や、これと不可分のつながりを持つ諸真理を決定的な形で提示したりする場合には、キリストから受けた権限を最高度に行使します(1)。

ここでは教義（［独］Dogmen, Dogma の複数形、［羅］Dogmata）とは教会の教導権によって「決定的に宣言（［独］definieren、［羅］definio）」されるものであり、キリストの民は「信仰による決定的な同意を義務づけ（［独］eine unwiderrufliche Glaubenszustimmung verpflichten、［羅］adhaesionem fidei irrevocabilem vinculante）」られるものであるとされている。(2) 換言すれば、ローマ・カトリック教会における教義とは「教会の教導権の発動によって宣言された、ローマ・カトリック信者が信仰的に受け入れを義務づけられる事柄」ということになる。

一方で、プロテスタント教会にこのローマ・カトリック教会の「教義」に相当するものが存在するかという問いに答えることは簡単ではない。まずほとんどのプロテスタント教会には、ルター派であれ、改革派であれ、その他の伝統を標榜する教会であれ、ローマ・カトリック教会の「教導権」に相当する権威を「教会」が一方的に持っていると考えている教派を見出すことはきわめて難しい。現実には教団、教派の教会会議において、教理に関する決議が採択されることはまま見られるが、たとえドイツや北欧のルター派教会のように、一見するとローマ・カトリック教会に似た監督制度を保持している教団、教会であったとしても、最高議決機関を含むさまざまな段階の教会会議には、教役者だけでなく、信徒代表も議決権を持つ議員として参加している場合が少なくない。そのような会議で決定されたことを「教導権の発動」と表現するのが適切であるかどうか一概には言えない。そのような場合の決定は、敢えて強く表現したとしても「教義的合意」とでも言うべきものであり、「教義の決定」という表現をすることも躊躇を感じる。その意味では、プロテスタント教会には、ローマ・カトリック教会の定義に完全に充当する「教義」が存在するか否かについては、議論の余地が多分にあると言える。

2 「神学論争」と「教義論争」

それではこれまで論じてきた、ハルナックが関わった、教義をめぐる論争の「教義」とはいったい何なのであろうか。実はこれこそがハルナックの時代の神学者たちが取り組まざるを得なかった難問の一つであった。ローマ・カトリック教会はその定義に基づく「教義」を新たに宣言することがある。たとえば一九五〇年、ローマ教皇ピウス一二世（Pius XII, 1876-1958）はいわゆる「聖母被昇天」、すなわちイエスの母マリアは地上の生涯を終えた際、霊魂と肉体の両方が天に挙げられたとの「教義」を宣言した。聖母被昇天の教義は、明確な聖書的根拠はほとんどないと言わざるを得ないが、伝承によって教義と認められるとしている。しかしプロテスタント教会ではこのような聖書的根拠がきわめて乏しい事柄を「教義」として認めることはまずあり得ない。したがって、プロテスタント教会で事実上「教義」と呼ばれているような事柄は、古代の公会議における決定事項、たとえばニカイア・コンスタンティノポリス信条などの古代信条か、宗教改革期にプロテスタンティズムの独自性を表明するために著された諸文書、すなわちアウクスブルク信仰告白を代表とする諸信仰告白、あるいはルター、カルヴァンなどの宗教改革者の著作で明確に述べられている命題のようなものということになる。

つまりプロテスタント教会において一般に「教義」と思われている事柄とは、もはや議論の余地などないような自明の事柄であるように思われるものである一方、その「自明性」を追及しようとすると、ほとんど際限なく議論を行うこともできるものなのである。ローマ・カトリック教会のように、教皇、教皇庁および教理省をはじめとする諸機関、あるいは公会議など、教義であることを組織的な権威によって担保するシステムが存在しない以上、プロテスタント教会では教義に関する論争は、論争そのものによって吟味するしかない。俗に着地点が見えずに堂々巡りをする、議論のための議論のことを「神学論争」と呼ぶが、その意味では「神学論争」はローマ・カトリック教会には存在せず、プロテスタント教会においてのみ発生するということになるのかもしれない。

しかしプロテスタント教会には確かにローマ・カトリック教会のような「教義」は存在しないかもしれないが、教義と呼ばれているものは存在する。すでに述べたような古代信条、初期プロテスタンティズムの生んだ信仰告白、あるいはそこから導出される命題である。たとえば三位一体論、ルター派の信仰義認、改革派の予定説などはその代表と言える。ルター派の場合、ルターの死後、ルターの教説に力点を置く、いわゆる純粋ルター派と、改革派の神学なども念頭に置いたフィリップ・メランヒトンの思想を指示するフィリップ派の分裂を収集するための作業の一環として、一五八〇年に編纂された『一致信条書』には、両派の合意書である「和協信条(Konkordienformel)」のほか、ルターの執筆した四つの文書(「シュマルカルデン条項」「大教理問答」「小教理問答」)、ルターとメランヒトンが中心になって書いた「アウクスブルク信仰告白」、メランヒトンによる「アウクスブルク信仰告白弁証」、あるいは「三つの主要信条――もしくは、教会において一致して用いられているキリスト信仰の告白」という題のもと、使徒信条、ニカイア(・コンスタンティノポリス)信条、アタナシオス信条が冒頭に掲載されている。

『一致信条書』の「序文」において、古代信条がこれに含められていることは次のように説明されている。

ここに含められているのは、神の聖書に十分基づいており、古くから保たれてきた諸信条に短くまとめられ、正統信仰の、キリストの教会一般に信じられ、多くの異端や誤謬と戦って、繰り返し同意を得てきたものであると認め、これを堅く、確かに守ってきた。[3]

……こうしてわれわれは神と各人との前で再び公けに証言しておきたいと思う。すなわち、論争のあった諸条項に関する、十分考え抜かれたこの解説をもって、さきに、キリスト教的追憶をもって想起するかの皇帝カール五世にアウグスブルクで一五三〇年に提出された信仰告白以外の新しい信仰告白を作ったのではない。むしろわれわれの教会と学校にまずは聖書と信条を、次いでさきにあげたアウグスブルク信仰告白を示し、こうしてまた真剣に忠告しておきたいと思ったのである。[4]

……最後にあたってもう一度繰り返せば、われわれはこの和協の成果によって、なにひとつ新しいものを造り出そうとは考えなかった。また、預言者や使徒の書のうちに基礎づけられ、三つの信条や、一五三〇年に、今は亡き皇帝カール五世陛下に提出されたアウグスブルク信仰告白、それに基づく弁証、神の照明を受けた人マルティン・ルター博士のシュマルカルデン条項や大小教理問答のうちに含まれているような、かつてわれわれの先達やわれわれ自身によって承認され、告白された神の真理から離れようとも思わなかった。むしろ聖霊の恵みにより心をひとつにしてこの真理のうちに立ちとどまり、また、すべての神学論争やそれについての解説をこの真理に従って律しようと思ったのである(5)。

この記述を見る限り、プロテスタンティズムの初期から、古代に成立した「教義」を継承することは議論の余地のないものであったと理解できる。その理由についてはより詳細に追求することも可能であろうが、本書の主旨からは外れるのでここでは取り扱わない。確認しておきたいのは、プロテスタンティズムは教会や教会指導者に独占的な教導権を認めず、教導権によって宣言された教義も存在しないが、そのような「教義」の意味も念頭に置きつつ、独自の意味合いを持って「教義」と呼ぶことのできる信仰命題は、明確であるにしろ、漠然とした内容や形式であるにしろ、ともかく保持していると言えるであろう。したがって、これまで見てきたように、ハルナックらはその個人の研究においても、また他者との間の論争においても、プロテスタンティズムの「教義」について語ったり、かつ少なくとも彼らの前の時代まではそれが確かなものとして存在していたと見做していたと言える。そしてその教義の妥当性、さらには教義の定義そのものといった根本的な問いと取り組んだのがハルナックらであったと言えよう。

そこで以下では、ハルナックにおける教義の定義を問い直す。そのために、ハルナックが最も影響を受けた神学者の一人であるリッチュルの教義に対する観点をまず探ることにする。

3　アルブレヒト・リッチュル

最初にリッチュルについて振り返っておく。アルブレヒト・リッチュルは一八二二年、ベルリンに生まれている。父カール・リッチュル（Carl Benjamin Ritschl, 1783-1858）牧師は、当時プロイセン領邦教会ブランデンブルク管区宗務局員であり、一八二七年にポメルン管区監督に就任している。

リッチュルは一七歳で大学入学資格を得ると、最初は父親の希望に従ってボン大学で哲学を学んでいたが、ここでD・シュトラウス（David Friedrich Strauß, 1808-1874）の『イエスの生涯（*Das Leben Jesu*）』に強く刺激され、シュトラウスが援用したヘーゲル哲学にも影響を受けている。一八四一年からはハレ大学に移り、歴史批評で知られた神学者A・トールック（Friedrich August Gottreu Tholuck, 1799-1877）に学ぶが、学術的には感じ入るところは多くなかったとされる(6)。むしろこのことでリッチュルはますますヘーゲルの影響の強い神学を指向するようになった。一八四四年にテューービンゲン大学に提出した論文「マルキオンの福音とルカの正典的福音（Das Evangelium Marcions und das kanonische Evangelium des Lucas）」によって博士号を取得し、一八四六年には二四歳でボン大学にて大学教授資格試験に合格している。同年からボン大学で私講師として講義を行うようになり、一八五〇年に『古代カトリック教会の成立（*Die Entstehung der altkatholischen Kirche*）(7)』を出版した。同書は基本的にはリッチュルがテューービンゲン時代に師事したF・C・バウア（Ferdinand Christian Baur, 1792-1860）に代表される、いわゆる「後期テューービンゲン学派」、すなわち新約聖書を歴史批評の対象とすることにより、初代教会をペトロを中心としたユダヤ・キリスト教グループと、パウロを中心とした異邦人キリスト教グループの対立図式でとらえることを前提とした手法に依拠しているとされる一方(8)、ヘーゲルの悟性論および弁証法を用いた論法が見られる(9)。これによって独自の歴史研究の手法を確立したリッチュルは、一八五二年にボン大学員外教授、一八五九年には教授となり、一八六四年にゲッティンゲン大学に移り、ここで一八六七年に主著『義認と和解（*Die christliche Lehre von der Rechtfertigung und Versöhnung*）』を著すことになる。

ルター派、改革派の教派神学に対して調停的立場を取るシュライアマハーの線に立ち、さらに、聖書学、教義史、教義学の枠にとらわれないリッチュルの総合体系的な神学のあり方は、特にその特徴が明確に提示された『義認と和解』の出版後、テュービンゲン学派の影響力の減衰と反比例して多くの共感者を生むことになり、これが世に言う「リッチュル学派」を形成することになる。リッチュル学派の一員と目される、あるいは自認する神学者には、リッチュルから学生として直接教えを受けたことのない者も含まれる。たとえば通常、リッチュル学派の代表的人物と目されるW・ヘルマン（Wilhelm Herrmann, 1846-1922）は『義認と和解』を読んでリッチュルに教えを請うようになった時点ですでに博士号を取得した後であり、またハルナックは学生時代にリッチュルの著作を読んでいたとされるものの、実際にリッチュルに面会したのは、ライプツィヒ大学の員外教授になっていた一八七七年であって、学生としてリッチュルの講義を聴いた経験は全くなかった[10]。リッチュル学派はこのようにさまざまな形でリッチュルに共感した神学者たちの総称であり、それぞれの神学研究内容には相当程度の幅も見受けられる。そこで次にリッチュル自身がそもそも教義をどのように理解していたかということを端緒に、ハルナックの「教義」理解へと進むことにする。

4　リッチュル『古代カトリック教会の成立』における「教義」理解

リッチュルの主著は前述のように『義認と和解』であるが、古代教会の教義理解については『古代カトリック教会の成立』で詳細に取り扱われているので、本書ではこれを精査することでリッチュルが「教義」をどのように理解していたかという問題に迫ることとする。

『古代カトリック教会の成立』は、大きく分けて、第一部において、キリスト教がユダヤ教から分離して別の宗教としての基本的教義を持つようになった過程、第二部ではユダヤ教から分離したキリスト教が、ローマ・カトリック教会および東方正教会などに見られるような教会組織と聖職位階制を整備していった過程の二つを論証している。

リッチュルの論証の構造は明解である。第一部では、テュービンゲン学派の前提に従って最初期のキリスト教会をパウロのグループとユダヤ人キリスト者のグループに分ける。パウロのグループで強調された教理は、第一に律法と罪に関する独自の理解、「人間にとって罪は暴力的な力である」[11]ということ、罪は人間を「誘導する者であり、戦うべき相手」[12]であり、罪に対抗するには「律法を十全に行うだけでは不可能」[13]であるということ、すなわち「律法、罪および神の怒りの間の新しい関係」[14]である。第二にパウロの義認の教理が取り扱われる。リッチュルによれば、パウロは「キリストそのものへの信頼に満ちた従順が、神への正しい信仰」[15]であると主張した。ここからキリストの位格の神との同質性、「キリストは神の似姿（Ebenbild, εἰκών）」[16]であり、したがってキリストへの信頼が神によって義とされる義認の信仰となったのは、三位一体論が先に立つ分析判断によるのではなく、キリストへの従順から進展する総合判断としてであるとする。[17]これらがパウロのグループで強調されたのは、パウロの回心体験、すなわち復活のキリストとの直接的出会いによる人生の転換を経験したことにあるとする。[18]復活のキリストに直接出会ったパウロは、聖霊からも直接啓示を受けるようになる。直接出会ったキリストへの従順が、キリストと神との同質性の総合判断へと帰着するならば、聖霊についても同様の帰結がなされたのだとリッチュルは主張する。[19]

それでは最初期のキリスト教会を構成するもう一つの勢力であるユダヤ人キリスト者のグループはどうであろうか。リッチュルはユダヤ人キリスト者のグループ内にさらなる対立図式を描く。それは前述のエビオン派と、ペトロを中心とした使徒たちの対立である。すでに述べたようにエビオン派がユダヤ教の思想をもとに、イエスを「生まれた」存在として認めないと主張したことは、ユダヤ人キリスト者のグループ内に深刻な対立を生み出し、それに対して書かれたのが新約聖書に収録されている「ヤコブの手紙」であるとリッチュルは言う。[20] パウロの律法観とは異なり、ヤコブの手紙は「自由をもたらす律法」の完全性を明確に主張する。[21] ルターの見解に代表されるように、律法を奉じて実践を強調するヤコブの手紙はパウロの信仰理解と対立するものと受け止める見方もあるが、リッチュルはこの見方を否定し、ヤコブの手紙の主張はエビオン派に向けられたものであるとする。その意味では「ヤコブの手紙はユダヤ人キリスト者の文書とは言えない」[22] とさえリッチュルは言う。むしろユダヤ人キリスト者のあり方を否定している意味で、結果的にパウロの路線へ近づき、なおかつパウロの義認の教理と並行してカトリック教会の（善行を肯定する）教義の出発点になったとするのである。[23]

もう一つ、ユダヤ人キリスト者のグループに刺激を与え、正統主義の教義形成を促したものとして、リッチュルは二世紀初頭に登場した預言書とされる「エルカサイ（Elxai, Elchasai）書」の名を挙げる。[24] エピファニオスによれば、エルカサイ書によるキリスト論はエビオン派に近いもの、すなわちキリストは人間以上ではあるが天使的存在であるというものであり、ヒッポリュトスやオリゲネスが伝えるところによれば、エッセネ派のキリスト論すなわち終末時の救世主としてのイメージが濃いものであったとする。[25] リッチュルによれば、終末に力点を置くエルカサイ書の目的は「教義的なものではなく、実践的」[26] なものである。というのは、エルカサイ書では洗礼は罪を浄めるために繰り返し受けられるものとされており、その意味で洗礼は概念的な罪の赦しの手段というよりは、その都度自分が犯した具体的な罪の赦しと、病の癒しの手段であるとされていた。[27] 洗礼は父と子の名によって行われており、父の名は病の癒しのため、子の名は死に至る罪の赦しのためであった。[28] 自分の罪を赦してもらうために繰り返し洗礼を受けるという考え方は、リッチュルによれば、それまでの一年間に犯した自分の罪を赦してもらうために神殿に犠牲を献げていたユダヤ人の考え方に重なるものである。[29]

これに加えて、同時代の異説のモンタノス派の存在をリッチュルは指摘する。[30] モンタノス派もエルカサイ書のように「新たな」預言を説き、その内容は「教義的なものではなく、道徳的で規律的」[31]なものであった。他方でリッチュルはテルトゥリアヌスがグノーシス主義とモンタノス派を基本的に同じ基盤に立っていると見ていたことに同意する。[32]グノーシス主義のように秘儀を重視することや、モンタノス派のように新たな預言をし、道徳的な行動を取ることは教義そのものではないが、少なくともそれを裏付ける教義の形成が同時進行していると見るべきだからである。[33]つまり、ユダヤ人キリスト者のグループに見られたエルカサイ的な実践主義あるいはモンタノス的な道徳主義を斥けるために、原始キリスト教会は「教義」を確立する必要に迫られたとリッチュルは主張するのである。[34]

このように、パウロのグループとユダヤ人キリスト者のグループがそれぞれ相当程度異なる歩みをなしていたとするならば、「同じ」使徒的教会といえども、そもそも模範とする使徒が異なれば、信徒の理解するキリスト教教義が斉一的とは言えなくなるのは当然である。特にパウロのグループの中で、ユダヤ教という基盤を持たない異邦人キリスト者の場合、使徒たちの教説の共通項をもって教義とするならば、それはある意味で表層的なものになったとしても不思議ではない。[35]使徒たちの次の世代に移行した際に、彼らはユダヤ教に立脚することなく、この表層的な教義こそが彼らの教義のすべてとなる。したがってリッチュルは「カトリック的傾向とは……使徒的教説の真ん中をとった平均値が行き着いた、異邦人キリスト者の教義なのである」[36]とする。ユダヤ人キリスト者グループでは、エルカサイ的あるいはモンタノス的な道徳主義はユダヤ教の犠牲の思想と重ねられ過ぎていたために斥けられたが、異邦人キリスト者においてはそのような議論は生じ得ない。したがってパウロに端を発し、ローマのクレメンス（Clemens Romanus, ?-89/97）やポリュカルポス（Πολύκαρπος, 69?-155?）によって展開された教義の基本理念は、ユダヤ教を基盤としない異邦人たちの根本直観に基づいているため、「キリスト教的道徳律法」として理解し得る形式へと展開したとする。[37]

この「律法」的なキリスト教のあり方をさらに推し進めたのがエイレナイオス、テルトゥリアヌス、アレクサ

一般に彼らのような古代教父は、使徒的信仰とは異なるグノーシス主義と闘った教父として知られているが、別の角度から見れば、彼らもまた使徒的信仰とは異なる異邦人的な直観に基づいてカトリック的教会の立場の基礎を築いた教会指導者であるとリッチュルは主張する。[39] 彼らがグノーシス主義的キリスト教理解を斥けたのは事実であるが、同時に彼らはユダヤ教的キリスト教のあり方も全面的に斥けて、特に「信仰の基準（Glaubensregel）」をキリスト教信仰の基礎の一つにした点で、使徒たちの直観形式との差異を生じていることは否めないからである。[40] なぜならば、リッチュルによれば、ヘブライ語聖書に示された神信仰とは、イスラエルの民族主義的な選民意識に基づく唯一の神への信仰であって、神学的な教義に基づいているものではない。[41] しかしキリスト教は民族主義的側面を持たない霊的宗教として、神学、すなわち宗教的知性に取り組んでいるところがユダヤ教と決定的に異なっており、「信仰の基準」こそがその差異の現れであるとする。[42]

さらにリッチュルはアウグスティヌスによって確立されたサクラメントの概念、特に洗礼、聖餐、告解の三つに関する概念を挙げ、これによってサクラメントに表現される神の恵みと人間的道徳の二つの柱からなるカトリック教義のあり方が成立したと考える。[43]

加えて、リッチュルがカトリックの特徴的教義と見做すのは司教制（Episkopat）である。キリスト教会の歴史における制度展開の結果として司教制をとらえることもできるが、リッチュルはエイレナイオスが司教制の権威を使徒制（Apostolat）と同一視する教説を主張している点に注目する。[44] ある教会が使徒によって創建され、その教会の司教職が連綿と継承されているというのは、ある意味ではその各個教会の歴史的経緯にすぎないと言うこともできる。しかしエイレナイオスは司教職の継承とは「真のカリスマ（charisma veritatis）」の継承と不可分であるとした。[45] つまり司教制とは「歴史的であるのと同時に教義的な理論」であるということになる。[46] このことはイグナティオスの書簡において顕著に見られる。「監督の意向に一致するのがよろしい[47]」「監督に逆らわぬよう努めましょう。それは私達が神に従順であるためなのです[48]」「ちょうどイエス・キリストが父に対するように、監督に従いなさい[49]」等の文言を、リッチュルは「教会における神の代理人としての司教[50]」という教義の主張であるとし、司教への従順とは道徳的な意味ではなく、これら司教制の教義的特質に基礎づけられるものであるとするのである。[51]

以上の考察から、リッチュルは次のように結論づける。

古代カトリック教会とは使徒たちによって設立されたものではなく、その組織構造（Verfassung）そのものである。人間の神に対する宗教的関係性に関わる、その教義的な基本的直観は使徒たちが示した諸規範（Normen）から逸脱している。キリスト教の宗教的規範の価値は、その政治形態によって早くもノウァティアヌス派の人々との抗争において損なわれた。[52]しかしながら、この逸脱は真理からの恣意的な離反にほかならないと誹るべきものではない。それは明らかに、旧約聖書に根を持つキリスト教的理念を異邦人キリスト者が概念形成をする過程で誤解したことに由来し、また異端的セクトと世俗界からの迫害に対抗しつつ、神権政治（Theokratie）の政治形態を形成しなければならなかった当時の教会の必要性に由来しているのである。[53]

5　リッチュルの「教義」理解および「教義」に関するカトリシズム理解

G・リューデマン（Gerd Lüdemann, 1946-）の指摘によれば、リッチュルはバウアの線に立ちつつも、「ユダヤ人キリスト教的（judenchristlich）」と「ユダヤ教的（judaistisch）」とを区別しており、キリスト教におけるユダヤ的影響を認めつつも、ユダヤ教とキリスト教のアイデンティティは同一ではないという立場を提示しているという。[54]結論としてリッチュルは異邦人キリスト者を使徒的ではないとして斥けるが、リッチュルは同時にユダヤ人キリスト者も一概に使徒的権威を受け継ぐものとは見做せないとしているとリューデマンは言う。[55] ヒエロニムスが記録しているとおり、ユダヤ人キリスト教にはナザレ派と呼ばれる、エビオン派とも区別される分派があったとされる。[56] ユダヤ人キリスト者は主な拠点をエルサレムとしていたため、ローマによるエルサレム神殿破壊後に四散したが、ナザレ派はユダヤ教としての神殿再建と犠牲奉献の復興を理想としており、その思想はヘブライ人への手紙に見られるとするほか、一般に旧約偽典とされる『十二族長の遺言』はナザレ派の文書であると推定している。[57] したがってリッチュルの結論は端的に言えば「異邦人キリスト教がカトリック教会の成立に責任を負っている[58]」ということになり、カトリックの教義とは異邦人キリスト者のグループで形成された教義ということになる。

他方で、リッチュルにおける「教義（Dogma）」の語義について、これまでの分析をもとに検討する必要がある。第一に、ユダヤ人キリスト教の間における論争において、リッチュルは道徳主義および実践主義を斥けるカトリック教義を措定している。第二に、異邦人キリスト教においては、キリスト教的律法主義、すなわち信仰の基準を教義の一つと位置づける。第三に、サクラメントの確立もまた教義であるとする。第四に、司教制を教義に数えている。

しかし、少なくともカトリシズムの実態を見ると、リッチュルの分析の妥当性を判断することには慎重を要すると言わなければならない。そこでこれら四つの事柄を、おもにカトリシズムの観点から批評してみることにする。

第一に、ペラギウス主義における厳格な道徳や禁欲の奨励のような、行き過ぎた道徳主義が斥けられるべきであることは改めて説明するまでもないが、その教義的基盤において、これらの古代キリスト教においての異端とされた諸説と、カトリシズムとが明瞭に異なっているかどうかを判断するのは簡単ではない。現代においても、

『カトリック教会のカテキズム』では、このことを次のように規定している。

自由は人間を倫理的主体とします。熟考の上で何かを行うならば、人間はいわば自分の行為の生みの親（pater suorum actuum）となります。[59]

人間は熟考した上で行動しながら、至福に至ることができます。[60]

当然のことであるが『カトリック教会のカテキズム』では、人間は人間の自助努力のみによって自分を救済することができると規定しているわけでは全くなく、自由意志論や救済論に関して丁寧な解説が施され、正しい倫理的判断は独り人間の能力で下せるものではないとしている。[61] しかし、道徳（この場合は倫理とほぼ同義と見做してよいであろう）とその行動を奨励する点に関して言えば、これを「道徳主義ではなく、全く別の教義である」と言い切るのは難しいと言わなければならない。

第二に、信仰の基準を古代カトリックの特徴的教義の一つとすることに関してである。W・バイナート（Wolfgang Beinert, 1933-）によれば、信仰の基準がエイレナイオスによって提唱されたとき、新約聖書の正典的権威は未だ確立しておらず、信仰の基準の権威の拠り所とは教会が保持している使徒のケリュグマであった。[62] その内容とは、当時の教会共同体において用いられていた信仰告白、生活規律、使徒によるとされる神の言葉などの総体であった。[63] バイナートは、異端との対立において洗礼の様式と教理体系の確立の必要に迫られた結果、この信仰の基準が信条と教義の形成に刺激を与えたとしている。[64] また、カトリックにおいて聖書の権威と並ぶものとして使徒伝承（Apostolische Tradition）が挙げられるが、この使徒伝承を規定したのもバイナートによれば信仰の基準である。[65] 二一世紀になってからの意見表明になってしまうが、今日のローマ・カトリック教会では使徒伝承と教義の関係を「教義は生き続ける使徒伝承に属しています（Dogmas belong to the living and ongoing Apostolic Tradition）」[66]としている。つまり、ローマ・カトリック教会の自己理解においては、信仰の基準が最上位の包括概念であり、信仰の基準によって正典すなわち聖書と使徒伝承が規定され、さらにその使徒伝承の中に教義が含まれるという構造になっている。この使徒伝承と教義との関係性の理解は、リッチュルのそれとはかなり異なっていると言わなければならない。

第三に、サクラメントを道徳と並ぶローマ・カトリック教会の教義の二つの柱の一つとする位置づけにも、一考の余地がある。『カトリック教会のカテキズム』は、サクラメントの解説に関する部分の冒頭で次のように述べている。

> 聖霊降臨の日、聖霊を注がれた教会は世に姿を現しました。聖霊が与えられたことで、「神秘の分配（dispensatio mysterii）」の新しい時代が始まります。……キリストはこの教会の時代の間、ずっと、ご自分の教会の中で、また教会とともに、この新しい時代に固有な新しい方法で生き、働かれます。すなわち、諸秘跡を通して働かれるのです。これが、東方教会と西方教会が「秘跡による救いの営み（Oeconomiam sacramentalem）」と呼ぶところのものです。それは教会の「秘跡の」典礼の執行に際してキリストの過越の神秘の実りを分け与えること（あるいは分配すること）によって行われます。……こうして、典礼の本性とその本質的な面とがより明らかにされるでしょう。[67]

この解説を読む限り、サクラメントはそのギリシャ語の語源である「神秘」すなわちミュステリオン

（μυστήριον）としての意義が強調され、典礼の頂点であるとされている。後世に確立する実体変化説のような学説以前の前提として、キリスト教信仰におけるサクラメントの位置づけがここに表明されていると見るのが適切であろう。東方教会のサクラメント理解にも言及し、その共通性を中心に据えていることからして、古代教会時代から受け継がれているサクラメント理解をここでローマ・カトリック教会が言い表していると理解できる。他方で、教皇庁教理省国際神学委員会による『今日のカトリック神学——展望・原理・基準』によれば、教会の信仰を見出すことのできる「キリストのからだ（the body of Christ）」の諸要素として「聖書（the Scriptures）、典礼（the liturgy）、信条（creeds）、教義（dogmas）、カテキズム（catechisms）、『信仰者の感覚（the „sensus fidelium“）』[68]」の六つが挙げられるとする。ここでの「教義」とは、英文テキストにおいて聖書、典礼、「信仰者の感覚」の三つが定冠詞つきであるのに対し、定冠詞のない複数形であることから、確個たる唯一の教義あるいは教義の総体というよりは、公式な教理や教説全般という程度の意味と受け取るのが適当であると考えられる。つまり、教義とはある意味では典礼、聖書、信条など、少なくとも同等とされるものが六つあるもののうちの一つであるという理解もできるということである。この「教義」理解と、サクラメントを典礼と緊密に結びついた神秘とする見方とを重ね合わせるならば、サクラメントを道徳と並ぶカトリック教会の教義の二つの柱の一つとするリッチュルの「教義」理解は、相当程度観点が異なると考えるべきである。

第四に、司教制を教義とする見方である。ローマ・カトリック教会の自己理解によれば、司教と司祭は「頭であるキリストの代理者（persona Christi Capitis）」として「聖なる権限（sacram potestantem）」を行使する存在であると規定されている[69]。その一方で、彼らの任務は次の三つであるとされる。すなわち、「教える任務（Munus Docendi）」、「聖化する任務（Munus Sanctificandi）」、「統治する任務（Munus Regendi）」である[70]。「教える任務」とは、単に知識を伝達するということに留まらず、すでに述べた「教導権（Magisterium）」の行使という意味を持つ[71]。

この教導権の行使には「不可謬の教義決定（definitionem perveniant infallibilem）」が含まれる。[72] 第一バチカン公会議中に決定された、いわゆる教皇不可謬説には今なお議論があるが、公式にはローマ・カトリック教会の教義宣言の不可謬性は独り教皇にのみ認められているのではなく、「司教団体の中にも存在して……とくに公会議において行使されます」と明言されている。[73] その意味では公会議における教義決定の不可謬性は、従前より認められてきたと考えて差し支えないであろう。不可謬性とまで認識しないとしても、少なくとも教義は教会指導者による会議によって決定されるという方向性は、使徒言行録における「エルサレムの使徒会議」[74] に端を発していることは認められる。リッチュルが、使徒制と司教制を重ねることに疑義を呈していることを考慮したとしても、教会の指導体制あるいは会議制度が教義を決定する、つまり教義は組織としての教会によって決定されるという順序を覆すことはできない。したがって、司教制を使徒制に重ねるという事柄は教義に属すると言えるが、それに先行して教導権を行使して教義を決定するために成立していなければならない司教制が教義であるとするのは、この意味で矛盾ではないかという疑問を生じることになる。

オーストは、リッチュルよりちょうど二〇歳年長の神学者であるG・トマジウス（Gottfried Thomasius, 1802-1875）が『一致信条書』の成立過程をルター派の教理概念の「教義」の歴史ととらえたことと比較した場合、リッチュルが四世紀から五世紀にかけての古代カトリック教会の成立史において言及している「教義」とは、むしろ「神学」と本質的に同義語として解釈するべきであるとする。[75] すでに見てきたように、リッチュルにおいてローマ・カトリック教会の成立とは、ローマ・カトリック教会の組織構造の成立なのであり、ローマ・カトリックの組織構造を成立せしめているものこそがリッチュルにおけるローマ・カトリック教会の「教義」なのである。その一方でリッチュルは、カール・バルトが評するところによれば、後に『義認と和解』および『キリスト教綱要（*Unterricht in der christlichen Religion*）』において真のキリスト教とは「世界観であり道徳であるが、いかなる仕方でも神との直接的な関係ではない」とし、敬虔主義や再洗礼派と同列にカトリシズムを置いて「一撃のもとに片づけ」たとする。[76] つまり、リッチュルはカトリシズムの核心の一つに「神との直接的な関係」を求めることがあると見ていたことになる。ただし、このような理解は一般に「教義」の問題というよりも「霊性」の問題と考える方が適切かもしれない。他方で、真のキリスト教は本質的に道徳であり、カトリシズムはある意味でそうではないという理解は『古代カトリック教会の成立』以来、一貫していると見ることができる。要するに、リッチュルは古代における「教義」の形成という問題を「歴史における組織の成立」という事柄に還元し、いわゆる「教義」がキリスト教の本質的部分を成すのではないという提案をしたと言える。

リッチュルのこの考えは、いわゆるリッチュル学派の研究者たちにそのまま受け継がれたとは言い難い。リッチュルの女婿でもあるヴァイスが、リッチュルの死から三年後に『神の国についてのイエスの説教（*Die Predigt Jesu vom Reiche Gottes*）』[77] を著して、いち早く終末論という教義的命題を取り上げたのは象徴的である。そしてハルナックもまた『教義史教本』によって、「教義」に関する独自の理解を展開していくことになるのである。

第12章　教義、信条、信仰告白

1　『教義史教本』における教義の定義

ハルナックの主著『教義史教本』は、イエス・キリストの福音に関する考察から主として宗教改革期までの教義の歴史を網羅した、全三巻、二三〇〇頁あまりにわたる大著である。一八八六年に第一巻の初版が公刊され、第三巻が完結したのは一八九〇年だが、同書は題名はそのままに、何度か改訂を重ねているため、現在定本となっているのは第一巻は一九〇九年、第二巻と第三巻は一九一〇年の第四版である。同書は今日に至ってもなお教義史研究の古典として高い評価を受けている。(1)

同書はキリスト教教義の歴史的成立を述べるにあたって、教父時代から今日に至るまで膨大な一次文献の引用が駆使されており、脚注・引用部分が本文よりも頁中の領域を多く占めていることも稀ではない。(2)その意味で同書は極めて緻密な学術書であると言える。

その一方で、同書はただ単に歴史上の神学者たちの意見を羅列しているだけの年代記ではない。あらゆる歴史書にすべて言える周知の事実であるが、歴史書はたとえ過去の資料が編まれているだけのような体裁だったとしても、一定の史観に基づく著者の意見の反映である。『教義史教本』において最もよく知られており、なおかつ議論の対象となってきたハルナックの意見表明は次の一文である。

イエス・キリストは何も新しい教説はもたらさなかった。そうではなくて彼は神とともにある聖なる生涯、神の前にあるそのペルソナを示したのである。そしてイエス・キリストはその命の力において兄弟たちに自ら奉仕した。兄弟たちが神の国のためにそうするようになるためである。つまり、エゴイズム、拝金主義、この世の心配事から離れて神に仕えるようになるために、また愛のない状態から愛の絆のある状態へと向かい、永遠の国と永遠の生命に備えるようになるためである[3]。

ここには後の『キリスト教の本質』でも指摘されたのと同じように、ハルナックの思想的前提を読み取ることができる。その意味で『教義史教本』は教義史研究の金字塔であると同時に、ハルナックの思想が語られている神学書でもある[4]。そこで本節では、特に『教義史教本』の序論に定義されたハルナックの「教義」理解について考察を深めることにする。

さて、ハルナックは同書の冒頭で次のように述べている。

教会の教義とは概念的に定式化された、かつ学術的および護教的な論述に刻み込まれたキリスト教の教説である。それは神、世界、そしてキリストによって明らかにされた救済の認識を含んでおり、キリスト教の客観的内容を描き出すものである。それはキリスト教会において聖書の内容（あるいは伝承）に含まれるものがそれに相当し、書き改められた真実ある信仰の抵当（Depositum fidei）であり、その正当性はキリスト教によって確立された至福（Seligkeit）の前提条件であると期待されるものである[5]。

他方でハルナックは、教義と教義ではないものとの区別を次のように規定している。

概念的に定式化されたものは教義の本質に属する。それに対して、現実的に、あるいは習慣的また歴史的な事実で教義のように見做されるものや、そうしたもので教義とされているものは、教義の本質に属するものとは言わない。(6)

その上でハルナックは、厳密に区別された教義と教義ではないものとの歴史を語る課題は二つあるという。一つ目は教義の成立であり、二つ目は教義の発展（もしくは変遷）である。(7) 同時に、教義の成立と発展とは截然と区別できるものではない。そもそもイエス・キリストへの信仰は一神教であるユダヤ教を基盤としており、イエス・キリストへの信仰がユダヤ教からの発展なのか、それともユダヤ教を基盤としながらも独自に成立したものなのか、それだけでも議論の余地がある。(8) 他方でいわゆる古代教義の発展は第七回目の公会議（第二ニカイア公会議、七八七年）で一つの区切りが付けられたことには異論の余地は少ないであろう。実際のところ、東方教会はそれ以後、今日に至るまで公会議（全地公会）を開催せず、公会議決定に比肩するような教義を付加していない。対して西方教会、特にローマ・カトリック教会はその後も公会議を開催して教義決定を行っており、たとえば既に取り上げたところの、一八七〇年に第一バチカン公会議において採択された教皇不可謬説はその代表的なものであり、ハルナックはこれを前述の「教義」の定義に合致するものとして挙げている。(9)

ここで問題になるのは、それでは教義とは特定の時代の合意事項なのか、時代に左右されない絶対的な統一性を持ったものなのかということである。第七公会議以降、新たな教義を認めていない東方教会に関して言えば、後者寄りの姿勢が見られる。西方教会における教義のあり方は前者の傾向が見られると言ってよい。しかしながらこの西方教会における教義の歴史は、単なる教義の「進歩」の歴史ではないとし、かといって時代によって教義の構造が異なるだけであるという観点もハルナックは斥ける。(10) ハルナックによれば、アウグスティヌスにしろ、ルターにしろ、教義を根底から変えてしまったわけではなく、展開と再構築とを複雑に行ったことに彼らの意義がある。[11]その表現形式の一つが神学にほかならない。神学はその時代の習慣（Regel）に適応して表現される。この場合、教義とは教会の信仰理解そのものであり、神学にとっては単なる模範（Exponent）であるにとどまらず、神学の基礎そのものとなる。[12]つまり、神学は教会の枠組みの中で、教義の定式によって形づくられることになる。[13]

つまり、教義とは教会の枠組み、神学との関係という複雑さの中で考察されなければならない。この点に関してハルナックは、先行するバウアが、教義史を六つの時代に区分して、これを単純に教義の統一過程と見做したこと、T・クリーフォト（Theodor Kliefoth, 1810-1895）がローマ・カトリック教会の教義史を中心に据え、東方教会を部分的なものとしか見做さなかったことを不適切であるとして斥ける。[14]実際のところ、それぞれの時代を代表するような護教家、教父、神学者たちというのは、それが適切であるかどうかは別として、教会の教義から逸脱しているのではないかという嫌疑を受けたことがあり、繰り返し変更すべきところは変更して（mutatis mutandis）神学の営みを行ってきたのは、オリゲネスやアウグスティヌスに限らず、プロテスタンティズムにおけるメランヒトンやシュライアマハーも同じであるとハルナックは言う。[15]つまり、教義と神学の緊張関係に関しては、程度の差はあるものの、ローマ・カトリックにおいてもプロテスタントにおいても基本的に大きな違いはないということになる。

リッチュルも指摘しているところであるが、そもそも教義とは単なる信仰箇条の羅列に留まるものではなく、儀式、制度、理想とされる生き方の実践などにも依拠しているものである。[16]その意味でも、教義が密接に関連する裾野の方が幅広いものであり、神学と教義の関係を単純化することは不適切であると言わなければならないであろう。教義の成立と発展に神学が寄与しているのは事実であるが、教義とは単なる神学の産物ではないのである。[17]したがって教義というものを神学と比較した場合、頑ななまでの強靱さ（Tenazität）をもった不動のものであることを認識することは、ローマ・カトリックのみならず、プロテスタントの教義史、たとえばアウグスティヌスとルターに関する視点においても重要なことなのである。[18]

ここまでで明らかになったように教義に密接に関連する要素は決して少なくない。歴史家としての視点から、ハルナックは、キリスト教教理が目指す宗教の頂点（finis religionis）として最も重要なものは救済であり、これを確かなものとして定めることが、すなわち教義の内的論理であるとする。[19] これはハルナックによれば以下の一〇項目に分析される。一、正典に含まれる概念と神の言葉、二、教会の初期におけるそれぞれのエポックに由来し、しばしばその成立が明らかではない教理的伝承、三、儀式と制度が要請する事柄、四、すでに力を持っている教説と（別の教説を）調整させようとする取り組み、五、政治的および社会的情勢、六、常に変化するところの、道徳的に見て理想的な人生のあり方、七、ある別の考え方の枠組みによって、教義をいわゆる論理的に帰結させること、別言すれば観念的類比として扱うこと、八、教会内における異なる方向性や反対意見の調整努力、九、誤った理解の教説を明確に拒絶すること、一〇、無批判に行われている慣習の聖なる力、の一〇項目である。[20]

2　教義と信仰の関係

しかしハルナックは、このような分析と歴史学的方法論だけでは教義を解明することは不充分であると言う。従来、教義は教会と信仰の必要性から概念化されたものとして考えられてきたが、[21] ハルナックは別の見方を提案する。

「教義がなぜ発生したのかは、教義自身が明らかにしてくれる」ということですべてを説明しようとする方法論は、不充分なものとして放棄しなければならない。人には人の内的論理と歴史があるので、生きている人の数だけ教義があるのだ。[22]

つまりハルナックは、古代であろうと近代であろうと「教義」とは実は単一の教説を指し示しておらず、理論的な法制度、道徳的基準、政治的指針なども含んでいることを理解すべきだとする。[23]では教義を教義たらしめているものは何か、という問いに対し、ハルナックは、教義とはすべからく「権威」を有している点に、教義が教義であることの基本理念の一つがあることを指摘する。[24]すなわち、教団（Gesellschaft）によって認められたものしか教義とは呼べないのであって、これはたとえば普遍救済説（Apocatastasis）や無化（Kenosis）の教説がどれほど広く受け入れられようとも、教会会議で採択されない限り、それは教義とは呼べない。[25]しかしそれ以外にも教義に必要な条件があるとすれば、それは次の二つであるとハルナックは言う。一つは、神、この世、神聖史（hl. Geschichte）の認識としてキリスト教内ですでに確個として形成されている統一見解（たとえば「キリスト」の存在そのもの）であること、二つめは、キリスト教の歴史においてある一定の段階に達していることである。[26]実はこの条件は、古代ギリシャの哲学の学派における思想形成の過程に非常に近い。しかしギリシャの哲学の学派での思想形成は、学派内の議論によって発展し、知的な営為として作り上げられるものであったのに対し、キリスト教の教義は開かれた議論によって、かつ単なる知的営為ではなく、神の意志により、徳として与えられ、神の照らしのもとで正しいとされたものであるとされていることであるとする。[27]他方でこのように教義の条件を措定するならば、教義を持つキリスト教とは、発展的な歴史を通じて一定の段階に達したものであるということになるであろう。[28]すなわち、神認識と世界観に関する宗教的使信は、ほどなくして教説と化す。[29]キリスト教に関して言えば、それは単純にパウロによる福音の知的理解に帰せられるのではなく、より後世に確立された教義だけがその原因とも言えない。[30]ここからハルナックは、教義というものをさらに次のとおり定義する。

教義とは、パウロの構想と、彼による拡充に基づいて、福音という基礎の上に作り上げられたギリシャ的精神の産物である……この概念的な手段によって、古代においては福音を知的に理解しようと試みたわけであるが、そのために福音の内容は融解し、教義へと止揚されたのである[31]。

これがいわゆる「福音のギリシャ化（Hellenisierung）」であるが、注意しなければならないのは、ハルナックはここで決して福音が全くもってギリシャ哲学と化してしまい、宗教的な側面を失ってしまったとまで言っているわけではないことである。ハルナックはこの定義に続けて「キリスト教の基礎はその霊的特質にあり、それはあらゆる時代に学術的護教論の対象であった[32]」とも述べている。狭い意味での教義、すなわち古代教義の成立までの教義はここまでの定義で示される。広義での教義は、その後の「発展」を経ることになるのである。

3　カトリシズムの「教義」

このように、ハルナックはリッチュルらの先行する神学者の見解とは相当程度異なる「教義」理解を提示している。そしてそこから一歩踏み込んだ形で、カトリシズムとプロテスタンティズムでは「教義」の理解に相違があることを示している。ルター派に立脚した神学者であるハルナックが、カトリシズムにおける「教義」理解や、改革派も含めた包括的なプロテスタンティズムの「教義」理解について語る場合は、それぞれ対象となる立場からの異論が当然予想されるが、そのことも念頭に置きつつ、ハルナックにおけるカトリシズムとプロテスタンティズムとの「教義」の概念の相違を明らかにする。

ハルナックによれば、ローマ・カトリック教会はすでに述べたハルナックによる教義の定義、すなわち組織による手続きを経て定式化された教義こそ、自分たちのアイデンティティとして位置づけていると言う[33]。つまり東方教会が第七公会議をもって教義は「成立」し、教義の「発展」などないとしているのに対し、ローマ・カトリック教会はその後もおよそ一五〇〇年にわたって教義を「発展」させてきたのは「事実」と言えるであろう。ただし、ローマ・カトリック教会の自己認識としては、古代の教義を改変することも改廃することも、あるいは「新しい」教義を付け加えることもしておらず、あくまで古代教義の枠組みの中で「新しい」教義を「発展」させているにすぎないとする。[34] その意味で、ハルナックは、教義史を考察する際には単に成立史を見るだけではなく、現在も続いている発展史をも視野に入れるべきであると主張する。[35] 後述するように、プロテスタントにはローマ・カトリック教会の公会議に相当する教義宣言を行う権威を持った教会会議もなければ、ローマ教皇に比肩するような教義に関する権威を持った地位も存在しない。[36] つまり、プロテスタンティズムは宗教改革期の教義の「成立史」は持っているが、その後の教義の「発展史」についてはローマ・カトリック教会と単純に比較することができない。その意味で、当時いわゆる「トリエント体制」と教皇不可謬説を確立していたローマ・カトリック教会を、教義の「発展史」を持つという指摘によって特徴づけたことは、妥当な見解と言えるであろう。

4　プロテスタンティズムの「教義」

ハルナックは、ルター派だけでなく、改革派も含め、プロテスタンティズムには、ローマ・カトリックから継承した信仰「教理」(Glaubenslehre)と、イエスを宣教するというパウロの福音から導出される「原理」(Princip)が併存していることを指摘する。[37] これはリッチュルが先行して唱えている、特にルター派に関する指摘であるが、ハルナックはこれに改革派もまた含まれることを特記している。[38] というのは、宗教改革期の時点で、当時のローマ・カトリック教会からの決別を表明した一方で、ルター派のみならず、改革派もまたいわゆる古代信条を継承しており、そのことは古代カトリック教会の教義を継承したと見做し得るからである。[39] したがって、ハルナックはルター派、改革派の教義概念について次のように述べる。

もしも既存の教義概念、つまりよく言われるように、和協信条で、あるいはドルトレヒト教会会議で教義は確立したのだという考えを至高のものとしているとしたら、それはもはや通用しない。しかし他方で、さまざまな教義は時代の経過とともに止揚されてきたと主張することもできない。なぜなら、いくつかのプロテスタント領邦教会あるいは自由教会を見てみると、教義というものがあまりに軽視されていたり、今後、教義をどう扱うかがあまりに不透明だったりして、教義とは何かと問うことさえできないこともある。そうすると、権威を置かれるものとして、一六世紀以来の教会の伝統はもとより、それに加えて古代教会からの伝承もまた力を失うことになる。[40]

繰り返すが、ハルナックによれば、教義とは教会組織において定式化されたキリスト教の教説のことである。その意味ではプロテスタンティズムにもさまざまな教義が存在することになる。[41] ただし、それは少なくともハルナックの時代に漠然と考えられていたように、ルター派の「教義」とは、和協信条をもって一応の確立がなされたと見做すこと、すなわち『一致信条書』こそがルター派の教義の完成であるとする見方[42]、あるいはドルトレヒト教会会議、つまり改革派におけるおそらく最も重要な、改革派の基本的な教説に関する論争の決着をもって改革派の基本的な教義は完成したのだとする見方は、実はそれぞれの教派の「教義」の一部しか見ておらず、両派とも古代の教義、すなわち第七回目の公会議までに確立した「教義」に多くの部分を負っているということをハルナックは強調しているのである。

他方で、ハルナックはプロテスタンティズムにおける古代の教義の位相について、次の三点を指摘する。第一に、プロテスタンティズムにおける古代信条は、伝承の総体としてではなく、個別にその価値があるものとして扱われているということ、第二に、古代の教義に関する事情（Bewandtnis）が、そもそもプロテスタント教会においては、ローマ・カトリック教会とは異なること、第三に、プロテスタント神学の歴史には分裂しているとしか言いようのない二つの時代、すなわちプロテスタンティズムそのものについて未だカトリシズムと錯綜しつつプロテスタンティズムが成立しようとしていた宗教改革時代と、その後の発展期とがあることである。[43]

重要なのは三点目である。プロテスタント教義の成立に関しては、ハルナックも認めているとおり、O・リッチュル（Otto Ritschl, 1860-1944）、F・ローフス（Friedrich Loofs, 1858-1928）、ゼーベルクなどが先行してさまざまな指摘を行っている。[44] ハルナックの独自性は、プロテスタント教義の成立期と発展期を分け、これを古代のカトリック教義の成立期と発展期の歴史的進展の有り様に重ね合わせて考察しようとしたことにある。ハルナックはさらに西方教会の教義の歴史を大局的に分別し、四世紀までの古代教会が、信条と使徒伝承によって教義をまとめようとした基礎段階、それに続く時代においてアウグスティヌスに代表される神学者たちが、神学とキリスト論としての教説を展開した発展段階、そして宗教改革によってローマ・カトリック教会は従来の神学的路線をトリエント体制という形で完成させ、一方でプロテスタントはパウロとアウグスティヌスの神学に基礎を置きつつ、教会的伝承とそれに関連する教義には修正を行った新観点の段階というように、西方教会の教義の歴史を三段階にまとめる。[45]

しかしながら、この教義の定式化の基礎段階以前、すなわち原ニカイア信条の採択された第一ニカイア公会議（三二五年）以前にキリスト教信仰は存在しなかったというのは実態に反している。これをプロテスタンティズムにおいて考えた場合、和協信条（一五八〇年）の成立以前、あるいは『一致信条書』に収録されている、古代三信条を除く最も古い文書である大・小教理問答（一五二九年）以前にはプロテスタンティズムというものは存在しなかったと言うのは妥当とは言い難い。第一ニカイア公会議以前のキリスト教を原始キリスト教と呼ぶように、プロテスタンティズムにおいても、後に教義文書として認識されるものが著される以前から「原プロテスタンティズム」とでも呼ぶべきものがあるはずだとハルナックは言う[46]。そしてその信仰が教会によって自己認識されたものが教義であるとする[47]。つまりプロテスタンティズムもその成立期、成立史に関しては、ある意味で古代カトリックに重なる様相を有するということになるであろう。

それではプロテスタンティズムの発展史についてはどうであろうか。先に述べたように、教会組織のあり方や教会権威の認識の相違により、ローマ・カトリック教会と全く同じ意味での教義の発展史はプロテスタントにはないということになる。しかしすでに見てきたように、プロテスタンティズムにおいても、古代の教義がなお力（Macht）と権威を有しているという点は認めなければならない[48]。ハルナックによれば、義認の教理よりも四世紀から五世紀にかけて成立した古代の教義の方が広く今日のプロテスタント教会で価値あるものとされていると言う[49]。これはプロテスタンティズムの成立段階を見れば首肯できる。宗教改革期に古代信条とアウグスティヌスがプロテスタンティズムの基本的教義として据えられたことを否定することはできない。その後にプロテスタントの教義の「発展史」があったとしても、それはこの枠組みの中で行われたものであったとするならば、ハルナックの指摘は妥当なものであると言わなければならない。むしろローマ・カトリック教会のような「発展史」がなかったとするのであれば、古代信条とアウグスティヌスへの比重をより大きなものとして認めなければならない。すなわち、プロテスタンティズムにおいてもそのような意味での権威ある「教義」が存在する、という結論に至ることになるのである。

5　ハルナックにおけるルターの信条および信仰告白理解

ある意味で当然ではあるが、ハルナックはプロテスタンティズムの信仰告白の源流をルターに求める。ハルナックは当時の定説に従い、プロテスタンティズムの出発点は、修道士となった青年ルターの修道院における魂の内面的葛藤、すなわち聖なる神への畏怖と自らの罪の自覚へのおののきにあるとする[50]。周知の事実であるが、ルターはこの時期、罪の自覚に対する告解の秘跡のあり方に深い逡巡を抱えていた。これが後にニカイア・コンスタンティノポリス信条あるいは使徒信条における「罪のゆるしを信じる」への関心へとつながり、さらにローマの信徒への手紙によって信仰義認を見出すことになったとハルナックは分析する[51]。すなわち、ルターの信仰とは「罪のゆるしの確信と、それにより、人を造り変え、新たにするイエス・キリストの父なる神に人格的かつ恒常的に献身すること」であり、これこそが彼の信仰の核心であるとされる[52]。他方でルターの信仰告白は全体的に見ると、教会論に及ぶに至って中世的なあり方を含むものへと還元している部分があるとハルナックは言う[53]。いわゆる「聖徒の交わり（communio sanctorum）」をルターは「聖なる者の共同体（Die Gemeinschaft der Heiligen）」と理解した。すなわち、神の言葉を通して聖霊によって呼び集められた、キリストを信じる者たちの集まりが教会であるとの理解である[54]。しかし同時に、ルターはアウグスティヌスの「見える教会」および「見えざる教会」の理解を受け継いだため、ルターの教会論そのものにおいては矛盾はないものの、先に述べたルターの信仰の核心と教会論との間には微妙な齟齬が生じたとハルナックは指摘している[55]。

ハルナックは、基本的にルターのキリスト教理解とはルター個人の経験から出発した、神の言葉すなわち福音、その人物的体現者であるイエス・キリストへの信仰にほかならないと考えている。その意味でルターのキリスト教理解は古代信条が示す教義から逸脱するものではない。しかしそれは、古代信条がそのままルターのキリスト教理解であったということを意味するのではない。たとえばルターのイエス・キリストの神性と人性に関する理解は、古代の哲学的なもの、あるいはルターの時代の人文主義的なものというよりも、テルトゥリアヌス、アウグスティヌス、クレルヴォーのベルナール、アッシジのフランチェスコの線に立つ、どちらかと言えば神秘的な理解であったとするローフスの理解をハルナックは適切なものであるとする[56]。そうであるとするならば、プロテスタンティズム、あるいは少なくともルターが古代信条を排除しなかったのは、その内容に積極的価値を見出したからではなく、消極的に見ても排除する理由がなかったからであると見てよいであろう。しかしながら古代信条を継承するならば、古代信条が持つ教義の枠組みをも継承するという結果を伴う。その教義の枠組みに対する賛否は別として、それ自体はプロテスタンティズムがローマ・カトリック教会から継承した要素に数えられることをハルナックは指摘する[57]。ルターが使徒信条を礼拝の儀文としてよりは、主として教理教育の教材として位置づけていたことはすでに述べた[58]。しかしながらルターの意思とは別に、古代信条が付帯しているカトリック的な教義の枠組みがプロテスタンティズムに継承されたことが、後のプロテスタンティズムの進展において、使徒信条論争をその一例とする神学的議論の一因になっていることをハルナックは示唆していると見ることができるであろう。

6　プロテスタンティズムの信仰告白理解

要するにハルナックは、宗教改革期のプロテスタンティズムが古代信条をその枠組みとともにローマ・カトリック教会から継承したことが、プロテスタンティズムの信仰告白のあり方を決定する要素になっていると考えた。すでに繰り返し確認しているように、ハルナックにおいては教義とは、定式化された教会の教説を意味する。この定式化には、信条として表現されるということも含まれる。先に述べたように、プロテスタンティズムにはローマ・カトリック教会におけるような意味での「教義」は存在しないと言うこともできるはずであるが、古代信条の枠組みがプロテスタンティズムに継承されているとするならば、古代信条およびプロテスタント教会において作られた信仰告白によって定式化された教説は教義と呼ぶべきであるということになる[59]。しかしながら、M・バッセ（Michael Basse, 1961-）によれば、ルターはこのような枠組みを持つ信条をアタナシオス信条までと明確に認識していたことが確認できるが、中世以降の教会会議で採択された信仰告白や、宗教改革以後のプロテスタント教会における信仰告白に関してはどうであるかということになると議論の余地があるという[60]。

実は『教義史教本』におけるハルナックの「教義史」に関する構想に、一貫性を求めるのはきわめて難しいという意見は少なくない[61]。たとえばK・バイシュラーク（Karlmann Beyschlag, 1923-2011）は著書『キリスト教教義史概説（*Grundriss der Dogmengeschichte*）』の中で、ハルナックの教義史に対する基本的構想とは「自己増殖する混乱の歴史、さらに、不合理のみならず矛盾に対しても増大する不寛容の歴史」であると定義づけている[62]。この定義は一見簡明に思えるが、結局のところ教義史とは一貫性のない「混乱」と「矛盾」の生起であると述べているとも言える。一般に認識されているように、ハルナックの教義史観の中心には「福音のギリシャ化」がある。しかしハルナックによる教義史の叙述が、この一言にすべて還元されるほど単純ではないのは、すでに述べたモンタノス派やマルキオンに関するハルナックの意見表明を見る限り明らかである。

ここで指摘しておかなければならないのは、『教義史教本』をテキストとする限りにおいて、ハルナックはキリスト教教義の歴史を主として宗教改革期までしか扱っていないことである。プロテスタンティズムに関して言えば、以後に新たな教義など付け加わっていないという見方も可能であるので、それでもよいのかもしれない。しかしルター派の『一致信条書』や、改革派のドルトレヒト信仰基準について、教義史全体の流れの中で詳細に検討していないことは、ハルナックのプロテスタンティズムに関する一貫した信仰告白理解を見出すことを困難にしている。ただし、これまで検討してきたところの、ハルナックの教義理解に基づけば、『一致信条書』にせよ、ドルトレヒト信仰基準にせよ、定式化された教説として教義の一つと見做すことができよう。バッセによればば、これはプロテスタンティズムにおける「新しい教義」であると理解できるという[63]。その意味では、しばしば教派ごとに唱えられるところの「真理の信仰告白（Bekenntnis der Wahrheit）」は教義にほかならないということになる[64]。

バッセの指摘が妥当であるとすれば、宗教改革期以降の「教義史」を扱うことはハルナックにとって相当の考慮を要することになる。なぜならば、ハルナックにとってのプロテスタンティズムとは、ローマ・カトリックと同等の教義など「ないはず」のものであるにもかかわらず、教義史としてプロテスタンティズムの歴史を扱えば、そこに教義を認めざるを得なくなるからである。[65]バイシュラークがハルナックの『教義史教本』のこの特徴を「教義史を『正当にも（legitim）宗教改革で』終結させているのは教派的・ルター派的遺産である……（『教義史教本』は）広義に理解された『ギリシャ化』が正統信仰と異端との区別よりも前面に、『非教義的キリスト教（Undogmatisches Christentum）』という個人のヴィジョンが教義の事実上の妥当性よりも前面に、それぞれ据えられている[66]」と評価しているのは至当であるが、換言するならば、ハルナックの神学的構想上、宗教改革期で『教義史教本』は閉じざるを得なかったとも言うことができる。

したがって、『教義史教本』においてハルナックはプロテスタンティズムの信仰告白を、その構想上、教義と認めなければならないが、そこへと至る前にこの作業を閉じることによって、プロテスタンティズムの信仰告白を評価することを避けたと言えるであろう。

終章

ハルナックは自らの神学を「非教義的（undogmatisch）」と呼んだことはおそらく一度もないと思われる。しかしハルナックの神学は一般に「非教義的かつ人文主義的キリスト教」を目指したものであると目される。[1] グラーフは、ハルナックが「キリスト教の本質」を主張したことがすなわち「非教義的」キリスト教を主張したことであるとする。[2] ハルナックにおける本質論は歴史研究を通してイエスの福音に回帰することであり、必然的に後世に確立した教義の比重を下げることが狙いでもあった。[3] つまり、ハルナックにおいては「本質的（wesentlich）」キリスト教とは「非教義的」キリスト教のことであると言える。それはハルナックの神学プログラムにおいてはその研究の成果ではなく、最初に措定されたものである。教義の多くは教派神学と不可分であり、教派的分裂は政治的対立と分かち難く結合している。「本質的」キリスト教の提唱は、実践的見地においては喫緊の諸問題の克服そのものなのであり、[4] その意味では現在のエキュメニズムにつながる理念をそこに読み取ることができる。[5]

H－J・ビルクナー（Hans-Joachim Birkner, 1931-1991）によれば、近代においてキリスト教を明確に非教義的に定義づけたのはシュライアマハーである。[6]『宗教論』はそれまでの思弁的かつ形而上学的な意味での「神学」や「教理」と、シュライアマハーが言うところの宇宙の直観としての「宗教」とを完全に弁別している。それは疑いなくカントの感性論から出発しているが、その一方でカントに反して宗教は決して道徳に還元されない。別言すれば実践理性の要請を必要とせず、感性において独自に究極のものであるとされる。ロマン主義の光に照らされたシュライアマハーの宗教は「『より高次の秩序』の敬虔主義の様式に立脚した典型的な非教義的プロテスタントの感性宗教」と称される。[7] 他方でこの場合の「非教義的」とは決して「非神学的」あるいは「非学術的」と同義ではない。シュライアマハーは明らかに霊感的な神学には反対し、歴史学や文献学に立脚したテキスト解釈による聖書理解の方法論を支持している。[8] H‐G・ガダマー（Hans-Georg Gadamer, 1900-2002）はとりわけシュライアマハーの解釈学について「決してある種の神学的あるいは学術的な政治的関心のみならず、哲学的動機に立脚するもの」であると評するが、[9] この見方はシュライアマハーの宗教論および信仰論にも妥当するであろう。

シュライアマハーのこの「非教義的」神学プログラムにある意味で逆行したのがリッチュルである。彼は「ロマン主義の関心事によって規定された、それまでのすべての試みを放棄した」。[10] カントの道徳プログラムが大胆に導入され、神による義認から出発し、この世をも包括する「神の国」の到達理念である「和解」を目指す教理体系が構築された。本来「非教義的自由」の追求がその一特質であるところの自由主義神学にとって、[11] リッチュルの神学体系は一つの画期である。しかし仮に、たとえばD・コルシュ（Dietrich Korsch, 1949-）が主張するように、少なくともその義認理解に対する違和感が「非教義的」な義認理解に基づくカール・ホルのルター・ルネサンスを生んだとする評価が正しいならば、[12] リッチュルの神学はその意味でもシュライアマハーの非教義的神学への反動であり、教義的神学であると言える。[13] ただしこの場合の「教義的」は必ずしもカント哲学的な意味での「独断的（dogmatisch）」には重ならない。リッチュルは形而上学的神学も敬虔主義も明断に斥ける。彼のプログラムにおいては「永遠」「創造」「世の終わり」といった彼岸的命題は、「神の国」と「現存在」という此岸的命題へと批判的に還元されるからである。[14] つまり、優れて道徳的かつ実践的に理想を追求するリッチュルの神学プログラムは、その点においてまさしく「非独断的」であって、シュライアマハーとは全く異なった意味でカント的なのである。

ハルナックは基本的にリッチュルの線に立ちつつも、リッチュルの目的論的歴史観を斥ける。ハルナックが用いたのは、T・カーライル（Thomas Carlyle, 1795-1881）の刺激を受けた、帰納的な存在論的歴史観である。カーライルにとって歴史とは、英雄の人格から帰納される結果であり、ヘーゲルの歴史哲学に真っ向から対峙する。したがってイエスの人格もまた歴史の動因であるということになる。ただし、ハルナックはこの点を独自に解釈し、人格の価値は歴史から帰納されるとする。[15] この主客の転倒にもかかわらず、存在論的歴史観そのものに関してはハルナックは明白にカーライルと軌を一にする。神の国は目的の王国ではなく、和解は到達すべき理念ではない。神の国の完成は個々人が倫理的責任を感じつつ望見されるが、それは神学的命題の収束点なのではなく、あくまで結果である。[16] そうした命題から出発もせず、目標ともしないキリスト教には創造論も終局的終末論も焦点とはならず、[17] 典礼もサクラメントも注視されることはない。[18] この点に関してハルナックのキリスト教は徹底的に「非教義的」なのである。

教義とは神学的議論を経た教理概念のうち、教会の手続きによって定式化されたもののことである。ローマ・カトリック教会ではそれがキリスト教信仰およびローマ・カトリック教会の成員の識別指標として用いられる。[19] プロテスタント教会はそもそもローマ・カトリック教会とは教会論が異なり、自教団を唯一のキリスト教教団とは見做さない。またローマ・カトリック教会と同等の権威を持って教義を定式化することのできる教会機関が存在しないため、必然的にローマ・カトリック教会と同質の教義は存在しない。[20] したがってローマ・カトリック教会と共有している古代信条も、キリスト教信仰の基準と見做されたとしても、教会の成員の識別指標になり得るかどうかは議論の余地がある。プロテスタント教会における自教派の成員の識別指標は、シュライアマハーの示唆によれば信仰告白である。[21] その特質ゆえに、プロイセンの教会合同においてプロテスタンティズムの信仰告白はむしろその弊害が懸念されて後景に斥けられ、反比例して古代信条が前景に押し出された。しかし、現代における信仰の感覚との乖離が小さくない古代信条は、結果的に使徒信条論争を惹起することになったのである。古代信条をローマ・カトリック教会と同じ意味での教義そのものと見做すドライアーはその廃棄による「非教義的キリスト教」を主張した。しかしこの見方はそもそもプロテスタンティズムにおける教義とは何かという考察があいまいであり、眼前の諸課題に対する危機意識のあまり、伝統という遺産に対する正負の評価を性急に下してしまっているきらいがある。ドライアー、ヤトーはハルナックからの影響を明言しているのであるが、ハルナックの歴史観は事ほど単純な進歩史観でもなければ回帰主義でもない。[22]「福音のギリシャ化」とは福音という「核」にギリシャ文化という「殻」が融合して展開した様を指すが、この語は教義史の一つの見方にすぎないのであって、評価ではないのである。敢えてそこにハルナックによる評価を見出そうとすれば、それはキリスト教伝統、敢えて言い換えれば教義史の持つ両義性とするのが最も妥当であろう。ハルナックが急進的な自由主義的傾向に賛意を示さなかった理由はここにある。

他方でカフタンのように信仰の規矩としての教義の必要性を認める傾向からは、新しい信仰告白を制定することでこの問題を解決できるとの提案がなされた。[23]しかし、この場合の教義とは信仰告白の教理内容とほぼ同義であると考えるのが妥当である。[24]すなわち、新しい信仰告白とは新しい教義のことであり、したがってそれは単なる同語反復にすぎないものである。新しい信仰告白の制定はそれ自体が新たな教義論争となると示唆したハルナックの見解は、その意味で正しい。[25]ハルナックは『キリスト教の本質』に際して、「教義は移り変わり、原理はとどまる（Die Dogmen wechseln, die Principien bleiben）」[26]、すなわち教義を応変な「殻」、原理を不変な「核」と考えていた。[27]『教義史教本』とは異なりプロレゴメナを欠く『キリスト教の本質』では、存在論的歴史観に基づき「福音のギリシャ化」を順次明らかにしていく展開がなされる一方で、「核」である原理は共時的で不変であるという体系的前提が明瞭に看取される。つまり、『教義史教本』が応変の教義に焦点を絞ったのに対し、『キリスト教の本質』は不変の原理が主題である。『キリスト教の本質』が規定する不変の原理とは福音にほかならない。それは同書の冒頭で以下のゲーテの言葉を引用することによって示唆される。

精神文化がいくら進展し、人間の魂がどれほどそれが望むままに拡張したとしても、福音書の中であかあかと光を放っているかのようなキリスト教の高貴さと道徳文化を凌駕することはないだろう。[28]

これは歴史研究によって帰納された価値ではなく、あらかじめ措定された原理である。

さて、ハルナックは「福音」を「イエス・キリストの福音」と「死んで復活したイエス・キリストについての福音」の二つに分け、『キリスト教の本質』の枠組みを前者に限定するとしている。[29]その上で「イエス・キリストの福音」は、一、神の国とその到来、二、父なる神と、人間の魂の無限の価値、三、より勝れた義と愛の掟、の三つに分類できるとする。[30]さらに「より勝れた義と愛の掟」は「福音のすべてをここで把握することができるであろう」とし、[31]ここに「イエス・キリストの福音」は収斂される。その内実は「謙遜と愛」である。[32]イエスは両者を一つとした、つまり倫理と宗教を一つに統合したとする。これが「イエス・キリストの福音」の原理なのである。すなわち、リッチュルが社会道徳を前景、個人倫理を後景に置いたのに対し、ハルナックはこの位置関係を逆転させ、単なる徳とされていた個人倫理を信仰的態度そのものであるとした。[33]リッチュルにおいては義認から出発して和解へと進むプロセスにおける表現行為にすぎなかった隣人愛は「地上で、謙遜において生き生きとしている神の愛のただ一つの実現[34]」にまで引き上げられた。これこそがハルナックにとっての宗教、またキリスト教の本質の「核」であって、神学の営みよりも上位に置かれる。[35]この点に関して、ハルナックはリッチュルの線を超えてシュライアマハーの「非教義的」宗教に回帰したのである。他方で、ハルナックは先述の『キリスト教の本質』の枠組みからはずれ、「死んで復活したイエス・キリストについての福音」の原理を端的に語る。

しかし何よりも、彼（イエス）を自分自身の生命に実際に働きかける原理として感じ取ったことである。「生きているのは、もはや私ではありません。キリストが私のうちに生きておられるのです[36]」。

この原理はキリスト論に道を開く。すなわち、教義史の始まりである。ハルナックの福音理解はいわゆる「あれか、これか」ではなく、これら二つの原理が併存している。[37] ハルナックが自身の神学プログラムを「非教義的」と表現しなかった理由がここにある。教義史とは「死んで復活したイエス・キリストについての福音」の原理という「核」を覆う「殻」であるところの「福音のギリシャ化」である。他方でハルナックは宗教改革を「批判的な還元行為」と評価し、教義史において宗教改革を「歴史における意味のある」ものと評価する。[38] 歴史から帰納されるこの価値を斥けることはハルナックにはできないのである。

ただし、「死んで復活したイエス・キリストについての福音」の原理は「イエス・キリストの福音」に対して後置される。別言すれば「謙遜と愛」が先であり、「信条」と「教義」は後である。[39] それは「イエス・キリストの福音」への信仰についての経験的証言なのであって、信仰の条件ではないのである。[40] したがって、ハルナックにとって教義史とは、本来は信仰の経験的証言であるはずの「信条」と「教義」が、信仰の条件かつ思弁的体系として形成された過程でもあるということになる。教義史の両義性の負の側面はこれである。そしてハルナックが「領邦教会の再カトリック化」を指摘し、これに徹底的に反対した理由もここにある。ハルナックは眼前で展開されていた使徒信条論争に古代の「福音のギリシャ化」の過程を見ていた。すなわち、ルターによって還帰したはずの宗教の「核」が「殻」に覆われ、それが肥大化しつつあると見た。ハルナックの神学プログラムに従えば、歴史の名のもとに今ここで「本質的」還元がなされなければならなかった。この意味においても、ハルナックのキリスト教はやはり徹底的に「非教義的」であったし、またそうでなければならなかったのである。

補論1　ハルナックのルター理解

1　ルター、ゲーテとハルナック

ハルナックは同時代のドイツ人にとって「ルターの伝記作家」でもあった。一九一七年に出版された『マルティン・ルターと宗教改革の基礎づけ（*Martin Luther und die Grundlegung der Reformation*）』は一九二八年までの足かけ一二年間で一一万部が発行された。[1] 他方で、一般にハルナックの主著とされており、広範な反響を惹起した『キリスト教の本質』の発行部数は一九〇〇年の初版以降、一九二七年の時点で七万三〇〇〇部である。[2] また、最晩年の著書『マルキオン』は現在のマルキオン研究に影響を与え続けているが、ハルナックが同書においてマルキオンを「最初のプロテスタント」と呼び、[3] 相当程度の評価を下していることは、ハルナックのルター理解との関連から考察されるべきであると提案される。[4] あるいはラーデに宛てた書簡の中で、ハルナックは「歴史の栄光およびわれわれがわれわれであるすべてのもの」は「思弁に左右されるのではなく、歴史上のさまざまな人格と親しみ、それによって豊かになる」のであると述べ、ハルナックにとってそうした人格の持ち主とは、「キリスト以降ではアウグスティヌス、ルター、ゲーテ、カーライルだけである」としている。[5]

いみじくもハルナックがルターをこうした人物たちとともに列挙していることは、ハルナックのルター理解が多角的であると同時にさまざまなプリズムを通して構築されていることを示唆している。『マルティン・ルターと宗教改革の基礎づけ』の冒頭は次の通りである。

その死の一一日前、ゲーテはある友人にこう語っている。「われわれは、われわれにとってルターと宗教改革から被っている恩恵のすべてがどれほどのものか、何もわかっていない。われわれはその源泉に立ち返り、その純粋な意味でのキリスト教を把握することが可能となったのだ。われわれは再び神の地平に確固として立脚する勇気を持ったのである。福音がキリスト教の光を輝かせるように、キリスト教の高みと道徳文化に関する精神文化は日進月歩であると言えるかもしれないが、人間精神は閉じこもったままである」(6)。

別言すればルターの改革は「還元（Reduktion）」であり、「純化」と「自己回帰」であるとハルナックは繰り返す(7)。こうした見方はハルナックに限るものではない。問題はこの命題がハルナックにとって前提であるのか、それとも彼の歴史研究から導出された結論なのかである。この問題は宗教改革が「最も偉大で、最高に祝福された運動であった」(8)と肯定されていること、「キリスト教的宗教の歴史では、我々は宗教改革以来、新しい段階という体験を持っていない」(9)というハルナックの歴史観にも同様に問うことができる。

また、ハルナックの晩年に起こったいわゆるルター・ルネサンスは、それまでのルター理解を大きく変える出来事であった。この潮流を代表する神学者のうち、K・ホル（Karl Holl, 1866-1926）、E・ヒルシュ（Emanuel Hirsch, 1888-1972）らはハルナックに直接学んだ経験を持つ。特にホルはハルナックの直接指導を強く受け、後にベルリン大学神学部の同僚となるが、ハルナックとホルそれぞれのルター理解における相互の影響に関してはなお議論の余地がある。

2　テオドジウス・ハルナックとルター・ルネサンスとのあいだ

いわゆるルター・ルネサンスの全体像については意見が分かれるが、多くはホルの一九一〇年の論文「ルターのローマ書講解――救済の確証への問いを特に考慮して（Die Rechtfertigungslehre in Luthers Vorlesung über den Römerbrief mit besonderer Rücksicht auf die Frage der Heilsgewissheit）」[10]がその端緒とされる。特にホルは第一次世界大戦後の一九二一年に刊行された『教会史論文集　第一巻　ルター（*Gesammelte Aufsätze zur Kirchengeschichte, Band 1, Luther*）』[11]によって、ルターの宗教観は良心に力点を置いたものであると神学的、教会的、文化的に論証しており、このことはハルナックとの相違を決定的にし、このためにホルはハルナックの「失われた息子（verlorener Sohn）」になったと評される。[12]

H・アッセル（Heinrich Assel, 1961-）はルター・ルネサンスに先行するルター研究者として、ハルナックの父テオドジウス・ハルナック（以下テオドジウス）を挙げる。[13] テオドジウスの神学プログラムはエアランゲン学派の線に立っており、そのことは非歴史的聖書釈義、経験神学的な信仰確信の教理、信仰告白を同じくする者のみによる国民教会の提唱に表されている。[14] その著書『ルターの神学（*Luthers Theologie*）』[15]は独りルター個人の研究に留まるものではなく、ルター派の神学、特に新ルター主義の信条主義に立脚するものとして理解される。[16] たとえば「ルターは律法を一貫して直接的に神に帰する。律法とは神の御旨の表れであり、神がそうであるように不変で全能なものである。……律法とは、神と人間との基本的関係を創造によって、創造のうちに定めたことの表れである」[17]とする律法観は、福音との択一性よりも両立性に力点が置かれており、むしろ和協信条の光の下で考察する方が適切であろう。[18] あるいは繰り返し語られるところのルターが直観したとする「律法において何が義しく、あるいは何が義しくないかを語った神による義認」[19]および神とは「熱情と恵み」[20]の神であるといった両義的な神観は、教会への自由主義あるいは民族主義の影響、文化闘争をめぐる統制といった教会の実践面での混乱に対するテオドジウスの間接的批判であると理解され、[21] とりわけ神の熱情（怒り、Zorn）はルターにとって宗教的、道徳的に不可欠であると主張したことはリッチュル学派への対抗的意味合いがあったと受け止められる。[22]

他方で、こうした文脈を脇に置き、議論のいくつかのトポスにのみ注目する場合、ホルのルター理解は相当程度テオドジウスの線にあると見ることも可能である。すなわちルターの神学における良心の位相、[23]神秘主義的傾向を認めつつの汎神論的要素の排斥、[24]畏れと信仰の緊密性の主張は、[25]テオドジウスからホルへの息吹を感じるに充分である。民族主義に距離を置き、神概念への集中を提示したテオドジウスのルター像は、民族主義的ルター理解が第一次世界大戦の敗戦に伴って退潮する中で個人的敬虔性と神体験に着目したホルのそれによって再び姿を現したと言えるかもしれない。それでもテオドジウスをルター・ルネサンスの一人と見ることは難しい。テオドジウスは二〇世紀初頭になってから新たに発見されたルターの『ローマ書講解』（一五一五／一六）等の草稿を知らなかったし、ホルの内省的で情熱的に描かれる、いわゆる若きルターへの注目を、テオドジウスが示すところの非体系的ではあるが力強い教説の提唱者としてのルターの解説と単純に重ねることは適切とは言えない。

その意味で両者の中間の位置をハルナックが占めることが予想される。テオドジウスが峻拒したリッチュル学派に属するとされるハルナックだが、重要な基本的姿勢のいくつかは決してテオドジウスから遠くない。すなわち、神学の民族主義的傾向への慎重さ、教会の国家的統制への疑問、教役者教権主義への明確な反対は、神学潮流における軸足の違いとは異なる視点から両者を緊密に結びつける。そこで次節では、ハルナックのルター理解を取り扱うことによって、果たしてテオドジウスとホルのあいだにハルナックが立っていることの是非を問うことにする。

3　「神概念」――テオドジウス・ハルナックとアドルフ・フォン・ハルナック

テオドジウスは同時代の自由主義傾向とルターとを重ねる視点を示唆的に批判したとされるに留まるのに対し、ハルナックはこうした視点を明晰に斥ける。『教義史教本（*Lehrbuch der Dogmengeschichte*）』第三巻第四章「プロテスタンティズムにおける教義の出発点」の冒頭で、彼は次のように語る。

　ルターのキリスト教に表現されるような宗教改革は、多くの観点から見て一つの古代カトリック的、ないしは中世的な現象である。ところがそれとは反対に宗教改革の宗教的核心と見做されるものはそうではない。むしろ一つの新しい時代の精神におけるパウロ的キリスト教の再確立なのである。(26)

　歴史的視点からルターと宗教改革あるいはその現象的側面と核心的部分を分離しようとする試みは幾分の錯綜を含んでいる。ハルナックはルター自身もまた「古代カトリック的かつ中世的な現象」の側面を持つとしている。(27)矛盾に思えるこの分析は、いわゆる前期ルターと後期ルターの相違を認める方法論に帰せられるが(28)、この点においてハルナックはテオドジウスともホルとも異なっている。テオドジウスとの直接的な関連は、特にルターの神概念に見出される。テオドジウスはキリストへの集中において「完全なる神的権力と権威を持つ神」であり、なおかつ「われわれを思い、語り、振る舞う」(29)神、また「神と神」、「キリストの外の神とキリストにおける神」との二重関係における神認識を提示したが、ハルナックは「中世では暫定的なものと見做された、主であり父としての神認識およびその神の守りへの信仰を、彼は実践的キリスト教の中心的事柄と見做し(30)」、「彼はただ福音においてのみ偉大であった。すなわち、キリストにおいて再び発見された神認識においてである(31)」のであって、「キリスト的宗教とは、イエス・キリストにおいて自己を啓示し、その心を開いた生ける神への生ける確信にほかならない(32)」とし、キリストの神認識にのみ力点を置いた。

　これはハルナックにおけるルター理解の核心の一つと見ることができる。ルターは新しい教義の体系を構築したのではなく、還元によって「宗教を再確立した」のであり(33)、「古代教義の改修者（Restaurator des alten Dogmas）」にすぎない(34)。ハルナックはエラスムスおよび再洗礼派の神学者たちは近代精神と見るが、ルターはそうではない。[35]「中世的な教会」が「人生、国家、家族のあらゆる面を専制支配していた」状態を終わらせたという意味で、ハルナックはルターを中世から区別するが、[36]これらは「還元」による「人間を解放する単純化」であり、「力に満ちた集中」なのであって、[37]ルターが「まず神の国とその義とを求めたので、それらは彼の『手に入った(zugefallen)』」とする。[38]

このようにルターの信仰論におけるキリスト論への還元こそが「中世から古代教会への回帰」を可能にしたとハルナックは見る。[39]すなわち「真の十字架の神学(die wahre theologia crucis)」を打ち立てたことがルターの教理史的意義であるとされる。[40]ルターが中世の思弁神学および教義を解体し、アウグスティヌスの線を辿ってパウロへ回帰したとする見解は決して目新しいものではない。しかし内面的敬虔性を教義よりも優位に置く姿勢はむしろエイレナイオスやアタナシオスに近いことをハルナックは指摘する。[41]特に非常なる還元はむしろアタナシオスとの親和性が注目される。[42]ただしルターは単に古代へ回帰したのではなく、「キリストにおける啓示への信仰が、われわれの至福の前提としてのみならず、客観的にも、また主観的にも唯一の有効因子(wirksamer Faktor)として見えるよう」に試みた点は古代とは異なるとしている。[43]

すでに見たように、テオドジウスはルターの神学的命題の中に両義的な二重性を看取したが、ハルナックはルターの全活動に「思惟と行為」、「理論」と「生活」「実践」の「二重課題」を見出し、なおかつこれを「ルター神学における克服できなかった要素」と呼ぶ。[44]つまり経験と思弁、歴史と超越、実践と理論を弁証する総合体系の構築を前提としての発言であり、その意味では、キリスト教とは内面的宗教と外面的道徳の総合体系であり、宗教改革の意義はそこにあるとするリッチュルの考えをハルナックは高く評価する。[45]しかし、リッチュルが考慮に入れなかったルターの終末論に関するプログラム、すなわち見えざる神の国の到来への還元を提示することで、ハルナックはリッチュルの線から一歩踏み出していると言える。[46]それはテオドジウスにも全く欠けていたものであった。[47]

4 「良心の宗教」――ハルナックとカール・ホル

ハルナックによればルターの行った「あらゆる還元は宗教の再確立にほかならない」[48]。具体的にはイエス・キリストご自身であるところの神の言葉および信仰生活もしくは神への信仰に還元される[49]。イエス・キリストは歴史における啓示そのものであり、罪のゆるしの確信は人を造り変え、新しくすることによって自由へと解放する[50]。ここで言う自由とは、「空白への解放」でもなければあらゆる主体性を発揮してよいという「許可証」でもなく、他の誰でもなくただ神のみが我らにおられるという確信における、神による世の支配への解放である[51]。この自由は根本的には個人の内面的自由と神の国の見えざる連帯との両方を意味するのであって、その点ではリッチュルの「義認と和解」理解から遠くないものの、ローマ・カトリック的な教会権威の否定と神の国の終末論的理解とが相俟って、具体的な見える教会には力点が置かれない[52]。なぜなら、ハルナックによれば神の言葉こそが教会を形成し、福音を宣教するのであって、その逆ではないからである[53]。同時にハルナックは「慰め」を確信と並ぶものに位置づける[54]。ゆるしのサクラメントを排した以上は、神の言葉と信仰そのものが現在する慰めのすべてとなる[55]。

ここまで見てきたように、ハルナックはルターに、見える教会と見えざる教会、神の国とこの世、個人の確信と他者と共有可能な信仰との弁証的関係を強いて見出そうとせず、むしろ否定さえしてその二重性を提示するに留まる[56]。しかし、神学命題上それは両性論に未到達の位置に二重写しに見えるアポリアであるとの批判を免れない[57]。けれどもこれこそがハルナックの福音理解、ひいてはルター理解にほかならない。ハルナックによれば、福音を行うこととは「抑圧された正義のために闘い、労苦し、従事し、この世のあり方を秩序づけることなのであって、我々はそれを善き良心によって行うことができるし、我々の隣人に最も善いことをすることにそれを見出す」ことであり、「この福音にはただ一つの目的とただひとつの心的態度（Gesinnung）があるのみ」であり、福音は「物質的なことは関知せず、そうではなくて人間の魂への配慮をするのである」[58]。そしてルターは「あらゆる世俗的な仕事について、この世と善なる良心との関係において、新しい時代に解放を取り戻した」のであって、それはルターが「宗教を現世的なものにしてしまった（verweltlichen）からではなく、そうではなくて真摯に、かつ深く受容したので」、宗教は「あらゆるものに関わるものとなり」、しかし同時に「外的なものからはすべて解放された」ものになったとする[59]。

要するに、ハルナックのプログラムではそもそも福音とは一元的な内的良心の宗教的使信にほかならない。信仰者の外的行動は、「良心の自由」を経験した個人の「聖なる義務」と定義される[60]。そして義認とは「その良心において打ち砕かれ、それゆえに神を見失った哀れな人が、ただ至高において神ご自身に満たされ、平安を見つけること」とルターは説いたとする[61]。ただし、ハルナックにおけるルターの良心理解はここまでであり、ハルナックのプログラムにおいてはすでに見たように信仰への還元が中心を成しており、良心は動機よりも結果に属する印象が強い。

対して、ホルは次のように規定する。「ルターの宗教は、その語の最も印象的な意味において、良心宗教である。その強い訴求性かつ人格的限界性、そうしたことに伴うすべてと共に、良心宗教であると言える」[62]。「良心経験に基礎づけられたことにより、その思考体系において神概念が優位に立ったのは自然なことであった」[63]。ハルナックにおいてルターの思想の核心に据えられていた神概念はホルにおいては結果へと移動され、代わって良心がその位置を占めることになった。それは単に若きルターへ傾斜することではなく、かえってルターの思想の統一性を強めるものであるとホルは考えた[64]。ルターの神概念が描く表象とは「彼によって実際に経験されたものの忠実な再現」であり、このルターが「最終的に見出したもの」とは「最初の位置に戻された」ものである[65]。それまで非組織的に提示されていた諸命題は良心と体験によって一つにされた。それはハルナック父子が志向しつつも、自らの手では遂行しきれなかったものであった。

5　ハルナックとルター・ルネサンス

テオドジウス・ハルナック、アドルフ・フォン・ハルナック、カール・ホルを単に「ルター研究」の名の下に同一線上に置くことは適切ではない。テオドジウスの提示したルター像は今日から見ると、後に形成されたルター派神学のプリズムを通して、実践的教会論を前提としつつ体系的な教理の創始者とする意図が明白に看取できる。その意味でテオドジウスは決してルター・ルネサンスに属さない。ホルによるルターとルター派神学との慎重な分離、若きルターへの力点は、テオドジウスとの決定的な差異と見做さなければならない。しかしながら、ルターの経験に基づく内面性への着目と神秘主義的傾向への冷静な批判、神の怒りと憐れみとの均衡、神概念とキリストへの集中などの諸命題、並びに歴史主義との距離、二王国論に対して弁証的アプローチを敢えて採らない解釈等は確かにホルへの刺激を与えたと見ることができる。

その一方で、ホルのルター研究の核心となる良心宗教の概念はテオドジウスには希薄であり、むしろハルナックにその萌芽を見る。リッチュル学派としての神の国概念、ただし終末論が相当程度色濃い神の国概念においては、良心の位相は結果に属したが、テオドジウスと同じくリッチュル的思考を斥けたホルは良心を中心概念に据えた。その意味ではハルナックもまたルター・ルネサンスに属さない。ホルが良心と体験をもってルターの使信を統一したことは、ハルナックのプログラムとは決定的に異なると言わなければならない。ハルナックがルターを近代以前、中世末期の人間としたように、アドルフ・フォン・ハルナック自身もまた二〇世紀への転換期において、新時代のルター・ルネサンス以前の神学者であった。

補論2　ハルナックとレオ・ベック

1　『キリスト教の本質』とそれに対する批判

ハルナックの学術的な代表的著作はキリスト教教理史を総括的に取り扱った全三巻の大著『教義史教本』であり、その意義は今日に至るまで高く評価されている。これに対してキリスト教に関する入門的な講義録にすぎない『キリスト教の本質』は、むしろ同書が社会に与えた影響の大きさと、その出版によって生じた論争の激しさとによってハルナックの主要著作の一つに数えられる。P・ティリヒ（Paul Tillich, 1886-1965）は『キリスト教の本質』を「世紀を代表する最高の学者の一人の宗教的証言」であって、「世紀の変わり目に膨大な教養人たちにはるかに強い印象を与えた」書物であり、「第一次世界大戦に先立つ教養層にとって重大な意義をもっていた」と、内容についての賛否は別として、その存在意義と影響の大きさに関して極めて高い評価を下している。(1) 実際のところ、『キリスト教の本質』は発刊と同時にドイツのプロテスタントのみならず、ローマ・カトリック教会を含めた世界のキリスト教界に多くの議論を引き起こした。発刊からわずか数年の間に発表された反論あるいは批判の論文や書籍は枚挙にいとまがない。たとえばローマ・カトリックのモダニストであったA・ロワジー（Alfred Loisy, 1857-1940）は、イエスの語った福音と初代教会の教理との間には断絶があるとするハルナックの見解にカトリシズムの立場から反対を表明した。(2) プロテスタントの保守主義および敬虔主義の立場からはクレマーが、イエスが語ったこととイエスを信仰対象とすることの二つに福音は分けられるとハルナックが主張したことを批判し、両者は不可分であって、福音書においても一貫してイエスを信仰対象とする福音が語られていると反論した[3]。自由主義神学の立場からはトレルチが、ハルナックは「歴史的」方法からキリスト教の本質を導出すると明言しておきながら、実際には最初から一定の前提、すなわちイエスの神の国の説教がキリスト教の本質であるという前提をもっており、それに強く影響されていると批判し、そもそも本質を規定するならば、批判的歴史の普遍的諸原則に従い、それがキリスト教全体に適用されねばならないのに、ハルナックの作業においてはそれがなされておらず、なおかつハルナックの「歴史的・経験的」方法から抽出された「キリスト教の本質」には、本来の経験的に歴史から帰納された概念にあるはずの、未来を志向するはずの発展的概念、すなわち本質から首尾一貫して目的論的に必然的に展開するところの発展的概念が欠けているとした[4]。

これらの批判にもかかわらず、『キリスト教の本質』が重版される際も、ハルナックが本文を改訂することは最後までなかった。ただし、一九〇三年に追加された序文においてハルナックは、これらの批判は『キリスト教の本質』の内容を「キリスト教の本質を、罪から救う宗教として充分に表現していないこと、キリストの人格の意義を過小評価したこと、キリスト教を一種の律法宗教にした[5]」と批判者たちが考えたためだとの理解を表明している。

2　『キリスト教の本質』の方法論について

さて、当時のプロイセン王国オーバーシュレージエン地方の街オッペルン（Oppeln, 現ポーランド・オポーレ）のラビであったレオ・ベック（Leo Baeck, 1873-1956）は一九〇一年一一月に「キリスト教の本質についてのハルナックの講義（Harnacks Vorlesungen über das Wesen des Christentums）」と題する論文を発表した。この中でベックは、最初に『キリスト教の本質』の方法論そのものについての批判を行い、その後に自身のユダヤ教という立場から

『キリスト教の本質』の内容に関する批判を行っている。ここではハルナックの方法論に対するベックの批判を検討していきたい。

ベックは、ハルナックがキリスト教(とその福音)をイエスの説教により「神の国とその到来」「人の魂の無限の価値」「より優れた義と愛の命令」の三つからのみ成り立っているとしていることに疑問を呈し、イエスが説いたはずの禁欲、無所有、社会的連帯、社会的援助、正義のための闘争の禁止、文化活動への批判などが含まれていないことを指摘し、また、「神の子イエス」も福音とはしていないことを示す。[6] そもそも歴史家の作業というのはただ歴史を物語っているにすぎないのではなく、ベックによれば、歴史的事象に関して判断を下しているものであるが、その際に歴史家が歴史家自身の時代の価値観から重要なこととそうではないものとを弁別するようなことはあってはならない。なぜならば、歴史家がある事柄を本質的ではないと判断したとしても、当時はそうではなかったかもしれないのであるから、歴史家は歴史的事象を責め立てたり悔やんだりすることはあり得るかもしれないが、裁定の末に否定するようなことは許されないとし、「歴史家による価値判断は決定的たり得ない」とする。[7] ハルナックは『キリスト教の本質』において「生命あるものを見分ける生ける判断力と本当に偉大なものを真に感知する力を持っている者は、福音を見て時代史的な覆いからそれを区別することができる」[8] としているが、ベックによればそれは「芸術家」の視点であって、歴史家がそれを用いれば道を誤るとする。[9] そしてそれは独りハルナックの誤りであるというのではなく、ハルナックがその神学的系譜に連なるところのリッチュルから受け継いだ「遺伝的欠陥」と言えるものであると指摘する。[10] というのは、T・ツィーグラー(Theobald Ziegler, 1846-1918)の指摘によれば「人々が信仰信条を価値あるものとし、その価値からその信仰信条の正当性と信仰信条が基礎として用いているものの存在を推論することにより、リッチュルの神学はフォイエルバッハの説、すなわち願望が信仰の父であるという説に近いものとなる。なぜこのように転換してしまうのかというと、そこにはリッチュルの神学の結論、すなわち、初めは相当批判的であるものの、最終的には価値があると認め、また単純で真実なものとして落ち着くところの結論は、人々が何を望んでいるかというところにあるからである。確かにそれは心地よいのだが、カント的でもなければ誠実とも言えない[11]」からであるとベックは言う。ベックは同様のことがハルナックの『キリスト教の本質』にも言えるとし、イエスの宗教において本質的なものであるとハルナックが提示したものは、ハルナックにとってキリスト教の本質に思えるものであるとする[12]。つまりそれは過去を見せているのではなく、あらかじめ準備された像を過去に投影しているにすぎないのであって、ハルナックは書名を『キリスト教の本質（Das Wesen des Christentums）』ではなく『わたしの宗教（meine Religion）』あるいは『わたしのキリスト教（mein Christentum）』とすべきだったとする[13]。

ところで、前述のように『キリスト教の本質』はベックをはじめとする数多くの人々の批判にさらされたが、その中でハルナックの方法論そのものへの批判も少なからず見受けられる。クレマーとトレルチの批判はその代表的なものである。クレマーは、ハルナックが伝統的教理の語る福音は二重構造であるとし、核となる福音をイエスの説教のみに限定してしまったことを「非歴史的」な結論であると見る。もし「歴史的」を標榜するならば使徒時代も終局的終末も考慮に入れるべきであり、それがなされていないハルナックの方法論とそこから導出された見解はむしろ教義学的であるとした[14]。さらにトレルチはこの批判にトレルチ自身の考えを加えて展開し、本来、本質を規定する作業というのは経験的かつ帰納的歴史記述の方法と精神から育ちゆくものであり、それは経験的かつ帰納的な歴史が歴史哲学へと移行する地点にある課題であるにもかかわらず、ハルナックはイエスの説教のみをキリスト教の本質であるとしており、しかもハルナックは差異を提示したり、継続する展開で一致する点を強調したりすることを通してキリスト教の本質を明らかにしようとしているために、歴史から歴史哲学へというプロセスではなく、反対に歴史哲学的前提から出発してそれに歴史を一致させる作業をしてしまっていると指摘する[15]。

このように並べてみると、ベックの批判は、クレマーやトレルチの批判とおおむね同じ方向性を持っていると言うことができる。なお、時期的な問題として、ベックがこの批判論文を書いた際（一九〇一年一一月発表）、クレマーの批判（一九〇一年九月刊行）はかろうじて知り得たかもしれないが、トレルチの批判（一九〇三年）はまだ知ることはできなかった。それにもかかわらず若干二八歳の地方都市のラビであったベックが、同時代のドイツの指導的なキリスト教神学者に先駆けて鋭い批判を行ったことは興味深い。

3　ハルナックのユダヤ教理解について

ベックが、自身の依って立つところのユダヤ教という立場に基づきハルナックに向けた最大の批判とは、『キリスト教の本質』においてハルナックはイエス時代のユダヤ教のあり方に関し、多くの誤解と偏見を持っているというものである。

『キリスト教の本質』においてハルナックは、イエス時代のファリサイ派とは、神とは愛と善であり、悔い改めによる神への回帰が必要であるとの認識をある程度有していたものの、自らの手によって複雑化させた律法により、その認識を曇らせてしまっていたとする。またファリサイ派は神を組織内の秩序としての儀礼行為を監視する専制君主であるととらえ、複雑な律法の中にのみ神を見出そうとし、律法によって神を知っていると考え、宗教を世俗の生業（Gewerbe）にしてしまった人々であると断じる。あるいはファリサイ派とは、貧しい人々の窮乏についてほとんど関心のない支配階級に属し、人々の魂を縛り、窒息せしめた人々であるとした。[16]

現代から見れば、『キリスト教の本質』に書かれたハルナックのユダヤ教理解は確かに公平さに欠け、また、その後のユダヤ教研究の進展のために不正確さを否めないものであり、さらにはユダヤ教をキリスト教誕生に際しての「暗黒の背景」であると考えようとする傾向を否定できない。[17] それは『キリスト教の本質』中の次の文章において端的に示されている。

イエスはただちに民族の公式な指導者たち、すなわち卑劣な人々とは正反対の方向へ進んでいった。彼らは神のことを、その一家の秩序の儀式を監視する専制君主としてとらえたが、イエスは神の現存の中で呼吸した。彼ら指導者たちは神を、彼らがその手で山あり谷あり無駄道ありの迷路にしてしまった律法の中にのみ見出したが、イエスはあらゆるところに見出しかつ感じた。指導者たちは神に関する幾多の律法を持ち、それによって神を知っていると信じていたが、イエスは神についていたった一つの掟のみを持ち、それによって神を知っているとした。指導者たちは宗教を誤った生業にしてしまった——これ以上忌まわしいことはない——が、イエスは生ける神と霊の高貴なることを宣べ伝えた。[18]

また、ハルナックはユダヤ教のラビを、学問の領域に閉じこもり、神の言葉から生き生きとした生命力を奪う者であるとし、イエスの言説は彼らとは正反対であるがゆえに同時代のラビたちからは全く影響を受けていないとした。[19]

ベックはこのようなハルナックのユダヤ教理解、とりわけファリサイ派とラビに関する見解に異を唱える。ベックから見れば「イエスと同時代のユダヤ教のあり方に関する歴史へのハルナックの無関心は驚くべきもの」であり、[20]たとえばハルナックが提示したファリサイ派のあり方、すなわちファリサイ派を支配階級に属し、祭司たちと同列に置く見方は事実と全く異なっており、[21]それはベックにしてみれば「ぞっとするようなイメージ」ですらあるとし、ハルナックがファリサイ派を、神を律法の中にしか見出さない人々と指摘していることに関しては、「あの教義史（教本）を著した者がこんなことを言うのだ。白を黒と見間違えない人ならば、こんな思い込みはしないはずだ。ハルナックは（ユダヤ教に）反対するために、こんにち読む価値などない文献を一瞥したに違いない」とまで酷評する。[22]というのは確かに歴史的に最初に成立したのは律法だが、イエス時代にはすでにヘブライ語聖書における律法以外の諸文書、すなわち預言書、詩編その他の文学作品が成立していたほか、タルムードなどの聖書以外の諸文書も存在していたという事実から「歴史的判断」を行うならば、ファリサイ派が「幾多の律法を持ち、それによって神を知っていると信じていた」人々であるなどというハルナックの判断は歴史的判断ではあり得ないとベックは言う。[23] ファリサイ派の地位についてのハルナックの認識も間違っており、彼らはハルナックの言うような「民族の公式な指導者」ではないのだが、仮にそうだとすると隣人愛を最上の律法として説いたラビ・アキバや、人間が神の似姿であることを説いたベン・アサイ、敬虔な信仰について教えたラビ・シムライはハルナックの提示するファリサイ派や公式な指導者のイメージに当てはまらないのだが、これをどう考えるのか疑問であるとベックは指摘する。[24]

ベックは、ハルナックほどの学識の持ち主がこのようなユダヤ教認識しか持ち合わせていないことに驚きを隠さなかったが、[25] 実はこれが一九〇〇年頃のハルナックに限らず一般的な神学者のユダヤ教に関する見識の実態であり、同時にキリスト教神学界そのものの実態であったとも言える。W・リヒャーツ（Werner Licharz, 1938-）によれば、このようなユダヤ教認識は、ルターからハルナックに至るまで、プロテスタント世界において暗黙のうちに連綿と共有されてきたものであった。すなわち、ヘブライ語聖書のある特定の書物に惚れ込んだりすることはあるものの、ユダヤ教とその神学そしてユダヤ人の歴史についてはほとんど注意を払わないというものである。結果的に、イエスやパウロを理解するためには、ユダヤ教の歴史や神学への理解が欠かせないという認識が、残念ながら長いあいだ希薄であったと言わざるを得ない。[26] また、R・レントルフ（Rolf Rendtorff, 1925-2014）によれば、ヘブライ語聖書と新約聖書、ユダヤ教とキリスト教を対照的かつ対立的にとらえ、なおかつヘブライ語聖書とユダヤ教は新約聖書とキリスト教によって克服され、過去のものとなったとする考え方は、二世紀のシノペのマルキオン（Marcion, 85?-160）から始まっているという。この考え方はキリスト教史において受け継がれ続け、近代ではカント、ヘーゲル、シュライアマハー、J・ゼムラー（Johann Semler, 1725-1791）、F・デーリッツ

(Friedrich Delitzsch, 1850-1922)、そしてハルナックがこの系譜に連なるとする。[27] つまりこれは、ひとりハルナックの問題であるのではなく、古代からキリスト教神学が継承してきた認識であり、また問題でもあったと言えよう。

4　『キリスト教の本質』批判から『ユダヤ教の本質』へ

ベックはその後、一九〇五年に『ユダヤ教の本質（*Das Wesen des Judentums*）』を発表する。書名から容易に推測できることだが、同書はすでに取り上げたベックのハルナック批判論文をさらに展開させたものであり、『キリスト教の本質』へのユダヤ教側からの応答の書という性格を持つ。ところが一方で『ユダヤ教の本質』には「ハルナック」や「『キリスト教の本質』」といった言葉が一切登場しないため、形式上はハルナックや『キリスト教の本質』との対話ではなく、ユダヤ教当事者がユダヤ教について弁証するモノローグということになっている。しかし、ベックはユダヤ教の歴史と教理を整然と説きながら、同時にプロテスタントにおいて広く共有されてきたユダヤ教に対する誤解に対し、丁寧に訂正を施そうと試みているところから、この書を単なるモノローグではなく、広くユダヤ教とキリスト教とのダイアローグを試みていると受け取る方が内容的には適切であるように思われる。[28]

『ユダヤ教の本質』は、全体は事実上二部構成になっており、第一部ではユダヤ教の歴史と内実の変遷が語られる。第二部では教理の分析と解説が「神への信仰」と「人間への信頼」すなわち自己、隣人、人間全体という主題別になされている。[29]

この構成は、第一部と第二部の順番を入れ替えると、『キリスト教の本質』の構成にほぼ重なる。というのは、『キリスト教の本質』では、第一部で福音の分析と解説がなされ、第二部でキリスト教教理の歴史が語られる二部構成になっているからである。[30]

また『キリスト教の本質』の特徴として、体系的な神学書や哲学書によく見られる、いわゆるプロレゴメナ（序論）を欠いていることが挙げられる。議論の中心となる主題や全体を導く方法論は最初に明記されず、順を追って明らかにされていくようになっている。同じように『ユダヤ教の本質』にもプロレゴメナがない。したがって『ユダヤ教の本質』の構成は『キリスト教の本質』を少なくとも幾ばくかは意識していると推察することが可能であろう。

また、方法論については『キリスト教の本質』の中で「歴史学の方法を用いて、かつ体験的な歴史から得られた生活経験によって答えてみようと思う」[31]と述べられているとおり、ハルナックは歴史学的方法により、経験的な歴史的価値判断によってキリスト教の本質を取り出すことを目指すとしている。他方で、既に述べたようにクレマーらの指摘によれば、『キリスト教の本質』には教義学的前提があるとする。[32]オストヘヴェナーによれば、それは『キリスト教の本質』の以下の一文に表されている。[33]「キリスト教は、いと高く、単純で、なおかつある一つの点に関係する何かなのである。すなわち、時間のあいだにある永遠の命、神の力のうちにある永遠の命、神の眼前にある永遠の命である」[34]。これは明らかに歴史的価値判断として帰納的に導出された命題ではない。むしろこの前提からハルナックは議論を出発し、この前提を歴史的に立証しようと試みたとさえ言えるであろう。

では『ユダヤ教の本質』はどうであろうか。ベックは『ユダヤ教の本質』の英訳版序文で次のように語る。「私はユダヤ教が世界史において歴史的に力を及ぼしてきた、そのことの徳の高さに関するあらゆる特徴を端的に紹介しようと努めた」[35]。他方で、その前提となる主題についても同時に語っている。「この作業は……ユダヤ教の真の本質あるいは内実を描き出す試みである。そこでユダヤ教の普遍性と同じく、ユダヤ教の永遠性と特殊な力強さをも紹介しようと努めた。というのは、普遍性というのは、特殊性と個別性から発し、またそれらに依拠しているものだからである」[36]。ここでベックはユダヤ教が普遍性、永遠性、特殊な力強さといった特徴を本質的に備えていると事実上宣言している。このベックの宣言こそ『ユダヤ教の本質』の前提と言ってよく、その意味でハルナックが『キリスト教の本質』を「永遠の命」という前提に立脚させていたことに重ね合わせることができるであろう。このように、『ユダヤ教の本質』は、方法論および主題においても、内容上の賛否は別として『キリスト教の本質』にさまざまな面で近似していると言えよう。

5　ハルナックとベックの「対話」

一九一三年にベックはベルリンのシナゴーグのラビに転任し、さらにはベルリン・ユダヤ神学校の教師となり、以後ハルナックとベックは一九三〇年のハルナックの死まで一七年間同じベルリンに暮らしたが、二人が直接対談した形跡は残念ながら確認されていない。

他方でリヒャーツは、ハルナックとベックによる架空の「対話」を想定することによって、両者の論争を整理しようと試みている[37]。ベックによるハルナックへの問いはすでにいくつか挙げたとおりであるが、ハルナックがこれに何らかの形で返答したかどうかはわかっていない。しかしハルナックの既存の主張から、ベックへのハルナックの応答を推察することはある程度可能であるとする。以下、リヒャーツの構成した「対話」の中から、特にハルナックによるベックへの反論を中心に検討する。

まず、ベックの主張の中には、イエスの説教はファリサイ派のそれと比較した場合、目新しいことは何も言っていないというものがある。これに対しハルナックは、ハルナック自身もイエスの説教にはファリサイ派の主張と同じものが含まれているとすでに認識していたと反論する[38]。しかしながら、たとえ説教の文言は同じでも、ファリサイ派のそれは当時の人々にとって重荷や悩みの種になっていた。というのは、当時の祭司やファリサイ派には「純粋性と誠実さ」が欠けていたので、この弱点ゆえに彼らは人々を拘束し、その魂を損なう結果を招いており、人々から聖書の文言を実行していないという非難を受けていたと反論する[39]。

次に、ハルナックがイエスの福音に含まれる明らかなユダヤ教的要素を福音の中心的要素としてではなく、付随的要素として扱ったことをベックは批判し、そもそもイエスはユダヤ人としてユダヤ教の文脈の中で活動した人であり、イエスの言動は徹底的にユダヤ的であるとする。ベックによれば、イエスの特質はユダヤ教だからこそ生まれたものであり、ほかの文脈からは生じ得ない。さらにハルナックがパウロをユダヤ教からキリスト教を分離する役割を担ったと主張したことにもベックは異を唱えるが、これに対してハルナックは、ユダヤ教とは「旧約」にほかならず、民族的特殊宗教であり、これに対してキリスト教が普遍宗教であることこそ、その差異の最たるものであるとする。(40)

しかしベックによれば、ユダヤ教はもともと普遍宗教なのであって、ハルナックはユダヤ教がこんにちでも宗教として生きていることを無視しているとする。そもそも「隣人を自分のように愛しなさい」はモーセの律法であって、それは単なる哲学ではなく、絶対命令として生きているとする。(41)

以上、リヒャーツによる架空の「対話」はベックとハルナックの著書をもとに構成されている。両者の相違はベックの根本的な相違は、その歴史観にある。ハルナックはキリスト教の歴史を、民族的特殊宗教であったユダヤ教がイエスの福音とギリシャ思想によって世界的普遍宗教に進展したという発展の歴史であるととらえるのに対し、(42)ベックは時代に応じて新しい強調点や解釈が次々生じていくことが宗教の発展であり永続性であると考える。(43)このベックの主張がハルナックに届いたかどうかは定かではない。(44)

一九二五年、『キリスト教の本質』の増刷にあたり、ハルナックはその冒頭に新たな序文を追加している。その中でハルナックは初版発行以後、「キリスト教と諸宗教」の問題をはじめ、さまざまな神学的状況の変化が生じたため、『キリスト教の本質』の増刷をやめるべきではないかと逡巡したことを告白し、同書で行われたことが「不完全な試み」であったことを認めている。(45)リヒャーツはこのハルナックの告白をベックとの架空の「対話」の結論的部分に引用することで示唆的に位置づけている[46]。

6　「対話」が生み出すもの

すでに述べてきたように、ハルナックが『キリスト教の本質』に描いたイエス時代のユダヤ教は必ずしも歴史学的検証の見地からすると正確なものではなく、概ね新約聖書のみを典拠としつつ、プロテスタント神学が暗黙のうちに継承してきたその解釈に基づくユダヤ教の像をそのまま描写しているにすぎない。そしてそれが当時の神学者たちにおける、ユダヤ教に関するごく一般的な見識であった。この状態を打破したのがベックの『ユダヤ教の本質』であり、今日のキリスト教神学者がヘブライ語聖書やユダヤ教への理解を深めるためにユダヤ教当事者に耳を傾ける姿勢を多かれ少なかれ持っているのは、この『キリスト教の本質』から派生したユダヤ教論争の影響が小さくないと言ってよい。

後に議論になったことであるが、ハルナックのユダヤ教に関する理解はその死後に国家社会主義、あるいはその同調者たちにつながるものを包含していたのではないかという批判は、あまり妥当性がないと思われる[47]。上記のように、ハルナックのユダヤ教理解はそもそもハルナックの独自性などないものであり、時代状況やそれ以前からの神学史のコンテキストを敢えて無視してハルナックの著述のみから反ユダヤ主義的傾向を読み取ろうとするのは適切とは思われない。むしろ神学者の間でもっと明確な反ユダヤ主義が少なからず見られた一九世紀末から二〇世紀初頭の状況の中で、ハルナックがそのような傾向を持つ人々やその言説からは明らかに距離を置いていたことこそ指摘されてよい事実であると思われる[48]。

ハルナックとベックの主張を対比した結果として浮かび上がるものの一つは、リヒャーツのほか、B・クラッパート（Bertold Klappert, 1939-）、Ａ・Ｈ・フリートランダー（Albert H. Friedlander, 1927-2004）などの研究者も指摘するように、両者の間に直接の対話がなかったことへの遺憾の意である[49]。時代性の反映にすぎない面も大きいが、ハルナックがそのユダヤ教理解の貧しさを指摘されたことに反応し、もしもベックとの直接対話を行い、自らの見解を修正し、ユダヤ教への理解を深めていれば、反ユダヤ主義へ対抗する有力な言説の一つになり得たと推測するのはあながち空想にすぎないとは言い切れないであろう。ハルナックに対するベックの執拗なまでの問いかけは、その意味では、宗教間の学術的あるいは実践的直接対話の重要性を示唆しているのではなかろうか。

注

まえがき

（1）教皇ベネディクト一六世ヨゼフ・ラツィンガー『ナザレのイエス』里野泰昭訳、春秋社、二〇〇八年、二六—二七頁。

（2）拙著『アドルフ・フォン・ハルナック『キリスト教の本質』における「神の国」理解』関西学院大学出版会オンデマンド、二〇〇九年。

序章

（1）潮木守一『フンボルト理念の終焉？——現代大学の新次元』東信堂、二〇〇八年、八二—八三頁。

（2）潮木守一、二〇〇八年、前掲書、八三頁。

（3）Friedemann Steck (hrsg.), *Adolf Harnack: Marcion: Der moderne Gläubige des 2. Jahrhunderts, der erste Reformator: Die Dorpater Preisschrift (1870)*, Berlin 2003.

（4）Johann Hinrich Claussen, „Adolf von Harnack", in: Friedrich W. Graf (Hrsg.), *Klassiker der Theologie (Band 2)*, München 2005, S. 145f（ヨハン・ヒンリッヒ・クラウセン「アドルフ・フォン・ハルナック」安酸敏眞訳、F・W・グラーフ編『キリスト教の主要神学者　下——リシャール・シモンからカール・ラーナーまで』安酸敏眞監訳、教文館、二〇一四年、一七九—一八〇頁).

（5）Friedrich Smend, *Adolf von Harnack: Verzeichnis seiner Schriften bis 1930*, Leipzig 1990.

（6）Adolf von Harnack, *Marcion, das Evangelium vom fremden Gott: eine Monographie zur Geschichte der Grundlegung der katholischen Kirche. Neue Studien zu Marcion*, Darmstadt ^{2}1985.

（7）Kurt Nowak, „Historische Einführung. Adolf von Harnack. Wissenschaft und Weltgestaltung auf dem Boden des moderner Protestantismus", in: AHZ, I, S. 18.

(8) Friedrich W. Graf, „Ernst Troeltsch", in: *Klassiker der Theologie (Band 2)*, S. 177f (「エルンスト・トレルチ」安酸敏眞訳、『キリスト教の主要神学者　下』二二九―二三〇頁).

(9) 潮木守一、二〇〇八年、前掲書、八〇―八一頁。

(10) 潮木守一『ドイツ　大学への旅』リクルート出版部、一九八六年、一九六―二二九頁。

(11) Nowak, a. a. O., S. 16.

(12) たとえば世界遺産に指定されているバート・ホンブルクのローマ遺跡リーメスの博物館には、大理石で造られたモムゼンの胸像が壁面に設置され、その偉業がたたえられている。

(13) Stefan Rebenich (hg.), *Theodor Mommsen und Adolf Harnack: Wissenschaft und Politik im Berlin des ausgehenden 19. Jahrhunderts: mit einem Anhang, Edition und Kommentierung des Briefwechsels*, Berlin u. New York 1997, bes. S. 223-234.

(14) Vgl. Claussen, a. a. O., S. 149f (安酸訳、一八四頁).

(15) たとえば、„Auf Dein Wort will ich das Netz auswerfen" (1919), in: *Ausgewählte Reden und Aufsätze: neu herausgegeben von D. Dr. Agnes von Zahn-Harnack und Dr. Axel von Harnack*, Berlin 1951, S. 157-165.

(16) ヴィルヘルム二世とハルナックの密接な関係性については、後述するC・ノットマイアー (Christian Nottmeier, 1974-) が詳細な討究を行っている。他方でノットマイアーはおもに一九〇〇年以降のハルナックの政治的地位獲得に関して、これを独りヴィルヘルム二世の関与によるものとすることはできないとしている (Christian Nottmeier, *Adolf von Harnack und die deutsche Politik 1890-1930, eine biographische Studie zum Verhältnis von Protestantismus, Wissenschaft und Politik*, Tübingen ^{2}2017, S. 233-262)。

(17) ヴィルヘルム二世は宣戦布告前日の一九一四年七月三一日と、翌八月一日にベルリン王宮のバルコニーから、集まった群衆に対してそれぞれ短い演説を行っている。さらに八月四日にドイツ帝国議会開会演説でも開戦に関する演説を行っているが、いずれもハルナックが起草したものである (Johannes Hohlfeld (hg.), *Dokumente der Deutschen Politik und Geschichte von 1848 bis zur Gegenwart, Teil: Bd. 2, Das Zeitalter Wilhelms II : 1890-1918*, Berlin 1973, S. 295f)。特に有名なのは二度のバルコニー演説で、議会での演説はバルコニー演説とおおよそ同内容である。バルコニー演説の全文は次のとおり。

第一演説（七月三一日）

「今や困難な時にドイツは投げ込まれた。嫉妬する者たちがわれわれを防衛へと向かわせている。われわれは剣を取るよう仕向けられた。われわれは神の助けによって剣をさやに収めること、つまり敵対者が理解を示し、平和を守るという私の希望がもはやかなえられないなどというのは私の望むところではない。戦争になれば、物も人も莫大な犠牲を払わねばならないであろう。しかしドイツを刺激したのはあなたたちだと敵対者に言わなければならないのだ。私は（国民）諸君に、教会に行き、神の前にひざまずき、我らが勇敢な軍に神の助けがあるよう祈ることを勧める」（*Deutscher Reichsanzeiger und Königlicher Preußischer Staatsanzeiger*, Berlin, 179, 1. August 1914, Nichtamtliches, S. 2）。

第二演説（八月一日）

「こんにち諸君が私に示してくれている、これまでなかったほどの愛と信頼に感謝する。あらゆる党派がなくなるような戦争が到来した。これまでさまざまな党派が私を攻撃した。平和な日々だった時のそのことを私は赦そう。もはやいかなる党派も、いかなる教派も私の知るところではない。今やわれわれはみなドイツ人という兄弟であり、ドイツ人という兄弟でしかない。われわれの隣人が平和を望まないのであれば、われわれの善なるドイツの剣が、この困難な闘いを勝利に満ちて貫くことを神に願う」（ebd., 180, 3. August Abends 1914, Nichtamtliches, S. 4）。

（18） Eberhard Busch, *Karl Barths Lebenslauf: nach seinen Briefen und autobiographischen Texten*, München [2]1976, S. 93（エーバーハルト・ブッシュ『カール・バルトの生涯　1886-1968』小川圭治訳、新教出版社、一九八九年、一一七頁）.

（19） Ebd（前掲書、一一六―一一八頁）.

（20） この演説„Die Bedeutung der theologischen Fakultät"は AHZ. I, S. 856-874 に収録されている。

（21） ヴァイマル憲法第一三七条は「国の教会は、存在しない」と宣言し、現在の基本法もこの条文をそのまま有効であると規定している。他方で、かつての領邦教会とローマ・カトリック教会には、州によってかなりの違いがあるものの、税務署による「教会税」の代理徴収、公立学校における宗教教育などの特権が認められていることが多い。なお、現在のドイツのキリスト教会における教役者の養成は、必ずしも伝統的な公立大学の神学部に限らず、おもに二〇世紀以降に設立された、教会立や修道会立の神学大学、すなわち事実上の私立大学を通じても行われており、ハルナックの時代とは大きく様相が異なっている。

（22）後述のハルナック・ハウスの入り口には、アメリカから贈られたハルナックへの感謝を表す銘板がドイツ語と英語で掲げられている。全文（私訳）は以下のとおり。
「アドルフ・フォン・ハルナック、一八五一—一九三〇、研究者にして学術オーガナイザー、ベルリン王立図書館長、ヴィルヘルム皇帝協会初代総裁、アメリカ合衆国とドイツの間の学術的協同作業の友にしてプロモーター」。

（23）ZH, S. 394f.

（24）ボンヘッファーの弔辞 „Gedächtnisrede auf Adolf v. Harnack“ は *Ausgewählte Reden und Aufsätze*, S. 210-211 に収録されている。

（25）Hanns-Christoph Picker, „Ergänzungen zur Personalbibliographie Harnacks“, in: AHZ. II, S. 1655-1683.

（26）Bultmann, Geleitwort, in: A. v. Harnack, *Das Wesen des Christentums, hrsg. von R. Bultmann*, Stuttgart 1950, S. VII.

（27）K. Aland, W. Elliger, O. Divelius, *Adolf Harnack in Memorium*, Berlin 1951.

（28）ハルナックの残した膨大な手稿や手紙はおもにベルリン国立図書館に収められており（Nachlass Adolf von Harnack）、マールブルク大学教授のC－D・オストヘヴェナー（Claus-Dieter Osthövener, 1959-）らを中心に目録作成などの調査が進行中である。

（29）ハルナックとバルトの往復書簡による論争については、筆者はすでに考察を行っているのでここでは繰り返さない（拙著『アドルフ・フォン・ハルナック『キリスト教の本質』における「神の国」理解』関西学院大学出版会オンデマンド、二〇〇九年、第四章参照）。

（30）Friedrich W. Graf (hrsg.), *Profile des neuzeitlichen Protestantismus (Bd.2. T.1-2.)*, Gütersloh 1992-1994.

（31）Vgl. Claussen, a. a. O., S. 141.

（32）Albert H. Friedlander..., „Vorwort“, in: Leo Baeck, *Leo Baeck Werke Bd. 1. Das Wesen des Judentums / hrsg. von Albert H. Friedlander...*, Gütersloh 1998, S. 7. ベックのハルナック批判の詳細は本書補論２「ハルナックとレオ・ベック」参照。論証の都合上、同一の事柄を取り扱っている場合があることをご容赦いただきたい。

（33）Albert H. Friedlander / Bertold Klappert, „Das Wesen des Judentums in unserer Zeit“, in: Leo Baeck, a. a. O., S. 17.

(34) WdC, S. 35.
(35) WdC, S. 37.
(36) WdC, S. 58.
(37) WdC, S. 64.
(38) WdC, S. 35.
(39) WdC, S. 37.
(40) WdC, S. 64.
(41) Reinhold Mayer, Art. «Baeck, Leo», in: TRE 5, S. 113.
(42) Friedlander / Klappert, a. a. O., S. 17.
(43) レビ記一九章一八節。
(44) Leo Baeck, *Leo Baeck Werke Bd. 1. Das Wesen des Judentums / hrsg. von Albert H. Friedlander...*, Gütersloh 1998, S. 235f.
(45) 申命記一四章二九節。
(46) 申命記一六章一四節。
(47) レビ記二五章三五節。
(48) イザヤ書五八章七―八節。
(49) *Das Wesen des Judentums*, S. 224ff.
(50) 「律法学者たちとファリサイ派の人々、あなたたち偽善者は不幸だ」(マタイによる福音書二三章一三節他)。
(51) Friedlander / Klappert, a. a. O., S. 23.
(52) Baeck, "Preface to the English edition", in: *Leo Baeck Werke Bd. 1*, S. 423.
(53) WdC, S. 11f.
(54) *Das Wesen des Judentums*, S. 73.
(55) WdC, S. 86.
(56) Claus-Dieter Osthövener, Adolf von Harnack als Systematiker, in: ZThK 99 (2002), S. 296-331, hier: S. 327. オストヘヴェナーによれば、ハルナックが『キリスト教の本質』の中心に据えた宗教概念は、以下の文章に表現されてい

る。「キリスト教は、いと高く、単純で、なおかつある一つの点に関係する何かなのである。すなわち、時間のあいだにある永遠の命、神の力のうちにある永遠の命、神の眼前にある永遠の命である」（WdC, S. 12）。

（57） "Preface to the English edition", a. a. O, S. 423.

（58） Barbara Aland, Art. «Marcion / Marcioniten», in: TRE 22, S. 89f.

（59） Adolf von Harnack, *Marcion, das Evangelium vom fremden Gott: eine Monographie zur Geschichte der Grundlegung der katholischen Kirche. Neue Studien zu Marcion*, Darmstadt ^{2}1985, S. 217.

（60） Ebd., S. 198.

（61） 一九三九年にエルサレムで初めて講演し、その後何か所かで行われ、最終的に一九四七年にロンドンで行った講演を書き起こしたもの。本論文ではMartin Buber, *Der Jude und Judentum: Gesammelte Aufsätze und Reden*, Köln 1963所収のAn der Wende（1951）: Die erste Rede, Der Geist Israels und die Welt von heuteをテキストとして用いる。

（62） マタイによる福音書二二章二一節、ルカによる福音書二〇章二五節。

（63） *Der Jude und Judentum*, S. 152.

（64） Martin Buber, *Briefwechsel aus sieben Jahrzehnten, Band III: 1938–1965*, Heidelberg 1975, S. 143f.

（65） Ebd., S. 144f.

（66） Werner Licharz, „Ein Gespräch, das es nie gab: Adolf von Harnack und Leo Baeck", in: *Leo Baeck– Zwischen Geheimnis und Gebot: Auf dem Weg zu einem progressiven Judentum der Moderne*, mit einem Geleitw. von Frank Wössner, Karlsruhe 1997, S. 175-184, hier: S. 179. 他方で、ルターは旧約を律法、新約を福音と機械的に断じることを避けつつ、神学的な意味において「律法と福音」という観点で聖書全体を読んだし、そうならば旧約にも福音があり、新約にも律法があることになるとの指摘もある（徳善義和「旧約聖書」『ルターと宗教改革事典』日本ルーテル神学大学ルター研究所編、教文館、一九九五年、八七頁）。

（67） WdC, S. 102.

（68） WdC, S. 102.

（69） WdC, S. 109.

（70） WdC, S. 108.

（71） WdC, S. 115.

（72） WdC, S.158.

（73） Peter von der Osten-Sacken, „Christen und Juden in Berlin“, in: *450 Jahre Evangelische Theologie in Berlin, hrg. von G. Besier und Chr. Gestrich*, Göttingen 1989, S. 593f.

（74） Heinrich August Winkler, *Der lange Weg nach Westen - Deutsche Geschichte I: Vom Ende des Alten Reiches bis zum Untergang der Weimarer Republik*, München 2000, S. 456（H・A・ヴィンクラー『自由と統一への長い道 ドイツ近現代史１ 一七八九―一九三三年』後藤俊明ほか訳、昭和堂、二〇〇八年、四五二頁）.

（75） Kurt Nowak, „Historische Einführung. Adolf von Harnack. Wissenschaft und Weltgestaltung auf dem Boden des modernen Protestantismus“, in: AHZ. I, S. 89.

（76） Christian Nottmeier, *Adolf von Harnack und die deutsche Politik 1890-1930*, Tübingen ^{2}2017, S. 244, Anm. 47.

（77） Johannna Jantsch（hg.）, *Der Briefwechsel zwischen Adolf von Harnack und Martin Rade. Theologie auf dem öffentlichen Markt*, Berlin/New York 1996, Stefan Rebenich, a. a. O., Uwe Rieske–Braun（hg.）, *Moderne Theologie: der Briefwechsel Adolf von Harnack– Christoph Ernst Luthardt; 1878–1897*, Neukirchen 1996.

（78） Kurt Nowak / Otto G. Oexle（hg.）, *Adolf von Harnack: Theologe, Historiker, Wissenschaftspolitiker*, Göttingen 2001, ders. u. a.（hg.）, *Adolf von Harnack: Christentum, Wissenschaft und Gesellschaft; wissenschaftliches Symposion aus Anlass des 150. Geburtstages*, Göttingen 2003.

（79） 書誌情報については、本章注76参照。

（80） 書誌情報については、本章注４参照。

（81） たとえば、Markus Vinzent, *Der Ursprung des Apostolikums im Urteil der Kritischen Forschung*, Göttingen 2006.

（82） Claus-Dieter Osthövener, „Adolf von Harnack als Systematiker“, in: ZThK 99（2002）.

（83） Ebd.

（84） ツァーン＝ハルナックの著書（Agnes von Zahn-Harnack, *Der Apostolikumstreit des Jahres 1892: u. seine Bedeutung für d. Gegenwart*, Marburg 1950）や、ＴＲＥにおける使徒信条論争の項目（Hans-Martin Barth, Art. «Apostolisches Glaubensbekenntnis II. 3. Der Apostolikumstreit», in: TRE 3, S. 560ff.）では、ドライアーに関する言及は全く見られ

ない。他方で、二一世紀以降に発表されたノヴァク、ノットマイアーらのハルナックに関する論文においては、ドライアーは使徒信条論争の中に位置づけられている（Kurt Nowak, Historische Einführung, in: *Adolf von Harnack: Theologe, Historiker, Wissenschaftspolitiker*, Göttingen 2001, S. 30; Nottmeier, a. a. O., S. 127）。

第1章

（1）当初から今日に至るまで、„Apostolikumsstreit“ との表記もしばしば見られる（例 „Stellungsnahme der preußischen Evangelisch-Lutherischen Konferenz zum Apostolikumsstreit“ in: Ernst R. Huber (Hg.), *Staat und Kirche im 19. und 20. Jahrhundert: Dokumente zur Geschichte des deutschen Staatskirchenrechts 3 Staat und Kirche von der Beilegung des Kulturkampfs bis zum Ende des Ersten Weltkriegs*, Berlin 1983, S. 673）。

（2）本論文で使徒信条の全文または一部を日本語で引用する際は、日本基督教団讃美歌委員会編『讃美歌』一九五四年版、五六六の邦訳文による。なお、同翻訳には一部の漢語の語句に本来の漢字の音読みとは全くことなる、いわゆる大和言葉に読み替えた振仮名が付されているが（たとえば「処女」には「おとめ」、「永遠」には「とこしえ」など）、本論文ではこれらの振仮名を考慮せずに漢語を慣用的に音読みし、その字句通りの意味に解釈しても論説には影響がないと判断し、これらの特別な振仮名は省略する。なお、全文は以下のとおり。

「我は天地の造り主、全能の父なる神を信ず。我はその独り子、我らの主、イエス・キリストを信ず。主は聖霊によりてやどり、処女マリヤより生れ、ポンテオ・ピラトのもとに苦しみを受け、十字架につけられ、死にて葬られ、陰府にくだり、三日目に死人のうちよりよみがえり、天に昇り、全能の父なる神の右に座したまえり、かしこより来たりて、生ける者と死ねる者とを審きたまわん。我は聖霊を信ず、聖なる公同の教会、聖徒の交わり、罪の赦し、身体のよみがえり、永遠の生命を信ず。アーメン」

（3）大崎節郎「使徒信条論争」『改訂新版　キリスト教大事典』日本基督教協議会文書事業部、キリスト教大事典編集委員会編、教文館、一九八五年では「一八九一年にヴィッテンベルクでシュレンプフにより」となっているが、年、場所ともに間違いである。

（4）*Verhandlungen der Evangelischen General-Synode zu Berlin vom 2. Juni bis zum 29. August 1846, II.*, Berlin 1846, S. 19. この提案された信条案は、ニッチュに批判的な人々からは使徒信条（Apostolikum）をもじって「ニッチュ信条

（Nitzschenum）」と称された。ただし、ニッチュの使徒信条批判は、ウィーン休制後に拡大したプロイセン王国内における旧併合地域で改革派の伝統を持つラインラントやヴェストファーレンなどの旧領邦教会と、ルター派である旧来のプロイセン領邦教会との合同問題およびベルリンにおけるルター派と改革派の合同問題の文脈で行われており、純粋に個人の見解として使徒信条を神学的に批判したというよりは、合同教会にふさわしい信条あるいは信仰告白のあり方について教会政治的に問題提起を行ったと見ることもできる。のちに彼はベルリン大学神学部教授および学長を歴任、さらにはベルリン・聖ニコライ教会主任牧師（Propst）、ベルリン中部教区長（Superintendent, 聖マリア教会区）に就任している。このほか、一八四五年にケーニヒスベルクの牧師J・ルップ（Julius Rupp, 1809-1884）はアタナシオス信条を公に批判したかどで領邦教会の牧師職を解任され、自由教会を設立している。このとき焦点となったのはアタナシオス信条だが、ルップを巡る出来事は使徒信条論争の一つに数えられることがある。

（5） Otto Dreyer, *Undogmatisches Christentum*, Braunschweig 1888, [4]1890.

（6） Rudolf Hermann, *Thüringische Kirchengeschichte. Band II*, Böhlau, Weimar 1947（Nachdruck: Hartmut Spenner, Waltrop 2000）, S. 421.

（7） Julius Kaftan, Glaube und Dogma, in: *Die Christliche Welt 3 (1889)*, Sp. 7-10, 19-25, 43-48, 68-72, 88-92, 150-157., *Glaube und Dogma*, Bielefeld u. Leipzig 1889.

（8） *Undogmatisches Christentum*, S. V.

（9） *Fester Glaube und freie Wissenschaft*, S. 25f.

（10） Ebd., S. 40.

（11） Ebd., S. 47.

（12） Ebd., S. 49.

（13） Ebd., S. 50.

（14） Ebd., S. 54.

（15） in: Otto Dreyer, *Zur undogmatischen Glaubenslehre*, Berlin 1901.

（16） Ebd., S. 13.

（7）*Zur undogmatischen Glaubenslehre*, S. 25.

（18）Ebd., S. 26.

（19）Ebd., S. 28. この人々についてドライアーは具体的に叙述していないが、この前後でドイツにおける宗教状況に言及しているため、たとえば同時代にいわゆる「内国伝道（Innere Mission）」をはじめとする伝道・福祉活動に力を尽くし、現在のディアコニー活動（Diakonisches Werk, ドイツ・プロテスタントの教育・社会福祉活動体）の基礎を築いたJ・ヴィーヒャーン（Johann Hinrich Wichern, 1808-1881）などが念頭に置かれていると見てよいと思われる。

（20）Ebd., S. 29.

（21）Ebd., S. 36f.

（22）Ebd., S. 40.

（23）Ebd., S. 40.

（24）Ebd., S. 43.

（25）Ebd., S. 47.

（26）Ebd., S. 69.

（27）Ebd., S. 62.

（28）Ebd., S. 72.

（29）Ebd., S. 48.

（30）Ebd., S. 52.

（31）Ebd., S. 54.

（32）Ebd., S. 59.

（33）ルターは「我は天地の造り主、全能の父なる神を信ず」を「創造について」、「我はその独り子……生ける者と死ねる者とを裁きたまわん」までを「救済について」、残りの部分を「聖化について」と分けている。「おとめマリアより生まれ」については、イエスが「全き人間（wahrhaftiger Mensch）」として生まれたと説明するにとどまり、マリアの処女懐胎に関する直接的な言及はない。ちなみに『大教理問答』においてもこの使徒信条の三つの分け方に違いはない。「全き人間」は「全き神の子（wahrhaftiger Gottessohn）」という表現になっているが、やはりマリアの処女懐胎に関する言及はない。

（34） Ebd., S. 61f.

（35） Ebd., S. 63.

（36） *Undogmatisches Christentum*, S. 1.

（37） Ebd., S. 48.

（38） Ebd., S. 78.

（39） Ebd., S. 82.

（40） Ebd., S. 82.

（41） Ebd., S. 83.

（42） Ebd., S. 83.

（43） Ebd., S. 84.

（44） Ebd., S. 20.

（45） Ebd., S. 21.

（46） Ebd., S. 26.

（47） Ebd., S. 27.

（48） Ebd., S. 31.

（49） Ebd., S. 33.

（50） Ebd., S. 35.

（51） Ebd., S. 43.

（52） Ebd., S. 43.

（53） Ebd., S. 47.

（54） Ebd., S. 47. なお mysterium tremendum の語はルードルフ・オットーの『聖なるもの』（一九一四年）を思い起こさせるが、ドライアーの『非教義的キリスト教』（一八八八年）の方が先行している。ドライアーはオットーと同じく「畏怖（Scheu）」あるいは「聖なる畏怖（heilige Scheu）」についても敬虔なる心情や敬虔性（Pietät）との関連で取り上げているが（ebd., S. 5, 54, 87）、オットーのようにそれらを中心にして整理された一つの体系を提示しているわけではない。

(55) Ebd., S. 47f.
(56) Ebd., S. 52f.
(57) Ebd., S. 57.
(58) Ebd., S. 57.
(59) Ebd., S. 57.
(60) Ebd., S. 59.
(61) Ebd., S. 60.
(62) Ebd., S. 61.
(63) Ebd., S. 62.
(64) Ebd., S. 63.
(65) Ebd., S. 67.
(66) Ebd., S. 101.
(67) Ebd., S. 69.
(68) Ebd., S. 69f.
(69) Ebd., S. 73.
(70) Ebd., S. 75. コリントの信徒への手紙二、五章一七節「キリストと結ばれる人はだれでも、新しく創造された者なのです。古いものは過ぎ去り、新しいものが生じた」、ガラテヤの信徒への手紙二章二〇節「生きているのは、もはやわたしではありません。キリストがわたしの内に生きておられる」参照。
(71) Ebd., S. 75.
(72) Vgl. ebd., S. 3-12.
(73) Ebd., S. 84.

(74) Ebd., S. 86.
(75) Ebd., S. 84.
(76) Ebd., S. 86.
(77) Ebd., S. 87.
(78) Ebd., S. 88.
(79) Ebd., S. 89.
(80) Ebd., S. 92.
(81) Ebd., S. 93.
(82) Ebd., S. 95.
(83) Ebd., S. 95.
(84) Ebd., S. 96f.
(85) Ebd., S. 97.
(86) Ebd., S. 98.
(87) Ebd., S. 103.
(88) Ebd., S. 102.
(89) *Fester Glaube und freie Wissenschaft*, S. III.
(90) ちなみにドライアーの妻はローテの娘であり、ローテとドライアーは義理の親子の関係である。
(91) Vgl. Falk Wagner, „Theologische Universalintegration: Richard Rothe（1799-1867）“, in: Friedrich Wilhelm Graf（Hrsg.）, *Profile des neuzeitlichen Protestantismus Bd. 1. Aufklärung, Idealismus, Vormärz*, Gütersloh 1990, S. 270.
(92) Richard Rothe, *Theologische Ethik Bd. I*, Wittenberg/Greifswald ²1867, S. 49.
(93) Wagner, a. a. O., S. 271.
(94) Wagner, a. a. O., S. 279.
(95) Adolf Hausrath, *Richard Rothe und seine Freunde Bd. 2*, Berlin 1906, S. 437.
(96) Hausrath, a. a. O., S. 441.

（97） Richard Rothe, *Zur Dogmatik*, Gotha [3]1898, S. 51.
（98） Hausrath, a. a. O., S. 441.
（99） *Undogmatisches Christentum*, S. 81.
（100） Ebd., S. 43.
（101） *Theologische Ethik Bd. 1.*, S. 186.
（102） *Zur Dogmatik*, Anm, 1, S. 12.

第2章

（1） Trutz Rendtorff, „Einleitung", in: Adolf von Harnack, *Das Wesen des Christentums, hrsg. Trutz Rendtorff*, Gütersloh 1999, S. 17f.
（2） Julius Kaftan, „Glaube und Dogma", in: *Die Christliche Welt 3 (1889)*, Sp. 7-10, 19-25, 43-48, 68-72, 88-92, 150-157., *Glaube und Dogma*, Bielefeld u. Leipzig 1889.
（3） Julius Kaftan, „Brauchen wir ein „neues Dogma" ?", in: *Die Christliche Welt 3 (1889)*, Sp. 779-780, 803-809, 819-826, 835-841, 859-864, 899-905, 926-931, 947-950., *Brauchen wir ein neues Dogma?*, Bielefeld u. Leipzig 1890.
（4） Alle in: *Zur undogmatischen Glaubenslehre*.
（5） *Glaube und Dogma*, S. 23f.
（6） Ebd., S. 55.
（7） Ebd., S. 57.
（8） Ebd., S. 48.
（9） Vgl. ebd., S. 21f.
（10） Ebd., S. 26.
（11） Vgl. ebd., S. 27.
（12） Vgl. ebd., S. 34.
（13） Ebd., S. 43f.

（14） Ebd., S. 49.
（15） Ebd., S. 20.
（16） Ebd., S. 28.
（17） Ebd., S. 30.
（18） Vgl. *Brauchen wir ein neues Dogma?* S. 26.
（19） *Glaube und Dogma*, S. 37.
（20） Ebd., S. 32.
（21） Vgl. ebd., S. 35.
（22） *Brauchen wir ein neues Dogma?*, S. 48.
（23） *Glaube und Dogma*, S. 56.
（24） *Brauchen wir ein neues Dogma?*, S. 35.
（25） *Glaube und Dogma*, S. 58.
（26） Ebd., S. 59.
（27） *Brauchen wir ein neues Dogma?*, S.36.
（28） Ebd., S. 40.
（29） Ebd., S. 49.
（30） Ebd., S. 63.
（31） *Glaube und Dogma*, S. 45.
（32） Vgl. *Undogmatisches Christentum*, S. 98f.
（33） Ebd., S. 1.
（34） *Glaube und Dogma*, S. 60.
（35） *Brauchen wir ein neues Dogma?*, S.70.
（36） *Zur undogmatischen Glaubenslehre*, S. 83f.
（37） Ebd., S. 82.

（38）Ebd., S. 85.
（39）Ebd., S. 98.
（40）Ebd., S. 90.
（41）Ebd., S. 101.
（42）Ebd., S. 102.
（43）Ebd., S. 87.
（44）Ebd., S. 105.
（45）Ebd., S. 105.
（46）Ebd., S. 103.
（47）Ebd., S. 103.
（48）Ernst Troeltsch, „Otto Dreyer: Zur undogmatischen Glaubenslehre. Vorträge und Abhandlungen（1901）", in: Friedrich Wilhelm Graf / Gabriele von Bassermann-Jordan（Hg.）, *Rezensionen und Kritiken (1901-1914)*, Berlin/New York 2004, S. 274-276.
（49）*Zur undogmatischen Glaubenslehre*, S. 95.
（50）WdC, S. 16.
（51）*Undogmatisches Christentum*, S. 1.
（52）*Glaube und Dogma*, S. 60.
（53）*Brauchen wir ein neues Dogma?*, S.70.

第3章

（1）*Undogmatisches Christentum*, S. VIII.
（2）Ebd., Adolf Harnack, *Lehrbuch der Dogmengeschichte: Bd. III. Die Entwickelung des kirchlichen Dogmas II/III*, Tübingen u. Darmstadt [1]1890, S. 760.『教義史教本』は後の第四版（一九〇九―一九一〇年）に至るまで、版を重ねる毎に本文の改定が行われている。ドライアーが引用しているこの文章は第三巻の初版からのものであるため、以下本章では初版の本文を参照する（以下、¹DG）。

（3） *Undogmatisches Christentum*, S. VIII.

（4） Ebd.

（5） „Das Dogma von der Person Christi und seine religiöse Bedeutung（1891）", „Welche Wege muss die Unterweisung im Christentum einschlagen, um lebendigen Glauben in den Gemeinden der Gegenwart zu wecken?（1892）" in: *Zur undogmatischen Glaubenslehre.*

（6） *Zur undogmatischen Glaubenslehre*, S. 116, vgl. Martin Luther, „Der Kleine Kathechismus", in: Die Bekenntnisschriften der Evangelisch-Lutherischen Kirche. Vollständige Neuedition: herausgegeben von Irene Dingel, im Auftrag der Evangelischen Kirche in Deutschland, Göttingen 2014, S. 870.

（7） *Zur undogmatischen Glaubenslehre*, S. 116f.

（8） Ebd., S. 117f.

（9） Ebd.

（10） Ebd., S. 120.

（11） メシアは「油注がれた者」を意味するヘブライ語。イエス時代のユダヤ教では、一、失われたダビデ王国をローマ帝国などの圧制者から取り戻して再興する「ダビデの子」としての地上的・民族主義的指導者像、二、モーセの兄アロンをモデルとする祭司の像、三、ダニエル書七章等に見られる「人の子」としての天的な超越者像の三つのイメージが重ねられていたが、当時のさまざまな文書に見られるメシア像は多様で不同である（長窪専三『古典ユダヤ教事典』教文館、二〇〇八年、四九九―五〇二頁参照）。

（12） アラム語で「貧者」を意味するが、テルトゥリアヌスやヒッポリュトスによれば人名。イエスのメシア性は認めるが、神性や処女降誕は否定し、エルサレムを特に敬い、律法を遵守し、菜食主義を実践し、貧困を高く評価して共有財産制を実施した（前掲書、一〇二頁参照）。

（13） アレクサンドリアの司祭アレイオス（Ἄρειος, ラテン表記 Arius, 250?-336）に代表される教説。中期プラトン主義の影響のもと、神の絶対的超越性と自律性を強調し、子なるイエスは父なる神に従属するものであるとし、イエスは世に先立って父から生まれた神的存在だが被造物であり、父なる神と同質ではないとした（vgl. RGG⁴,

«Arius / Arianismus»）
（14）Ebd.
（15）Ebd., S. 123.
（16）Ebd., S. 124.
（17）Ebd.
（18）ヨハネの手紙一、四章一六節b。
（19）„Das Dogma von der Person Christi und seine religiöse Bedeutung（1891）“, S. 126.
（20）*Zur undogmatischen Glaubenslehre*, S. 127.
（21）Ebd., S. 128.
（22）Ebd., S. 129f.
（23）ルカによる福音書二章四一―五二節。
（24）ルカによる福音書二三章四六節。
（25）Ebd., S. 130.
（26）Ebd.
（27）Ebd., S. 131.
（28）Ebd., S. 132.
（29）Ebd. カルケドン信条（四五一年）には「この方（イエス・キリスト）は、混ざることなく、変わることなく、分かたれることなく、離されることもない二つの本性において知られる方である。両本性の区別は、この合一によって決して廃棄されることはなく、むしろ各本性の固有性は保たれつつ、一つの人格、一つの実体へと統合しているのである」とある（アリスター・E・マクグラス編『キリスト教神学資料集　上』古屋安雄監訳、キリスト新聞社、二〇〇七年、六四八頁）。
（30）*Zur undogmatischen Glaubenslehre*, S. 132f.
（31）„Welche Wege muss die Unterweisung im Christentum einschlagen, um lebendigen Glauben in den Gemeinden der Gegenwart zu wecken?（1892）“ in: *Zur undogmatischen Glaubenslehre*, S. 134.

(32) Ebd., S. 135f.
(33) コリントの信徒への手紙一、九章一九節以下。
(34) Ebd., S. 137.
(35) マタイによる福音書二三章二―三節。
(36) Ebd.
(37) Ebd., S. 138.
(38) Ebd. シュライアマハーのどの著作からの引用かは不明。
(39) Ebd., S. 138f.
(40) Ebd., S. 140.
(41) Ebd., S. 141.
(42) Ebd.
(43) Ebd., S. 141f.
(44) ヨハネによる福音書四章一―四二節。
(45) ヨハネによる福音書四章四二節。
(46) Ebd., S. 142.
(47) Ebd., S. 142f.
(48) Ebd., S. 144.
(49) Ebd., S. 145f.
(50) 『実践理性批判』第三一章「人間の認識能力がその実践的な使命に賢明に適合し、調和していることについて(Von der praktischen Bestimmung des Menschen weislich angemessenen Proportion seiner Erkenntnisvermögen)」が引き合いに出されている（I・カント『実践理性批判2』中村元訳、光文社、二〇一三年、二〇八頁以下参照。同訳では第一部第二編九節となっている）。
(51) *Zur undogmatischen Glaubenslehre*, S. 146f.
(52) Ebd., S. 147f.

(53) Ebd., S. 148f.
(54) Ebd., S. 149f.
(55) Ebd., S. 150f.
(56) サムエル記下一二章参照。
(57) Ebd., S. 151ff.
(58) Ebd., S. 153. シュライアマハーは宗教に関わる人間の認識能力は知性でもなければ理性でもなく、感情であるとし、宗教の本質は道徳実践にあるのではなく宇宙の真理を直観することであると主張した。ドライアーの発言はこのシュライアマハーの主張を意識していると推察できる。
(59) Ebd., S. 153.
(60) Ebd., S. 154.
(61) プロイセンにおいては公立学校の義務教育課程における宗教教育は必須であり、多くの場合、当該地域の支配的教派に基づく宗教教育が、その地域の教会の教役者が学校の教壇に立つことによって行われていたが、特に旧ポーランド地域におけるポーランド語によるカトリック宗教教育はポーランド人たちの民族意識を養う上にポーランド独立を促しかねないとして常にプロイセンの政治問題の一つであった（伊藤定良『ドイツの長い一九世紀ドイツ人・ポーランド人・ユダヤ人』青木書店、二〇〇二年参照）。
(62) Ebd., S. 154.
(63) Ebd., S. 156.
(64) Ebd.
(65) *Undogmatisches Christentum*, S. 82.
(66) *Zur undogmatischen Glaubenslehre*, S. 116f.
(67) *Undogmatisches Christentum*, S. 57.
(68) Ebd.
(69) *Zur undogmatischen Glaubenslehre*, S. 147f.
(70) Ebd., S. 154.

(71) Ebd., S. 156.

(72) Vgl. [1]DG. I, S. 52.

(73) Postkarte Harnacks an Martin Rade vom 27. 1. 1889, jetzt in: Johannna Jantsch (hg), *Der Briefwechsel zwischen Adolf von Harnack und Martin Rade. Theologie auf dem öffentlichen Markt*, Berlin/New York 1996, S. 211.

(74) Ebd., S. 211f.

(75) Trutz Rendtorff, „Adolf von Harnack und die Theologie: Vermittlung zwischen Religionskultur und Wissenschaftskultur“, in: Kurt Nowak / Otto Gerhard Oexle (Hg.), *Adolf von Harnack: Theologie, Historiker, Wissenschaftspolitiker*, Göttingen 2001, S. 411f.

第4章

(1) 『教会人物・著作事典（*Biographisch-Bibliographisches Kirchenlexikon*=BBKL）』では「レンツェンドルフ（Lenzendorf）」村としているが、誤記である（Wolfdietrich von Kloeden, Art. «SCHREMPF, Christoph», in: BBKL X, S. 974）。

(2) Vgl. Kurt Nowak, „Historische Einführung: Adolf von Harnack Wissenschaft und Weltgestaltung auf dem Boden des modernen Protestantismus“, in: AHZ. I, S. 31.

(3) Vgl. AHZ. I, S. 32.

(4) Agnes von Zahn-Harnack, *Der Apostolikumstreit des Jahres 1892 und seine Bedeutung für die Gegenwart*, Marburg 1950.

(5) 原文でも“Wir glauben an einen Gott. . . .”と、使徒信条の冒頭のみを記して、後を省略しているが、ここで洗礼式の司式者である牧師が一人で使徒信条全文を唱えることを示している。

(6) Art. «Nr. 283. Mitteilung des Pfarrers Schrempf an das Dekanat Blaufelden», in: Ernst Rudolf Huber, *Staat und Kirche im 19. und 20. Jahrhundert.: Dokumente zur Geschichte des deutschen Staatskirchenrechts. Bd. III: Staat und Kirche von der Beilegung bis zum Ende des Ersten Weltkriegs*, Berlin 1983, S. 660.

(7) Art. «Nr. 284. Zuschrift des Kirchengemeinderats und bürgerlichen Gemeiderats von Leuzendorf an das württembergische Landeskonsistorium», in: Huber, a. a. O., S. 660f.

(8) 使徒信条における、聖霊に関する言及は「我は聖霊を信ず」の一言だけであり、聖霊がどのような存在か、あるいは如何なる機能を果たすのか等については一切説明がない。また、いわゆる「最後の審判」については記述があるが、そもそも「天国」に人間の魂が行くことについても全く触れられていない。

(9) もとよりルターの『大教理問答』『小教理問答』における使徒信条の解説においても、処女降誕はほとんど触れられておらず、プロテスタンティズムにおいては当初から後景に置かれていた事柄であることは留意されてよい。しかし管見であるが、敢えてこれを否定する意見を公にした場合、使徒信条論争の他の諸事例においてそれは時に感情的とも思える激しい論議の的となっている。したがって、仮にシュレンプフがロイツェンドルフの村民に対して処女降誕を否定する発言をしたとするのであれば、それにもかかわらず、これを村民たちが問題視せず、看過したとは考えにくい。

(10) Art. «Nr. 286. Erlaß des Landeskonsistorium an das Dekanatamt Blaufelden vom 27. Oktober 1891», in: Huber, a. a. O., S. 662.

(11) Vgl. ebd., S. 662f.

(12) 「心裡留保」とは法律用語で「表意者が真意でないことを自ら知りながら行う意思表示。冗談などがその例。単独虚偽表示」(『広辞苑　第七版』)。Huber の注によれば、礼拝において使徒信条を唱えることを指しているとしている(Huber, a. a. O., S. 664, Anm. 8)。

(13) Huber, a. a. O., S. 664.

(14) Vgl. BBKL X, S. 974.

(15) Eberhard Harbsmeier, „Vom Kirchenhasser zum Kirchenvater – Kierkegaard als Kritiker der Kirche und Klassiker der Theologie“, in: Herausgegeben von Markus Pohlmeyer, *Kierkegaard – eine Schlüsselfigur der europäischen Moderne*, Hamburg 2015, S. 104.

(16) Harbsmeier, a. a. O., S. 105.

(17) Christoph Schrempf, *Zur Psychologie Der Sunde, Der Bekehrung Und Des Galubens. Zwei Schriften Sören Kierkegaards*, Leipzig 1890.

(18) 一七世紀、G・カリクスト(Georg Calixt, 1586-1656)が後期人文主義の刺激のもとで、使徒信条がキリスト教諸教派の一致点になり得るとの主張を展開したのに対し、A・カロフ(Abraham Calov, 1612-1686)は保守ルター派の立場から、使徒信条には三位一体、贖罪、現在、義認の教理が示されておらず、他方で救済論に必ずしも不可欠とは言えない処女懐胎やイエスの昇天などが書かれているため、信仰の本質的なもの（fides implicita）をまとめた教理文書とは言えないと反論している（vgl. Hans-Martin Barth, Art. «Apostolisches Glaubensbekenntnis II. 3. Der Apostolikumstreit», in: TRE 3, S. 558）。

（19）Karl Barth, *Die Protestantische Theologie im 19. Jahrhundert: Ihre Geschichte und ihre Vorgeschichte*, Zürich 1994, S. 600（『カール・バルト著作集13　十九世紀のプロテスタント神学　下』安酸敏眞ほか訳、新教出版社、二〇〇七年、三五九頁）.

（20）Barth, a. a. O., S. 602（前掲書、三六一頁）。

（21）Vgl. Johannes Weiß, *Die Predigt Jesu vom Reiche Gottes*, Göttingen 1892, ^{3}1964.

（22）Hans-Ulrich Wehler, *Das Deutsche Kaiserreich, 1871-1918*, Göttingen ^{7}1994, S. 119（ハンス-ウルリヒ・ヴェーラー『ドイツ帝国一八七一―一九一八年』大野英二ほか訳、未来社、一九八三年、一七九―一八〇頁）.

（23）第1章参照。

（24）Vgl. Hans-Martin Kirn, Art. «Protestantenverein», in: TRE 27, S. 538.

（25）Vgl. Hans-Martin Kirn, a. a. O., S. 539f. ちなみにドライアー自身もドイツ・プロテスタント同盟の会員であった。

（26）Friedrich Wilhelm Graf, „Kulturprotestantismus. Zur Begriffsgeschichte einer theologiepolitischen Chiffre", in: *Archiv für Begriffsgeschichte Bd. 28*, Hamburg 1984, S. 217.

（27）Edith Hanke, *Prophet des Unmodernen: Leo N. Tolstoi als Kulturkritiker in der deutschen Diskussion der Jahrhundertwende*, Tübingen 1993, S. 65f.

（28）福音主義社会協議会の初期指導者としては、牧師から保守政治家に転じたA・シュテッカー（Adolf Stoecker, 1835-1909）が代表的存在であったが、ハルナックは神学者を代表する存在として関わり、一九〇二年から一九一二年まで議長を務めた。

（29）Vgl. Hanke, a. a. O., S. 65f, 竹中亨『帰依する世紀末――ドイツ近代の原理主義者群像』ミネルヴァ書房、二〇〇四年、九七頁以下参照。

（30）Vgl. BBKL XI, S. 320.

(31) Vgl. BBKL XI, S. 321.
(32) Vgl. Dietrich Rössler, *Grundriss der Praktischen Theologie*, Berlin-New York ²1994, S. 96.
(33) Karl Leopold Adolf Sydow, *Die wunderbare Geburt Jesu. Vortrag gehalten im Berliner Unionsverein am 12. Januar 1872 von Dr. Sydow*, Berlin 1872.
(34) Vgl. *Die wunderbare Geburt Jesu*, S. 6, 7.
(35) Vgl. ebd., S. 7f, 9.
(36) Vgl. ebd., S. 13.
(37) ヘブライ人への手紙二章一七節。
(38) ヘブライ人への手紙四章一五節。
(39) Vgl. ebd., S. 12f.
(40) Vgl. ebd., S. 12.
(41) Vgl. ebd., S. 11.
(42) 実際、本文中にシュライアマハーの名前は繰り返し登場する（vgl. ebd., S. 11, 18）。
(43) Vgl. ebd., S. 17.
(44) Ebd., S. 15.
(45) Ebd., S. 12.
(46) Ebd., S. 13.
(47) Vgl. ebd., S. 14.
(48) BBKL V, S. 122f.
(49) BBKL V, S. 123.
(50) Emil Gustav Lisco, *Das apostolische Glaubensbekenntnis. Vortrag gehalten in Greifswald am 10. December 1871 umd in Berlin am 5. Januar 1872 von Dr. G. Lisco*, Berlin ²1872.
(51) Lisco, a. a. O., S. 5.
(52) リスコは前掲書において“Freirachsdorf”と表記しているが、間違いである。

（53）Vgl. Daniel Schenkel (hrsg.), „Der Nassauische Agendenstreit und die Absetzung des Pfarrers Schröder in Freirachdorf", in: *Allgemeine kirchliche Zeitschrift: ein Organ für die evangelische Geistlichkeit und Gemeinde Bd. 12, Heft 5*, 1871, S. 253-257. ナッサウ地方はヘッセン＝ナッサウ公国の一部であったが、一八六六年の普墺戦争敗戦によりプロイセン王国に併合され、統治機構上はプロイセン王国ナッサウ州となったが、ナッサウ福音主義領邦教会はプロイセン福音主義領邦教会（Evangelische Landeskirche in Preußen）に合同せず、独立を保持していた。このため、礼拝式文はプロイセンへ併合される前の一八四三年に作成されたものが併合後もそのまま使われており、そこでは洗礼式と堅信礼において使徒信条を用いることが定められていた（vgl. *Liturgie bei dem öffentlichen Gottesdienste der evangelisch-christlichen Kirche in dem Herzogthum Nassau*, Wiesbaden 1843, S. 235, 272f.）。

（54）Andreas Schulz, *Vormundschaft und Protektion: Eliten und Bürger in Bremen 1750 – 1880*, München 2002, S. 619, Anm. 216.

（55）Vgl. Schenkel, a. a. O., S. 254.

（56）Vgl. Lisco, a. a. O., S. 31f.

（57）Vgl. ebd., S. 12f.

（58）Ebd., S. 31.

（59）Ebd., S. 26.

（60）Vgl. ebd., S.5ff.

（61）Vgl. ebd., S.12ff.

（62）Vgl. ebd., S.19.

（63）Ebd., S.29.

（64）Ebd., S.36.

（65）Ebd., S.36.

（66）Hans-Martin Barth, Art. «Apostolisches Glaubensbekenntnis II. 3. Der Apostolikumstreit», in: TRE 3, S. 560ff

（67）Hans-Martin Barth, a. a. O., S. 561.

（68）シュドウに対するプロイセン領邦教会の対応については、Adolf Sydow, *Aktenstücke betreffend das vom königlichen*

Consistorium der Provinz Brandenburg über mich verhängte Disciplinaverfahren wegen meines Vortrags „Ueber die wunderbare Geburt Jesu“. Dr. Sydow, Berlin ^{2}1873. を参照。ちなみにリスコには何の公的処分もなかった。

（69） Winkler, a. a. O., S. 214（ヴィンクラー、前掲書、二一五頁）.

（70） Ebd., S. 214（前掲書、二一五頁）, vgl. Gerhard Lindemann, *Für Frömmigkeit in Freiheit: Die Geschichte der Evangelischen Allianz im Zeitalter des Liberalismus (1846-1879)*, Berlin 2011, S. 662.

（71） Winkler, a. a. O., S. 221（ヴィンクラー、前掲書、二三二頁）.

（72） Vgl. Kirn, a. a. O., S. 540.

（73） Vgl. Winkler, a. a. O., S. 224（ヴィンクラー、前掲書、二三五頁）.

（74） Vgl. Hauschild, a. a. O., S. 807f.

（75） Vgl. ebd., S. 807.

（76） Christian Nottmeier, *Adolf von Harnack und die deutsche Politik 1890-1930: Eine biographische Studie zum Verhältnis von Protestantismus, Wissenschaft und Politik*, Tübingen ^{2}2017, S. 192.

第5章

（1） Adolf Harnack, „In Sache des Apostolikums“, in: *Die Christliche Welt, Heft 6*, Leipzig 1892, S. 768-770.

（2） Adolf von Harnack, „Apostolische Glaubensbekenntnis. Ein geschichtlicher Bericht nebst einer Einleitung und einem Nachwort“, in: AHZ. I, S. 500.

（3） AHZ. I, S. 500-544.

（4） AHZ. I, S. 501-506.

（5） AHZ. I, S. 506.

（6） AHZ. I, S. 507-514.

（7） 古ローマ信条の最初の完全なテキストはアクィレイアのルフィヌス（Rufinus Aquileiensis, 340?-411/412）のものである。古ローマ信条の成立期についてはアンキュラのマルケルス（Marcellus Ancyra, ?-374）、ヒッポリュトス（Ἱππόλυτος, 170?-235）の文書から三世紀には洗礼の際の信仰告白として用いられていたことが推定されており、二世紀前半期には原初テキストが存在したとする向きもあるが、異論もある（vgl. Frederick Ercolo Vokes, Art. «Apostolisches Glaubensbekenntnis I», in: TRE 3, S. 533-552, Markus Vinzent, *Der Ursprung des Apostolikums im Urteil der Kritischen Forschung*, Göttingen 2006, S. 289f.）。

（8） AHZ. I, S. 515.

（9） AHZ. I, S. 516f.

（10） AHZ. I, S. 518.

（11） AHZ. I, S. 526.

（12） 「それゆえにわたしたちも、イエスが死人の中から復活し、（人々に）あらわれて、天に昇った第八日目を祝うのである」（佐竹明訳「バルナバの手紙」一五章九節、荒井献編『使徒教父文書』講談社、一九九八年、七四頁）。

（13） *Die wunderbare Geburt Jesu*, S. 13.

（14） AHZ. I, S. 536f.

（15） AHZ. I, S. 537.

（16） AHZ. I, S. 534.

（17） たとえば、Matthias Gockel, „Hermann Cremers Umformung der christlichen Lehre von den Eigenschaften Gottes im Lichte ihrer Rezeption im 20. Jahrhundert", in: *Neue Zeitschrift für systematische Theologie und Religionsphilosophie, 56*, 2014, S. 35-63.

（18） Hermann Cremer, *Zum Kampf um das Apostolikum. Eine Streitschrift wider D. Harnack*, Berlin 1892, ^{7}1893.

（19） Adolf von Harnack, „Antwort auf die Streitschrift D. Cremers: Zum Kampf um das Apostolikum", in: *Hefte zur Christlichen Welt, Nr. 3*, Leipzig 1892, auch in: AHZ. I, S. 545-578.

（20） さらにクレマーは『なぜわれわれは使徒信条を廃棄できないのか？　使徒信条をめぐる論争への第二の論駁書』を著している（Hermann Cremer, *Warum können wir das apostolische Glaubensbekenntnis nicht aufgeben? zweite Streitschrift zum Kampf um das Apostolikum*, Berlin ^{2}1893）。これはハルナックへの直接的な応答ではなく、リッチュル学派の一人と目されるマールブルク大学組織神学教授W・ヘルマンの書いた『使徒信条をめぐるこの論争は何が問題なのか？　クレマー博士の論駁書を特に顧慮して（Wilhelm Herrmann, *Worum handelt es sich in dem Streit um das*

Apostolikum? Mit besonderer Rücksicht auf D. Cremers Streit, Leipzig 1893)』への反論書であり、使徒信条をもはや廃棄すべきとするヘルマンの結論に対して正反対の主張を展開している。内容に関してはハルナックとの論争に関連する部分もあるが、本書の論旨からはいささか外れると思われるので、ここでは取り扱わない。

（21）*Zum Kampf um das Apostolikum*, S. 11.

（22）Ebd., S. 13, 18.

（23）たとえば、ペトロの手紙一、三章二〇節、エフェソの信徒への手紙一章二〇節、二章六節、四章一〇節、コロサイの信徒への手紙三章一節、テモテへの手紙一、三章一六節など。

（24）Ebd., S. 21f.

（25）Ebd., S. 22.

（26）Ebd., S. 23.

（27）G・シュトレッカー（Georg Strecker, 1929-1994）によれば、エイレナイオスの『異端論駁（Κατὰ αἱρέσεων）』（一八〇年頃）第一巻二六章二節に「エビオンの人（Ἐβιωναῖοι）」として登場するのが初出とされる。語源はヘブライ語の「貧しい人」を意味する *ebyonim* とされ、オリゲネス、ヒッポリュトスらもエルサレムあるいはユダヤ人キリスト者の中の異端者を指す名称として用いている。一方でシュトレッカーは、マタイによる福音書一五章二〇節、ルカによる福音書一章四六—五五節、一六章一九—二二節などにはエビオン派の影響が見られるとする（Georg Strecker, Art. «Judenchristentum», in: TRE 17, S. 312, 319）。

（28）八木誠一訳「イグナティオスの手紙」『使徒教父文書』前掲書、一六一頁。

（29）Ebd., S. 24, Anm.*, u. S. 25.

（30）「私は信じている。永遠のうちに父から生まれた真の神であって、また、おとめマリアから生まれた真の人であるイエス・キリストが私の主であることを」（*Die Bekenntnisschriften der Evangelisch-Lutherischen Kirche*, a. a. O., S. 872［ルター研究所訳『エンキリディオン小教理問答』リトン社、二〇一四年、三三頁］）。

（31）たとえば、ヨハネによる福音書八章五八節、一六章二八節、一七章五節。

（32）Ebd., S. 29f.

（33）Ebd., S. 32.

(34) Ebd., S. 38.
(35) Ebd., S. 41.
(36) Ebd., S. 44.
(37) Ebd.
(38) Ebd., S. 45.
(39) Ebd., S. 49.
(40) Jean Calvin, *Institutionis Christianae religionis 1559, in: Ioannis Calvini opera quae supersunt omnia: ad fidem editionum principum et authenticarum ex parte etiam codicum manu scriptorum, additis prolegomenis literariis, annotationibus criticis, annalibus Calvinianis, indicibusque novis et copiosissimis / ediderunt Guilielmus Baum, Eduardus Cunitz, Eduardus Reuss: Volumen II*, Braunschweig 1864, S. 375（ジャン・カルヴァン『キリスト教綱要　改訳版　第1篇・第2篇』渡辺信夫訳、新教出版社、二〇〇七年、五五八頁）.
(41) カルヴァンの使徒信条理解については、第7章を参照。
(42) AHZ. I, S. 547f.
(43) AHZ. I, S. 564-567.
(44) AHZ. I, S. 564.
(45) AHZ. I, S. 564f.
(46) AHZ. I, S. 565.
(47) Ebd.
(48) AHZ. I, S. 565f. ハルナックは、クレマーが挙げなかったイザヤ書七章一四節「見よ、おとめが身ごもって、男の子を産み、その名をインマヌエルと呼ぶ」を「私が信じるところ、以下の文言を知っている」として提示している（AHZ. I, S. 566）。
(49) AHZ. I, S. 566.
(50) AHZ. I, S. 567-569.
(51) AHZ. I, S. 570.

(52) Ebd.
(53) AHZ. I, S. 571.
(54) AHZ. I, S. 572.
(55) AHZ. I, S. 573.
(56) Ebd.
(57) AHZ. I, S. 574. 明記されているわけではないが、前後の文脈から判断して、ここでハルナックが言うところの「短くない福音的（あるいは「福音主義（プロテスタント）」の）信仰告白」とはアウクスブルク信仰告白と考えるのが適当であると思われる。
(58) AHZ. I, S. 575.
(59) Ebd.
(60) Ebd.
(61) „Brief des Rades an Harnack vom 20. 10. 1892“, in: *Der Briefwechsel zwischen Adolf von Harnack und Martin Rade*, S. 251.
(62) „Brief des preußischen Kultusministers Bosse an Harnack vom 3. 10. 1892“, in: ebd., S. 242f, u. Anm. 2.
(63) „Postkarte Rades an Harnack vom 29. 10. 1892“, Anm. 3, in: ebd., S. 256.
(64) Zahn-Harnack, a. a. O., S. 3.
(65) Ebd., S. 3f.
(66) Ebd., S. 4.
(67) Ebd., S. 5.
(68) Ebd., S. 6. ドイツ・プロテスタント同盟は逐語霊感説を否定する宣言を公式に採択するなど、団体としての行動は相当程度急進的な自由主義的傾向を有していた（Hans-Martin Kirn, Art. «Protestantenverein», in: TRE 27, S. 538）。
(69) Ebd., S. 1, 6.
(70) Ebd., S. 6.
(71) Ebd., S. 7f.

（72） Ebd., S. 8. ちなみに最初に候補に挙がったのは調停神学の代表的存在であった、ハレ大学教授のM・ケーラー（Martin Kähler, 1835-1912）であったが、ボッセからの招聘に対しケーラーは「教会のためには、変化のないグライフスヴァルトが最も大いなる祝福でありましょう」と丁重に断っている（ebd.）。

（73） Gerhard Schreiber, „Christoph Schrempf – Der „Schwäbische Sokrates“ als Übersetzer Kierkegaards“, in: Markus Pohlmeyer（hg.）, *Kierkegaard – eine Schlüsselfigur der europäischen Moderne*, Hamburg 2015, S. 114.

（74） Ebd.

（75） 同文書の抄録については „Zirkularanlaß des Evangelischen Oberkirchenrats, betreffend den Gebrauch und die Wertschätzung des Apostolischen Glaubensbekenntnisses（25. November 1892）“, in: Ernst Rudolf Huber / Wolfgang Huber（Hg.）, *Staat und Kirche im 19. und 20. Jahrhundert: Dokumente zur Geschichte des deutschen Staatskirchenrechts, Band III*, Darmstadt 2014, S. 677-679. を参照。

（76） 合同時の公定式文における使徒信条の位相の詳細については、第7章を参照。

（77） 現代の使徒信条研究におけるハルナックとクレマーの論争の位置づけについては、Markus Vinzent, a. a. O., 176f. を参照。

第6章

（1） 近代ドイツの領邦教会における教会法をめぐる議論に関する資料集である『一九―二〇世紀における国家と教会――ドイツ国家教会法の歴史に関する資料集（*Staat und Kirche im 19. und 20. Jahrhundert: Dokumente zur Geschichte des deutschen Staatskirchenrechts*）』では、ヤトー事件に対する数ある意見表明の中で、個人のものとしてはハルナックとトレルチのものだけを収録している（ebd., S. 776-780）。

（2） TRE 3, S. 561.

（3） 偶然だが、ハルナックと同年の生まれである。

（4） *Predigten*, 1903, ^{4}1906, *Persönliche Religion*, 1905, *Fröhlischer Glaube*, ^{2}1911, *Der ewig kommende Gott*, 1913.

（5） Manfred Jacobs, Art. «Jatho, Carl Wilhelm（1851-1913）», in: TRE 16, S. 546.

（6） „Nr. 334. Konfirmationsbekenntnis, verfaßt von Pfarrer Carl Jatho von 1899“, in: *Staat und Kirche im 19. und 20. Jahrhun-*

dert, Bd. 3, S. 761f.

（7） 本書においてすでに取り上げた「プロイセン式文論争」に関する部分を参照されたい。

（8） Heinrich Geffcken（Hg.）, *Praktische Fragen des modernen Christentums*, Leipzig 1907, 22ff.

（9） *Staat und Kirche im 19. und 20. Jahrhundert, Bd. 3*, S. 761f.

（10） „Nr. 336. Fünf Fragen des Evangelischen Oberkirchenrats an Pfarrer Jatho, vom 7. Januar 1911“ in: *Staat und Kirche im 19. und 20. Jahrhundert, Bd. 3,* S. 763-766.

（11） Manfred Jacobs, a. a. O., S. 546, „Nr. 336. Fünf Fragen des Evangelischen Oberkirchenrats an Pfarrer Jatho, vom 7. Januar 1911“ in: *Staat und Kirche im 19. und 20. Jahrhundert, Bd. 3,* S. 765f.

（12） „Nr. 337. Erwiderung des Pfarrers Jatho an den Evangelischen Oberkirchenrat vom 26. Januar 1911“, *Staat und Kirche im 19. und 20. Jahrhundert, Bd. 3,* S. 767f.

（13） *Staat und Kirche im 19. und 20. Jahrhundert, Bd. 3*, S. 769.

（14） Ebd.

（15） *Staat und Kirche im 19. und 20. Jahrhundert, Bd. 3,* S. 769f, „Das doppelte Evangelium im Neuen Testament（1910）“, in: AHZ. I, S. 189. ただし、引用されたハルナックの論文「新約聖書における二重の福音」は、イエスの語った神の国の使信、すなわち第一の福音と、イエスを神の子とする使信、すなわち第二の福音とが相即不離の「真理」「道」「命」であると結論づけており、ヤトーが引用した部分は第一の福音には何が含まれるのかを説明している一部であって、ハルナックは必ずしもイエスの神性を否定していない。

（16） *Staat und Kirche im 19. und 20. Jahrhundert, Bd. 3*, S. 770.

（17） Ebd.

（18） Ebd.

（19） „Nr. 338. Entscheidung des Spruchkollegiums der Evangelischen Kirche der altpreußischen Union betr. die Amtsenthebung des Pfarrers Jatho vom 24. Juni 1911“, in: *Staat und Kirche im 19. und 20. Jahrhundert, Bd. 3,* S. 772, Jacobs, a. a. O., S. 546.

（20） ZH, S. 303.

（21）「審判団」の訳語は佐藤真一「ヤトー事件とトレルチ――一九一一年を中心に」『国立音楽大学研究紀要』一九、一九八三年、一八二―一六八頁に負った。なお、法学の分野においては「判決団」と訳される例が見られる（たとえば、ゲルハルト・シュミット「近代ザクセン国制史入門」（Ｉ）松尾展成訳、『岡山大学経済学会雑誌』二三（二）、一九九一年、一八三―二一六頁のうち、一八九頁参照）。

（22）ZH, S. 304.

（23）審判団によるヤトーへの「判決（Entscheidung）」の全文については、*Staat und Kirche im 19. und 20. Jahrhundert, Bd. 3*, S. 771-776を参照。

（24）ZH, S. 305.

（25）*Preußische Jahrbücher, Bd. 138, Heft 3*, 1909, S. 385-401.

（26）*Christliche Welt, Bd. 25, Nr. 14*, 1911, S. 324-326. なお、両方を合わせた全文は „Das neue kirchliche Spruchkollegium nebst zwei Nachworten“, in: AHZ. I, S. 605-636.

（27）AHZ. I, S. 607.

（28）AHZ. I, S. 607f.

（29）AHZ. I, S. 608.

（30）ローマの信徒への手紙五章三節、七章一二節等。

（31）ローマの信徒への手紙六章一五節、七章六節、ガラテヤの信徒への手紙三章五節等。

（32）AHZ. I, S. 609.

（33）Ebd.

（34）AHZ. I, S. 609f.

（35）AHZ. I, S. 610.

（36）AHZ. I, S. 611.

（37）AHZ. I, S. 612.

（38）Ebd.

（39）AHZ. I, S. 613.

(40) Ebd. ハルナックの予見どおり、プロイセン領邦教会（Evangelische Landeskirche in Preußen）は新しい信仰告白を制定することはなく、ヴァイマル共和制のもとで一九二二年に分割・再編されて消滅した。プロイセン領邦教会ではそれ以前にも一九世紀初頭の教会合同と相前後して新しい信仰告白の是非をめぐる論争が存在したが（第8章参照）、結果的に同教会が独自の信仰告白を制定することは最初から最後までなかったと言える。

(41) AHZ. I, S. 618.

(42) AHZ. I, S. 614.

(43) Ebd. ただし、同時にハルナックはこの逆のあり方、すなわち自由の乱用によって信仰告白や教会の秩序が乱されることも批判している。

(44) AHZ. I, S. 620f.

(45) AHZ. I, S. 621.

(46) Ebd.

(47) AHZ. I, S. 624f.

(48) AHZ. I, S. 625.

(49) Ebd.

(50) AHZ. I, S. 628.

(51) Ebd.

(52) Ebd. ハルナックはここで引用したラテン語文の典拠を示していない。ツァーン＝ハルナックによる伝記でもこの部分が引用されているが、典拠は示されていないものの（ZH, S. 306）、ツヴィングリのテキスト（Quo pacto ingenui adolescentes formandi sint, Praeceptiones pauculae, Huldricho Zuinglio autore, in: *Huldreich Zwinglis sämtliche Werke, vol. 2, Corpus Reformatorum 89*, Leipzig 1908, S. 551）とほぼ一致するので、管見ではあるがツヴィングリからの引用と判断した。

(53) Ebd.

(54) 傍点は原文においては強調文。

(55) AHZ. I, S. 615.

(56) AHZ. I, S. 634.

(57) Augusburgische Konfession, in: *Die Bekenntnisschriften der Evangelisch-Lutherischen Kirche*, S. 223. ドイツ語テキストにおいて「われわれの教理の表明（eine Anzeigung (unser Bekenntnis und) der unsern Lehre)」、ラテン語テキストにおいては「教理の大要（doctrinae summa)」。

(58) ハルナックの講義の概要およびヤトーとの往復書簡は Martin Rade (Hg.), *Jatho und Harnack. Ihr Briefwechsel*, Tübingen 1911 にまとめられている。なお、ハルナックの応答とヤトーの最終返答がそれぞれ掲載された紙面の発行日付は同日であるが、テキストにおいてはハルナックの応答は八月四日付、ヤトーの最終返答は八月七日付となっている。

(59) *Jatho und Harnack*, S. 7.

(60) Ebd.

(61) Ebd., S. 8.

(62) Ebd. 傍点は原文において強調表記。

(63) Ebd., S. 12.

(64) Ebd., S. 12f.

(65) Ebd., S. 14f.

(66) Ebd., S. 17.

(67) Ebd., S. 18f.

(68) Ebd., S. 19.

(69) Ebd., S. 21f.

(70) Ebd., S. 22.

第7章

(1) たとえば、EKL、RGG、TREなどのドイツ語圏のおもな神学事典はほぼこのツァーン＝ハルナックの見方を踏襲している。その後に著されたさまざまな神学書あるいは神学論文においても、使徒信条論争についてはこのツァーン＝ハルナックをおもな、あるいは唯一の引用元としているものが見受けられる。

（2） Trutz Rendtorff, „Immer Gültiges in geschichtlich wechselnden Folmen“. Einleitung zu Harnacks „Wesen des Christentums“, in: *Das Wesen des Christentums. Hrsg. u. komment. v. Trutz Rendtorff*, Gütersloh 1999, 18ff.

（3） Martin Luther, „Der Große Katechismus“, in: *Die Bekenntnisschriften der Evangelisch-Lutherischen Kirche*, S. 1048f.（マルティン・ルター「大教理問答」福山四郎訳、『一致信条書』聖文舎、一九八二年、六〇八頁）.

（4） 前掲書。

（5） Martin Luther, „Der Kleine Katechismus“, S. 880-884（マルティン・ルター『エンキリディオン小教理問答』ルター研究所訳、リトン社、二〇一四年、七九―九〇頁）.

（6） たとえば、「おとめマリアより生まれ」「十字架につけられ、死にて葬られ、陰府にくだり、三日目に死人のうちよりよみがえり、天に昇り、全能の父なる神の右に座したまえり。かしこより来たりて、生ける者と死ねる者とを審きたまわん」などがない。一九世紀の使徒信条論争において「おとめマリアより生まれ」が極めて大きな争点となることを考慮すれば、このことは注目に値する。

（7） Martin Luther, „Der Kleine Katechismus“, S. 515f（前掲書、八六―八七頁）.

（8） Martin Luther, „Der Kleine Katechismus“, S. 701（「大教理問答」前掲書、六六〇頁）.

（9） Martin Luther, „Der Kleine Katechismus“, S. 691f（前掲書、六五〇―六五一頁）.

（10） Martin Luther, „Formula missae et communionis. 1523“, in: WA 12（マルティン・ルター「ミサと聖餐の原則」青山四郎訳、『ルター著作集　第一集5』聖文舎、一九六七年、二八七頁）。

（11） Martin Luther, „Deudsche Messe und ordnung Gottisdiensts. 1526“, in: WA 19, S. 95（マルティン・ルター「ドイツミサと礼拝の順序」青山四郎訳、『ルター著作集　第一集6』聖文舎、一九六三年、四三七頁）.

（12） 前述の「ミサと聖餐の原則」を意味する。

（13） WA 19, S. 74f（「ドイツミサと礼拝の順序」、四三二―四三三頁）.

（14） Jean Calvin, „Institutionis Christianae religionis 1559“, in: *Ioannis Calvini opera quae supersunt omnia: ad fidem editionum principum et authenticarum ex parte etiam codicum manu scriptorum, additis prolegomenis literariis, annotationibus criticis, annalibus Calvinianis, indicibusque novis et copiosissimis / ediderunt Guilielmus Baum, Eduardus Cunitz, Eduardus Reuss: Volumen II,*

Braunschweig 1864, S. 375（ジャン・カルヴァン『キリスト教綱要　改訳版　第1篇・第2篇』渡辺信夫訳、新教出版社、二〇〇七年、五五八頁）.

（15）Jean Calvin, „Catechismus s. christianae religionis institution genevensis ecclesiae suffragiis recepta（1538）", in: ebd., Volumen V, S. 322f（ジャン・カルヴァン『ジュネーヴ教会信仰問答』渡辺信夫編訳、教文館、一九九八年、一一頁）.

（16）Ebd., S. 323（前掲書、一二頁）.

（17）Hughes Oliphant Old, *Guides to the Reformed Tradition: Worship that is Reformed according to Scripture*, John Knox Press, Atlanta, 1984, p. 25（H・O・オールド『改革派教会の礼拝――その歴史と実践』金田幸男ほか訳、二〇一二年、三七頁）.

（18）Ibid., p. 26（前掲書）.

（19）Ibid., p. 130（前掲書、二二二頁）.

（20）Cf. James F. White, *Protestant Worship Tradition in Transition*, Westminster John Knox Press, Louisville, 1989, p. 47（J・F・ホワイト『プロテスタント教会の礼拝――その伝統と展開』越川弘英監訳、日本キリスト教団出版局、二〇〇五年、八三頁参照）.

（21）エアランゲン大学の法学者E・ゼーリンク（Emil Sehling, 1860-1928）はこれらの式文を含む教会規定（Kirchenordnung）の全貌をまとめた資料集（*Die evangelischen Kirchenordnungen des XVI. Jahrhunderts*）の刊行を一九〇二年に開始し、一九一三年に五巻までが上梓された。その後、この作業はゲッティンゲンのドイツ福音主義教会・福音主義教会教会法研究所（Institut für evangelisches Kirchenrecht der Evangelischen Kirche in Deutschland in Göttingen）に引き継がれ、一九五五年から一九八〇年までの間にさらに一〇巻が著された。二〇〇二年からはハイデルベルク学術アカデミー（Heidelberger Akademie der Wissenschaften）のもとで二〇一七年までにさらに一三巻が出版され、第一巻刊行から一一五年を経てようやく完結した。

（22）Cf. James F. White, op. cit., pp. 47-48（ホワイト、前掲書、八四頁参照）.

（23）Ludwig Hänselmann, *Bugenhagens Kirchenordnung für die Stadt Braunschweig: nach dem niederdeutschen Drucke von 1528: mit historischer Einleitung, den Lesarten der hochdeutschen Bearbeitungen und einem Glossar*, Wolfenbüttel 1885, S. 9-30.

(24) Gerhard Müller, Gottfried Seebass (Hrsg.), *Andreas Osiander d. Ä. Gesamtausgabe. Bd. 1*, Gütersloh 1975, S. 110.

(25) Sehling, a. a. O., Bd. 5, 1983, S. 132. すなわち以下の形である。

問　天地の造り主、全能の父なる神をあなたは信じるか？

答　はい、私は信じます。

問　主の独り子、イエス・キリスト、聖霊によりて宿り、おとめマリアより生まれ、ポンテオ・ピラトのもとに苦しみを受け、十字架に付けられ、死にて葬られ、陰府にくだり、三日目に死人のうちより復活し、天に昇り、全能なるその父なる神の右に座し、そこから来て生ける者と死ねる者とを将来裁くことをあなたは信じるか？

答　はい、私は信じます。

問　聖霊、聖なるキリスト教会、聖徒の交わり、罪の赦し、肉体の復活、永遠の生命をあなたは信じるか？

答　はい、私は信じます。

(26) Sehling, a. a. O., Bd. 5, 1983, S. 129f.

(27) たとえば、プファルツ選帝侯オットー・ハインリヒ（Ottheinrich, 1502-1559）の所領で用いられた式文では、やはり三つに分けられた使徒信条の全文が見られる（Emil Sehling, a. a. O., Bd. 14, Tübingen 1969, S. 123）。

(28) Johannes Brenz, *Württembergische Große Kirchenordnung*, Tübingen 1559, Kichenordnung LVII.

(29) Johann Gerhard, *Loci Theologici: Tomus Quartus*, nachdr. Berlin 1863-85, S. 344-345.

(30) Gerhard, a. a. O., S. 357.

(31) 「あなたがたは行って、すべての民をわたしの弟子にしなさい。彼らに父と子と聖霊の名によって洗礼を授け、あなたがたに命じておいたことをすべて守るように教えなさい」（マタイによる福音書二八章一九―二〇節）「信じて洗礼を受ける者は救われるが、信じない者は滅びの宣告を受ける」（マルコによる福音書一六章一七節）（「大教理問答」六五〇頁）。

(32) ただし、同時代のルター派内には使徒信条に関して異論も見られる。ヘルムシュテット大学神学部教授であったG・カリクスト（Georg Calixt, 1586-1656）がメランヒトンの強い影響のもと、改革派等との和解を念頭に置いて使徒信条を一致の基盤に求めたのに対し、ヴィッテンベルク大学神学部教授A・カロフ（Abraham Calov, 1612-1686）らは保守（正統）ルター派の立場から、一五八〇年に最終的に成立した和協信条および『一致信条書』を盾に反論を行った。その論拠は、一、使徒信条のいくつかの箇条は救いに必ずしも必要ではない（たとえば、処女降誕、昇天など）、二、使徒信条は、救いにとって必要な、重要な信仰箇条を含んでいない（たとえば、原罪、信仰による義認など）、三、使徒信条はそれ以後の諸信仰告白によって必ずしも同一の解釈をされていない等であった（大崎節郎「使徒信条論争」『改訂新版　キリスト教大事典』一九八五年、四八五頁以下参照）。

（33）　Cf. James F. White, op. cit., p. 69（ホワイト、前掲書、一二三頁参照）.

（34）　James F. White, op. cit., p. 70（ホワイト、前掲書、一二四頁）. 時代や地域にもよるが、改革派教会は四つの階層の会議制をもって一つの独立教団を形成している例が見られる。すなわち、各個教会単位の小会（Session）、周辺の複数教会で構成する中会（Presbytery）、複数の中会で構成する大会（Syncd）、複数の大会で構成する総会（General Assembly）である。近代の、いわゆる国民国家成立以前は、特にドイツの場合、現在のドイツ連邦共和国の地勢的範囲に三〇〇あまりの領邦が存在し、現代の視点からすれば小規模の自治体に相当するような人口や国土しかない領邦も少なくなかったため、改革派の総会はしばしば複数の領邦にまたがって形成される例が見られた。例えば、現在のノルトライン＝ヴェストファーレン州には小規模の領邦が林立し、そこでは改革派が比較的盛んであった。総会は「クレーヴェ・ユーリヒ・ベルク・マルク改革派教会総会（Die Generalsynode der reformierten Kirche in Cleve, Jülich, Berg und Mark）」として、その下位に領邦ごとの大会、たとえばベルク公国であればベルク地区大会（Die Bergische provinzial Synode）などがあるという形態が見られた。

（35）　たとえば「第二スイス信条」「ベルギー信仰告白」など。

（36）　Sehling, a. a. O., Bd. 1, S. 340.

（37）　Ebd., Anm. 23.

（38）　Albrecht Ernst, *Die reformierte Kirche der Kurpfalz nach dem Dreißigjährigen Krieg (1649-1685)*, Stuttgart 1996, S. 230f.

（39）　松谷好明『ウェストミンスター礼拝指針――そのテキストとコンテキスト』一麦出版社、二〇一一年、二〇七―二〇九頁。

（40）　Gisbertus Voetius, *Tractatus selecti de politica Ecclesiastia. series secunda, edit. by Ph. J. Hoedemaker*, Reformed Church Book Society, Amsterdam, 1886, p. 175.

（41）　Reformed Protestant Dutch Church, *The Psalms of David: with hymns and spiritual songs; also, the catechism, confession of faith and liturgy of the Reformed Church in the Netherlands; for the use of the Reformed Dutch Church in North America*, Hodge and Campbell, New York, 1792, pp. 449.

三つの質問は連続してなされ、両親あるいは代理親は最後に一度「はい」と一言だけ返答する形式となっている。この三か条の質問は以下のとおり。

一、私たちの子供は新たなる者であるにもかかわらず罪のうちに生まれたために、あらゆる苦痛に服しており、実にそれは自身によって救いようのない状態である。しかしそれらはキリストにおいて聖化され、それゆえに洗礼を受けることによってキリストの教会の一員とされるということを承認するか。

二、旧新約聖書の内に、またキリスト教信仰箇条に保持されており、救いの教義を真実かつ完璧とするこのキリスト教会において教えられている教義を承認するか。

三、もしも、教え、説明した前述の教義をこの子供が疑うようになっても、全力でこれを助け、教え導くことを約束し、また望むか（Ibid.）。

第8章

（1）たとえば、ルター派ではルターの没後（一五四六年）に、おもにルターの本来の思想を継承すると称する「純粋ルター派」と、改革派神学にも一定の理解を示すメランヒトンに近い「フィリップ派」に分裂しかけたが、ザクセン選帝侯アウグスト（August, 1526-1586）らの斡旋により、両派の神学者たちによる討議が行われた結果、一五七七年に「和協信条（Konkordienformel）」が作成されて分裂は回避された。

また、改革派ではオランダの神学者ヤーコプ・アルミニウス（Jacobus Arminius, 1560-1609）の思想が論争を惹起し、その死後にオランダのドルトレヒトで開かれたオランダ改革派教会大会（通称ドルトレヒト教会会議、Synode van Dordrecht, 1618）においてアルミニウスの教説の排斥を宣言する「ドルトレヒト信仰基準（Dordtse Leerregels）」が採択された。

（2）Wolf-Dieter Hauschild, *Lehrbuch der Kirchen-und Dogmengeschichte: Band 2. Reformation und Neuzeit*, Gütersloh ^{3}2005, S. 172.

（3）Ebd., S. 608f.

（4）Ebd., S. 741f.

（5）Ebd., S. 755f.

（6）たとえばルター派の強い旧来のプロイセンと異なり、オランダに近いヴェストファーレンおよびラインラントの諸地域は改革派が相当程度の伝統を持っており、しかも領邦教会としてではなく、領邦君主および国家の直接的な庇護や補助を受けない任意団体である自由教会として改革派の各個教会およびその連合体としての最高会議である総会（Generalsynode）、その下位の大会（Provinzialsynode）などを自主運営のもとに維持してきた。この地域は比較的小規模の領邦が混在していたこともあり、改革派教会の最高会議である総会は、たとえば当時の複数の領邦を包括する「クレーフェ・ユーリヒ・ベルク・マルク改革派教会総会（Die Generalsynode der reformierten Kirche in Cleve, Jülich, Berg und Mark）」などがあり、その下位に領邦ごとの大会（たとえばベルク公国であれば Die Bergische Provinzialsynode）などがあるという形態が見られた。ナポレオン戦争によってこの地域がフランスの支配下となり、フランスの傀儡国家ベルク大公国が一八〇六年に樹立されると、改革派の総会は国家からの独立性を剝奪されて国家管理下に置かれ、したがって同総会に属する改革派諸教会も自由教会としての独立性を失って事実上の国家教会となり、「領邦教会化」されたばかりであった（vgl. Robert Steiner, *Gemarke 1702-1977: kurze Geschichte der Evangelisch-Reformierten Gemeinde Barmen-Gemarke; aus Anlaß des 275jährigen Bestehens der Gemeinde am 8. August 1977*, Wuppertal 1977, S.20f.）。このため、たとえば新たにプロイセン王国に編入されたラインラント管区とヴェストファーレン管区には他の管区とは異なり、改革派教会のいわゆる四つの階層の長老制（総会・大会・中会・小会制度）に近い合議的な組織体制が例外的に認められた（vgl. Hauschild, a. a. O., S. 762f.）。ちなみにラインラント＝ヴェストファーレン管区だけは管区の最高責任者の職名は Generalsuperintendent である。

（7）Thomas Nipperdey, *Deutsche Geschichte: 1866-1918. Bd. 1.*, München 1994, S. 486.

（8）通常「連邦主義」と訳されることが多く、特に一九世紀のドイツ統一問題に関しては、中央集権的な国家よりも地方分権的な連邦国家である「ドイツ連邦」を指向する主張に充当されることが多い。しかし、管見であるが、その基本にあるのはナショナリスティックな「ドイツ民族」という意識が希薄であると同時に、郷土愛にも似た旧領邦への強い愛着であり、とりわけ領邦教会の歴史あるいはドイツにおける特にプロテスタント諸派に関する教派意識においてはナショナリズムの対概念と考えるのが適当であると思われる。

（9）Vgl. Nipperdey, a. a. O., S. 486. このことは、さらに半世紀あまりを経た一八六六年に起こった、おもにプロイセンとオーストリア間における普墺戦争の際、プロイセンに敵対するオーストリア側についたハノーファー王国、ヘッセン選帝侯国、ナッサウ公国は敗北の末にプロイセン王国に併合され、国家としては消滅してしまうのだが、それぞれの領邦教会は敗者であるにもかかわらずプロイセン合同領邦教会への加入を断固として拒否し、教会としての独立性を守ることに成功していることから見ても、神聖ローマ帝国時代の領邦の領域に概ね相当する狭い版図としての各領邦教会の独立意識が後々まで極めて強かったことの証左と見ることができよう。

（10）シュライアマハーは教会合同そのものには賛成であったが、それは時代の要請に応える新しい教会規定の制定と、会議性に基づく教会組織の再編成、および啓蒙主義的感覚を念頭に置いて牧師と信徒とが意識改革を行うことによって実現すると考えていた。しかし現実のプロイセン教会改革では、教会規定は旧態依然のまま、教会組織は中央集権的に再編、意識改革ではなく式文改革によってルター派・改革派の両派を統合する方針が実行に移された。このため当初は政府による教会合同に協力的だったシュライアマハーは改革が進行するに連れ、次第に批判的意見を重ねるようになった。シュライアマハーの教会合同問題に対する態度については第9章参照。

（11）Erich Foerster, *Die Entstehung der Preußischen Landeskirche unter der Regierung König Friedrich Wilhelms des Dritten nach den Quellen erzählt: Bd. 1*, Tübingen 1905, S. 110f.

文中のF・ザック（Friedrich Samuel Gottfried Sack, 1738-1817）は改革派の牧師。フランクフルト・アン・デア・オーデル大学で改革派神学を学び、ベルリンで牧師資格を得た後、フリードリヒ・ヴィルヘルム二世（Friedrich Wilhelm II., 1744-1797, 当時は王太子）の娘ヴィルヘルミネ王女（Wilhelmine von Preußen, 1751-1820）の家庭教師となり、当時の国王フリードリヒ二世（大王、Friedrich II., 1712-1816）の知己を得る。一七七七年にベルリン大聖堂主任牧師に就任、一七八六年に最高宗務評議会議員となる。一八一六年に名誉監督（Ehrenhalber Bischof）の称号をフリードリヒ・ヴィルヘルム三世より授与された。

また、F・トゥーレマイアー（Friedrich Wilhelm von Thulemeyer, 1735-1811）はフリードリヒ二世の下で駐オランダ大使、フリードリヒ・ヴィルヘルム二世の下で一七八八年から一八〇七年までプロイセン法務大臣を務めた。

（12）Vgl. Alfred Niebergall, Art. «Agende: 18.1. Der Kampf um die Preußische Agende», in: TRE 2, S. 55.

（13）Vgl. Joachim Rogge, Art. «Evangelische Kirche der Union: 2.1. Die Preußische Landeskirche», in: TRE 10, S. 678.

（14） Friedrich Schleiermacher, *Über die Religion: Reden an die Gebildeten unter ihren Verächtern 1799 / 1806 / 1821: Hg. von Niklaus Peter, Frank Bestebreurtje und Anna Büsching*, Zürich 2012, S. 7.

（15） 一七九八年の勅令のほか、一八二二年以前に生じた統一式文に関する出来事としては、一八一六年にフリードリヒ・ヴィルヘルム三世も自ら起草に加わった『ポツダム宮廷・駐屯地教会およびベルリン駐屯地教会式文（*Liturgie für die Hof- und Garnison-Gemeinde zu Potsdam und für die Garnison-Kirche in Berlin*, 1816）』を巡る論争があり、特にシュライアマハーはこの式文に難色を示す小冊子を実名で発表し（*Über die neue Liturgie für die Hof- und Garnison-Gemeinde zu Potsdam und für die Garnison-Kirche in Berlin*, Berlin 1816）、議論を惹起している。シュライアマハーの意見に対する反響もいくつかあったものの（Ludwig Wachler, in: *Zeitschrift Neue Theologische Annalen*, 1817, S. 322f. 等）、一部の神学者あるいは教会の指導層における議論に留まっている。一八一六年の式文はベルリンとポツダムの宮廷・駐屯地教会の式文として作成されたものであるが、後の領邦教会に属する全教会のための統一式文の布石と見做される。他方で同式文が広く使用を強制あるいは勧奨された形跡はほとんど認められない。

（16） ブランデンブルク選帝侯ヨアヒム二世（Joachim II. Hector, 1505-1571）およびプロイセン公アルプレヒト（Albrecht von Brandenburg-Ansbach, 1490-1568）によって一五四〇年に公布、ヨアヒム二世の後継者ヨハン・ゲオルク（Johann Georg, 1525-1598）によって、一五七二年、一五五八年に改定された教会規定のこと。

（17） *Kirchen-Agende für die Hof- und Domkirche in Berlin*, Berlin ^{2}1822, S. IV-VII.

（18） Vgl. Michael Meyer-Blanck, *Agenda: Zur Theorie liturgischen Handels*, Tübingen 2013, S. 23.

（19） Vgl. Meyer-Blanck, a. a. O., S. 27.

（20） *Kirchen-Agende für die Hof- und Domkirche in Berlin*, S. 13f. ちなみに説教は使徒信条のあとに続く「聖なるかな」の合唱、連禱、司式者単独による主の祈り、会衆賛美歌のあとにようやく行われる。

（21） Meyer-Blanck, a. a. O., S. 24.

（22） Ebd., S. 37.

（23） *Kirchen-Agende für die Hof- und Domkirche in Berlin*, S. 36.

（24） Ebd., S. 35f. 質問の部分の全文は以下のとおり。

司式者　主は汝の誕生から死まで、これより永遠に護る。汝はその行いと生において悪を斥けるか？

応　答　はい。

司式者　汝は神を信じるか……［使徒信条］（論者注—使徒信条の冒頭「我は信ず」を二人称の疑問形にして使徒信条全文を問う形にせよとのルーブリックと解される）。

応　答　はい。

司式者　洗礼を受けることを望むか？

応　答　はい。

（25）第7章参照。

（26）*Kirchen-Agende für die Hof- und Domkirche in Berlin*, S. 68f.

（27）それ以外の管区、たとえばヴェストファーレン管区、ラインラント管区のように、すでに述べた組織上の別扱いを受けている管区ではこの式文は同時発行されなかった。これらの式文に遅れること五年、一八三四年に、一八二九年版をもとにした同様の式文がヴェストファーレン管区およびラインラント管区版として発行されている。

（28）使徒信条をもとにルターが一五二四年に作詞した賛美歌。二〇一八年現在、ドイツのプロテスタント教会で用いられている『福音主義賛美歌（*Evangelisches Gesangbuch*, 1993-1996）』にも収録されている（一八三番）。

（29）このようなフリードリヒ・ヴィルヘルム三世の式文への直接介入に対し、シュライアマハーは一八二四年に『福音主義領邦君主の典礼上の権利について（*Über das liturgische Recht evangelischer Landesfürsten*）』を著して、世俗君主が教会の礼拝内容に関与することは不適切であると批判した。

（30）Vgl. Meyer-Blanck, a. a. O., S. 39f.

（31）Ebd.

（32）ルターは『小教理問答書』『大教理問答書』において使徒信条を教理の解説教材の一つとして取り上げている。同様にカルヴァンは『ジュネーヴ教会信仰問答』において使徒信条を用いているほか、『キルスト教綱要』第二篇第一六章において使徒信条の教理文書としての重要性を強調している。

第9章

（1）軍事以外の国内改革は内務・財務・外務・国防・法務を一手に兼務していた国務大臣（Staatsminister）K・

v・シュタイン（Heinrich Friedrich Karl Reichsfreiherr vom und zum Stein, 1757-1831）と国家宰相（Staatskanzler）K・v・ハルデンベルク（Karl August Freiherr von Hardenberg, 1750-1822）の主導のもとに開始され、シュタインはシュライアマハーに教会改革について諮問した。このシュタインの求めに応じて書かれたのが同小論である。原題に含まれている日付は、ベルリンにおいてシュライアマハーが同小論を書き終えた日であり、彼の日記からもそのことを確認することができる。シュライアマハーはその直前、一八〇八年八月二五日から九月二五日までケーニヒスベルクに滞在し、同地にあった王宮およびプロイセン王国政庁でシュタインと繰り返し面会しており、その際に教会改革への参画を要請された。しかしシュライアマハーが同小論を書き上げ、ケーニヒスベルクに送付した直後の一八〇八年一一月二四日にシュタインはすべての大臣職を解任されて失脚している。シュタインがシュライアマハーの小論に目を通したかどうかは定かではないが、シュタインの後を受けた内務大臣であり、かつてシュライアマハーが家庭教師を務めたA・z・ドーナ（Friedrich Ferdinand Alexander zu Dohna-Schlobitten, 1771-1832）を通じて同小論は国王フリードリヒ・ヴィルヘルム三世（Friedrich Wilhelm III., 1770-1840）に上奏された。フリードリヒ・ヴィルヘルム三世は結婚式などに関する内容のごく一部には難色を示したものの、小論そのものについては文部省で審議することを裁可している。同小論成立の経緯についてはGünter Meckenstock, „I. Historische Einführung“, in: KGA I, 9, S. XXV-XXIXを参照。

（2）KGA I, 9, S. 3-18.「われわれの教会の実体（Kirchenwesen）が深刻に腐敗していることは、誰も否定できない」という痛烈な指摘から始まるこの小論は、教会と国家の関係を宗教改革以来の課題であるとして、教会の国家からの分離を謳い、新しい会議制に基づく組織体の概要を示している。また、ルター派と改革派の合同が神学的観点などから見れば困難なことであることを認めつつも、必要なことであり、牧師や信徒の意識変革と礼拝改革などを通じて可能であることを訴える短い前文から始まっている。それに続いて、一、各個教会について、二、教会会議について、三、監督と常議員会（Kapitel）について、四、教会組織に対する国家の指導管理についての四つの事柄について、箇条書きで提案事項が列挙される形式となっている。

（3）たとえば一八一一年の「領邦教会の教理問答に関する一八一一年六月二〇日付の意見書（Votum vom 20. Juni 1811 zur Einführung eines Landeskatechismus）」、一八一三年の「全管区におけるプロテスタント教役者のための教会会議規則（Synodalordung für die protestantische Geistlichkeit in sämtlichen Provinzen, 1813）」、「教役者、教育代表

委員会と大学への回答書（Reskript an die Geistlichen und Schuldeputationen sowie Universitäten, 1813）」などが挙げられる。

（4）KGA I, 9, S. 51-78. 匿名だったのは、自身が同委員会の正式な構成員ではなかったことを考えてのことと思われる。

（5）シュライアマハー自身もこのことを同小冊子の中で以下のように語っている。「大きな衝撃的出来事によって、最も重要な課題が明らかになった。すなわち、外面的な自由が再びあらわになり、かつ民族の新たな生と幸福のための勇気と基礎とを据えなければならないということである」（KGA I, 9, S. 54, u. Anm.）。

（6）Vgl. KGA I, 9, S. XXXIX. この公式声明の全文についてはKGA I, 9, S. 55f, Anm. 19を参照。

（7）KGA I, 9, S. 57.

（8）KGA I, 9, S. 59.

（9）ハウシルトによれば、一八一〇年頃から合理主義への反動として信仰覚醒運動の気運が高まりつつあり、この頃にはフランケン、ジーガーラント、ハンブルク、ベルリンなどでサークルが形成されつつあった。この運動はやがて一八四八年のヴィッテンベルクにおけるキルヒェンターク（Kirchentag, 全ドイツ・プロテスタント信徒大会）において、内国伝道（Innere Mission）の指導者J・ヴィーヒャーン（Johann Hinrich Wichern, 1808-1881）によって糾合されることになる（vgl. Wolf-Dieter Hauschild, a. a. O. S. 739）。

（10）Vgl. KGA I, 9, S. 61. 一八二二年に公表された新式文は、典礼的なルターの「ドイツ・ミサ」を基調とし、英国教会やロシア正教会の典礼から強い刺激を受けたフリードリヒ・ヴィルヘルム三世の意向が色濃く反映された内容となっており、シュライアマハーの危惧はこのことを先取りしていたと言える。

（11）KGA I, 9, S. 65.

（12）Ebd.

（13）Vgl. KGA I, 9, S. 68f.

（14）Vgl. KGA I, 9, S. 73ff., bes. S. 77.

（15）「一般的には次のように言うことができるであろう。すなわち、私たちの礼拝には二つの、言ってみれば対照的な要素が本質的に備わっているように見えるということである。一つ目は常時そのままのものであり、もう一つはその都度変わるものである。後者には説教、説教を閉じる際やその時の教会の状況に関する祈り、賛美歌が含まれる。前者には聖書の朗読、公同教会の信条がある。私がこのような分類をする訳は、たとえば、主の祈りや祝禱（祝福）、あるいは使徒信条のフレーズを別の言葉に置き換えたり、飾り立てた言い方にしたりする輩が見受けられるからである。彼らに言わせれば、キリストの昇天などは根拠が薄弱に思えるらしい。しかしそうなると、これらのあらゆる事柄に関して恣意的な変更ができてしまうことになる。私はこんな輩は皆、説教壇や聖壇から追い払いたい。そして多くの皆さんが、礼拝の本質とは私の考えるようなものであると理解してくれることを願う」（KGA I, 9, S. 66f.）。

（16）　Vgl. KGA I, 9, S. 67.

（17）　題名だけ見ると特定の教会で用いられる限定的な式文であると受け止められるが、実際には内閣の承認を経て公刊されたものであり、前述の一八二二年版式文の先駆けとして、追って全領邦教会の統一式文を作成する布石であることは当時から認識されていた（vgl. KGA I, 9, S. XLVI）。

（18）　Vgl. KGA I, 9, S. XLVIf.

（19）　KGA I, 9, S. 83.

（20）　KGA I, 9, S. 93. 時代や地域にもよるが、改革派教会では通常礼拝で使徒信条を用いないところもあり、ルター派においてはルター作成の「ドイツ・ミサ」の影響もあって、ローマ・カトリック教会の慣習を引き継いでニカイア・コンスタンティノポリス信条が用いられることが多かった。

（21）　Ebd.

（22）　KGA I, 9, S. 211ff.

（23）　Anonym., *Luther in Beziehung auf die preußische kirchenagende vom Jahre 1822, mit den im Jahre 1823 bekannt gemachten Verbesserungen und Vermehrungen*, Berlin, Posen und Bromberg 1827, S. 11.

（24）　一八二二年版では使徒信条は福音書朗読の直後に置かれている。その後の改訂版においてもこの位置は変わらない。すなわち、礼拝で使徒信条は必ず唱えられる、もしくは歌われるが、洗礼あるいは聖餐はそれよりいくつもの項目（「聖なるかな」の合唱など）を経て、説教の後に行われるため、この式文において信仰告白を聖礼典の部の一つとして受け止めることは困難である。

（25）KGA I, 9, S. 398f.

（26）たとえば、ローマ・カトリック教会の重要教理である教皇首位権や聖職位階制は、聖書的根拠を主張しつつも、伝承としての側面が強い事柄に属する。

（27）KGA I, 7. 2, S. 213f.「教会の本質的な基本的特質」との見出しが付された第一四六章の主題本文は以下の通りである（全文、私訳）

「キリスト教会がキリスト教会たり得るのは、ただキリストを受け入れることから出発し、キリストと共に、自発的に共同体を形成し、さらにそこから出て行くことによってのみである。そうすることによって同時に教会は常に、キリスト教会がそうある限り、キリストご自身の働きかけによってキリスト教会は常にキリスト教会である。それは聖書と、神の言葉とに奉仕することによって媒介される。キリスト教会がキリスト教会たり得るのは次のことによってである。すなわち、個々人すべてにキリストご自身が分有されており、教会の共同精神（Gemeingeist）によって教会のすべてにおいて、この霊の働きに触れることができる、このことによってである。そうすることによって同時に常に教会は、キリストご自身の制定に基づいて個々人に対し完全なる影響を与える。すなわち洗礼と聖餐のサクラメントである。しかしそうである限り、教会の存立と拡大とは、われわれの現在の立場に立てば不可分であるべきである。そうすることによって同時に常に教会は、個々人に働く神の霊に駆り立てられて拡大し、同時にキリストご自身の働きを為すことが、そのすべてなのである。それは教導職（Amt der Schlüssel）の働きとキリストの名による祈りによって示されている。これは徹底的に論じられた末の教理である」（傍点部分は、原文では一文字ごとにスペースの空いた強調文）。

（28）KGA I, 7. 2, S. 218.

（29）KGA I, 7. 2, S. 303.

（30）Ebd.

（31）KGA I, 7. 2, S. 304.

（32）F. D. E. Schleiermacher, *Geschichte der christlichen Kirche, ed. D. Bonnel, SW I, 11*, Berlin 1840.

（33）Confessio Tetrapolitana. 一五三〇年に帝国都市であったシュトラースブルク、メンミンゲン、リンダウ、コンスタンツが宗教改革の受容について表明した信仰告白。

（34） Vgl. Martin Ohst, *Schleiermacher und Bekenntnisschriften*, Tübingen 1989, S. 117.

（35） F. D. E. Schleiermacher, *Die praktische Theologie nach den Grundsäzen der evangelischen Kirche im Zusammenhange dargestellt, ed. J. Frerichs, SW I, 13*, Berlin 1850, S. 632.

（36） KGA I, 9, S. 282.

（37） 一八二二年版の小規模な改訂は断続的に行われた一方で、大幅な改訂は一八九五年になされた。そこには実質的に二種類の礼拝形式が収録されているが、いずれにおいても使徒信条が用いられることに関しては一八二二年版と大きな違いはない。ただし、使徒信条への注として「場合によってはニカイア信条を用いてもよい」と記されており、巻末にニカイア・コンスタンティノポリス信条が掲載されている（*Agende für die Evangelische Landeskirche: Erster Teil, Die Gemeindegottesdienste*, Berlin 1895, S. 5 u. Anm.*, 24, 184）。

第10章

（1） Vgl. Kurt Aland, Art. «Reformation», in: *Evangelisches Staatslexikon Bd. 2*, Stuttgart 2006, S. 2886f.

（2） たとえばザルツブルク大司教侯領は一三世紀以降、ローマ・カトリックのザルツブルク大司教が統治していたが、宗教改革期から相当数のプロテスタント信徒が領内に存在するようになり、三十年戦争後にカトリック国であることが改めて確認された後もプロテスタントの存在は容認されていた。ところが一七二七年にザルツブルク大司教に叙任されたレオポルド・アントン・フォン・フィルミアン（Leopold Anton von Firmian, 1679-1744）は一七三一年にプロテスタント追放令を発したため、二万人あまりのプロテスタント信徒がおもにプロイセン王国へ亡命した。この事例は一般に一八世紀の「再カトリック化」の一つに数えられる（vgl. Horst-Günter Benkmann, *Wege und Wirken. Salzburger Emigranten und ihre Nachkommen*, Detmold 1988）。

（3） Kurt Leese, *Ethische und religiöse Grundfragen im Denken der Gegenwart*, Düsseldorf 1956, S. 267.

（4） Ernst Wolf, „Theologie am Scheideweg", in: *Festschrift für Martin Niemöller, zum 60. Geburtstag*, München 1952, S. 39.

（5） 第8章、第9章参照。

（6） Hauschild, a. a. O., S. 762.

（7） Vgl. Thomas Nipperdey, *Religion im Umbruch: Deutschland 1870-1918*, München 1988, S. 101.

(8) Nipperdey, *Religion im Umbruch*, a. a. O., S. 101.

(9) Ebd., S. 102f.

(10) ZH, S. 17.

(11) Vgl. ZH, S. 24.

(12) ZH, S. 85 und Anm. 1., vgl. Kurt Nowak, „Historische Einführung“, a. a. O., S. 11.

(13) ツァーン＝ハルナックは先の指摘をしつつも、少なくともアマーリエ自身は夫ハルナックに対してそのような影響を与えたことをほとんど意識していなかったとしている（ebd.)。今回ハルナックの一次資料を精査した限りでは、これを明確に示すものは見当たらなかった。

(14) Vgl. Kurt Nowak, „Historische Einführung“, a. a. O., S. 73.

(15) ドイツ敬虔主義の先駆者として知られるシュペーナーが一六七五年に著した、敬虔主義の古典とされる “Pia Desideria” は、通常 frommes Wunsch「敬虔な望み」と訳される。

(16) Adolf Harnack, „Protestantismus und katholizismus“, in: AHZ. I, S. 391-415.

(17) Vgl. Kurt Nowak, „Historische Einführung“, a. a. O., S. 74.

(18) “Hermae Pastor Graece. addita versione latina recentiore e codice palatino”, in: Oscar von Gebhardt（hrsg.), *Patrum apostolicorum opera*, Leipzig 1877.

(19) Adolf Harnack, *Die Zeit des Ignatius und die Chronologie der antiochenischen Bischöfe bis Tyrannus nach Julius Africanus und den späteren Historikern. Nebst einer Untersuchung über die Verbreitung der Passio S. Polycarpi im Abendlande*, Leipzig 1878.

(20) Vgl. Manuel Zelger, „Albrecht Ritschl“, in: Hrsg. von Friedrich Wilhelm Graf, *Profile des neuzeitlichen Protestantismus, Bd. 2. Kaiserreich. T. 1*, Gütersloh 1992, S. 190.

(21) Ebd.

(22) Cf. Nicholas Hope, *German and Scandinavian Protestantism, 1700-1918*, Oxford University Press, Oxford and New York, 1999, p. 542.

(23) Martin Riesebrodt, “Dimensions of the Protestant Ethic”, in: ed. by William H Swatos, Lutz Kaelber, *The Protestant Ethic Turns 100: Essays on the Centenary of the Weber Thesis*, Taylor & Francis, London and New York, 2016, p. 40.

(24) „35. Harnack an Ritschl, 14. 6. 1878.“, H 31f, in: hrsg. Joachim Weinhardt, *Albrecht Ritschls Briefwechsel mit Adolf Harnack 1875-1889*, Tübingen 2010, S. 190.
(25) *Die Protestantische Theologie im 19. Jahrhundert*, S. 600（安酸敏眞ほか訳、三五九頁）.
(26) vgl, Karl Kupisch, *Die Hieroglyphe Gottes. Große Historiker der bürgerlichen Epoche von Ranke bis Meinecke*, München 1967, S. 134.
(27) Ebd.
(28) Vgl. Nottmeier, a. a. O., S. 318, Anm. 421.
(29) Vgl. ebd., S. 296.
(30) Vgl. Adolf von Harnack, *Aus Wissenschaft und Leben. Reden und Aufsätze. Neue Folge. Bd. 1*, Gießen 1911, S. 232.
(31) Adolf von Harnack, „Was wir von der römischen Kirche lernen und nicht lernen sollen“, in: *Die Christliche Welt*, 1891 Nr. 18 (30. April), hrsg. von Agnes von Zahn-Harnack, *Ausgewählte Reden und Aufsätze*, Berlin 1951, S. 66-79, AHZ. I, S. 344-360.
(32) AHZ. I, S. 345.
(33) Ebd.
(34) Ebd.
(35) AHZ. I, S. 346.
(36) AHZ. I, S. 346f.
(37) AHZ. I, S. 347.
(38) Ebd.
(39) Ebd.
(40) AHZ. I, S. 347f.
(41) Ebd.
(42) AHZ. I. S. 348.
(43) AHZ. I, S. 348f.

(44) AHZ. I, S. 349.
(45) Ebd.
(46) AHZ. I, S. 350.
(47) "Eius unici sacrificii"（*Chatechismus Catholicae Ecclesiae*, §1362,『カトリック教会のカテキズム』四一四頁）.
(48) "Sacrificium crucis *repraesentat*（praesens reddit）"（op. cit., 1366, 前掲書、四一五頁）. 傍点部分は、ラテン語規範版では斜体、日本語版ではゴシック体。
(49) WA 6, S. 497-573（「教会のバビロン虜囚について、マルティン・ルターの序曲一五二〇年」『ルター著作集第一集3』岸千年訳、聖文舎、一九六九年、一九七―三四七頁）. なお、最新の翻訳が収められている『ルター著作選集』教文館、二〇一二年においては「教会のバビロン捕囚について」となっており、題名の訳はこちらの方が適切と思われるので採用したが、テキストの訳文については抄訳と思われるので引用には用いなかった。
(50) WA 6, S. 523（前掲書、二四九頁）.
(51) Ebd（前掲書、二五〇頁）.
(52) AHZ. I, S. 350.
(53) AHZ. I, S. 350f.
(54) AHZ. I, S. 351.
(55) Ebd. ドイツ語のOpferをキリスト教において定義することは複雑を極める。たとえばドイツのプロテスタント神学において最も充実した内容を持つ神学事典である『神学百科事典（ＴＲＥ）』では"Opfer"の項目は、宗教史、旧約、ユダヤ教、新約と古代教会、中世から近代まで、教義、実践神学と倫理の七つの小項目に分けられ、それぞれ異なる執筆者が解説を施しており、合わせて四七頁もある（Art. «Opfer I.-VII.» in: TRE 25, S. 253-299）。
(56) Ebd.
(57) AHZ. I, S. 352f.
(58) AHZ. I, S. 353. ディアコニッセ運動は、一九世紀前半期よりプロテスタンティズムにおける独身女性による社会奉仕活動として広まった。そのあり方はローマ・カトリック教会の修道制と多くの共通点が見られるが、一方で地域や時期によってディアコニッセの形態はさまざまであり、教会権威への服従や誓願という要素はほとんどなく、社会奉仕に専念する女性信徒の共同体であることに重点が置かれている。ディアコン職は時代や地域によってはローマ・カトリック教会の助祭に相当する意味でプロテスタント教会でも職名として用いられることがあるが、ドイツにおいてはプロテスタント教会の社会福祉団体ディアコニー（Diakonisches Werk）において、おもに社会福祉活動に専念する信徒の教会的職名として認識されていることが多い。

(59) AHZ. I, S. 355.

(60) Ebd.

(61) AHZ. I, S. 355f.

(62) AHZ. I, S. 355.

(63) AHZ. I, S. 358.

(64) AHZ. I, S. 359.

(65) Ebd.

(66) AHZ. I, S. 359f.

(67) Adolf Harnack, *Zur gegenwärtigen Lage des Protestantismus. Ein Vortrag*, Leipzig 1896, auch in: AHZ. I, S. 223-251.

(68) AHZ. I, S. 234.

(69) AHZ. I, S. 235.

(70) AHZ. I, S. 235f.

(71) AHZ. I, S. 236.

(72) Ebd.

(73) Ebd.

(74) AHZ. I, S. 237. ハルナックはこの「異端」が何を指しているかを明示していない。管見では「正統主義」と呼ばれた当時の潮流こそが本来のプロテスタンティズムから逸脱しているという批判の意味を込めて、この潮流をその対義語である「異端」と表現しているものと思われる。

(75) AHZ. I, S. 238.

(76) AHZ. I, S. 239.

（77）AHZ. I, S. 240.

（78）AHZ. I, S. 226.

（79）AHZ. I, S. 227. ハルナックはここで「しかしプロテスタント諸教会は、あるいはカトリック使徒（die katholische apostolisch）（教会）のような尺度においてのみ、プロテスタント的であるのだろうか」と述べている。
「カトリック使徒教会（Katholisch-apostolische Gemeinde）」とは、スコットランドの牧師であったE・アーヴィング（Edward Irving, 1792-1834）によって一八三一年にイギリスで創設された教派であり、おもにヨーロッパ、北米を中心に急速に広がったが、最も勢力を伸ばしたのはドイツにおいてであった。ちなみにローマ・カトリック教会との関係は全くない。職制においては使徒・預言者・エヴァンジェリスト・牧師の四段階の聖職位階制があり、教義においては千年王国説と携挙を強調した。アーヴィングは自分より若い一二人の「使徒」を任命し、彼ら全員が地上の生命を終えるまでに終末が到来すると予言したが、一九〇一年に最後の一人が死亡したにもかかわらず終末は到来しなかったこともあり、同教会は急速に衰退した（vgl. Hans-Üiether Reimer, Art. «Katholisch-apostolische Gemeinde», in: TRE 18, 40-43）。カトリック使徒教会から分派した教会はいくつかあり、特に新使徒教会（Neuapostolische Kirche）は二〇一七年現在、ドイツを中心に世界で九〇〇万人余りの信徒がいるとしている（ドイツ語公式サイトより、http://www.nak.org/nac-around-the-world/, accessed: 2018. Apr. 10）。

（80）AHZ. I, S. 227.

（81）Ebd.

（82）AHZ. I, S. 228.

（83）AHZ. I, S. 229.

（84）Ebd. ここで言う自然科学とは、宗教改革期の文脈では、当時の人文主義的方法論を指すと考えるのが適切であると思われる。

（85）AHZ. I, S. 231.

（86）Ebd.

（87）AHZ. I, S. 232.

（88）AHZ. I, S. 233.

(89) AHZ. I, S. 234.
(90) AHZ. I, S. 246.
(91) AHZ. I, S. 245.
(92) Ebd.
(93) AHZ. I, S. 246f.
(94) AHZ. I, S. 247.
(95) Ebd.
(96) AHZ. I, S. 248.
(97) Ebd.
(98) AHZ. I, S. 250.
(99) Ebd.
(100) Ebd.
(101) ルターが一五一九―二一年に行った、いわゆる「第二回詩編講義」からの引用（WA 5. 2, S. 182）。
(102) AHZ. I, S. 251.
(103) AHZ. I, S. 356.
(104) AHZ. I, S. 357.
(105) Ebd.
(106) Ebd.
(107) AHZ. I, S. 358.
(108) AHZ. I, S. 360.
(109) AHZ. I, S. 247.
(110) *Undogmatisches Christentum*, S. 1.
(111) Markus Schröder, „Wiedergewonne Naivität. Protestantismus und Bildung nach Adolf von Harnack", in: Arnulf von Schelliha, Markus Schröder（Hrsg.）, *Das protestantische Prinzip: Historische und systematische Studien zum Protestantismusbe-*

griff, Stuttgart 1998, S. 124.

(112) Ebd.

(113) WdC, S. 145.

(114) WdC, S. 146.

(115) Friedrich Wilhelm Kantzenbach, Art. «Harnack, Adolf von (1851-1930)» in: TRE 14, S. 455, 457.

第11章

(1) *Catechismus Catholicae Ecclesiae*, §88(『カトリック教会のカテキズム』三二頁).

(2) Ibid., *Katechismus der Katholischen Kirche: Neuübersetzung Aufgrund der Editio Typica Latina*, Berlin 2015.

(3) *Die Bekenntnisschriften der Evangelisch-Lutherischen Kirche*, S. 10(『一致信条書』信条集専門委員会訳、聖文舎、一九八二年、四頁).

(4) *Die Bekenntnisschriften der Evangelisch-Lutherischen Kirche*, S. 24(『一致信条書』一三―一四頁).

(5) *Die Bekenntnisschriften der Evangelisch-Lutherischen Kirche*, S. 26(『一致信条書』一五頁).

(6) Vgl. Rolf Schöfer, Art.«Ritschl, Albrecht (1822-1889)/Ritschlsche Schule», in: TRE 29, S. 221.

(7) Albrecht Ritschl, *Die Entstehung der altkatholischen Kirche. Eine kirchen- und dogmengeschichtliche Monographie*, Bonn 1850, ^{2}1857. 本書は二〇一八年現在未邦訳であり、書名が引用される際は『古カトリック教会の成立』と訳されることも多い。しかし現在、Altkatholische Kirche は、ドイツ語圏においては一八六九―一八七〇年に開催された第一バチカン公会議の決定、特にいわゆる教皇不可謬説に反対してローマ・カトリック教会を離脱した教会の名称として用いられることがほとんどである。一八五〇年にリッチュルが本書を書いた時は、そのような事態はまだ発生していなかった。現在、日本においてはこの第一バチカン公会議によって分離した教会を「古カトリック教会」あるいは「復古カトリック教会」と呼ぶことが多いので、本書ではリッチュルが呼ぶところの Altkatholische Kirche は、その内実に即して「古代カトリック教会」と訳すことにする。

(8) Vgl. Manuel Zelger, „Modernisierte Gemeindetheologie: Albrecht Ritschl", in: Friedrich W. Graf (Hrsg.), *Profile des neuzeitlichen Protestantismus. Bd.2, Kaiserreich, T.1.*, Gütersloh 1992, S. 182-204, bes. S. 184.

(9) Vgl. Schöfer, a. a. O., S. 223.
(10) ZH, S. 64.
(11) *Die Entstehung der altkatholischen Kirche*, S. 63f.
(12) Ebd., S. 67.
(13) Ebd., S. 72.
(14) Ebd., S. 72.
(15) Ebd., S. 79.
(16) Ebd., S. 80.
(17) Vgl. ebd., S. 84.
(18) Vgl. ebd., S. 98f.
(19) Vgl. ebd., S. 96ff.
(20) Vgl. ebd., S. 109.
(21) ヤコブの手紙二章一一節、vgl. ebd., S. 110.
(22) Ebd., S. 117.
(23) Vgl. ebd., S. 115ff.
(24) Vgl. ebd., S. 234. 逸書とされる『エルカサイ書（Book of Elchasai）』の存在については、ヒッポリュトス、エウセビオスが言及しているほか、その内容の一部をオリゲネス、エピファニオス、ヒッポリュトスが引用している。また、マニ教の創設者マニは、当初はエルカサイ書の思想を奉じる一派の一員であったとされている（cf. David Edward Aune, *The Westminster Dictionary of New Testament and Early Christian Literature and Rhetoric*, Westminster John Knox Press, Louisville, London, 2003, p. 145）。
(25) Vgl. ebd., S. 235.
(26) Ebd., S. 236.
(27) Vgl. ebd., S. 236f.
(28) Vgl. ebd., S. 238.

(29) Vgl. ebd., S. 241.
(30) Vgl. ebd., S. 243.
(31) Ebd., S. 243.
(32) Vgl. ebd., S. 478.
(33) Ebd.
(34) Vgl. ebd., S. 247.
(35) Ebd., S. 279.
(36) Ebd., S. 279.
(37) Vgl. ebd., S. 286f.
(38) Vgl. ebd., S. 312.
(39) Ebd.
(40) Ebd. Glaubensregel が指すラテン語 regula fidei は「信仰の規範」「信仰の基準」等の訳語が併存しているが、ここでは「信仰の基準」を用いた。ローマ・カトリック教会では一般に使徒伝承、聖伝を総括する語として用いており、リッチュルはプロテスタンティズムの立場からこの語を否定的に用いている。「信仰の基準」を特に強調して教義として確立されることに貢献した古代教父として、リッチュルはエイレナイオスを挙げている（vgl. ebd., S. 313f. u. 336)。
(41) Vgl. ebd., S. 336.
(42) Vgl. ebd., S. 336f.
(43) Vgl. ebd., S. 334f.
(44) Vgl. ebd., S. 442f.
(45) Ebd., S. 443.
(46) Ebd., S. 444.
(47) Eph. 4.1（八木誠一訳「イグナティオスの手紙――エペソのキリスト者へ」、荒井献編『使徒教父文書』講談社文芸文庫、一九九八年、一五九頁).

(48) Eph. 5. 3（前掲書、一六〇頁）.

(49) Smyrn. 8.1（同「イグナティオスの手紙——スミルナのキリスト者へ」、前掲書、二〇三頁）.

(50) Ebd., S. 457.

(51) Ebd. リッチュルはイグナティオスの書簡を複数引用しつつも「エペソのキリスト者へ」の書簡は偽書としている（vgl. ebd., S. 456f.）。一方、八木誠一によれば、イグナティオスの書簡とされるものは最大一七通が知られていたが、一七世紀以降の論争によって、一九世紀にはスミルナ、エペソ、マグネシア、トラレス、ローマ、トロアスのキリスト教徒への書簡およびスミルナの司教ポリュカルポスへの書簡の計七通が真正書簡と認められたとする（前掲書、四六五頁）。

(52) ノウァティアヌス（Novatianus, 200?-258?）は、デキウス帝（Gaius Messius Quintus Trajanus Decius, 201-251）の苛烈な迫害において棄教した者たちの教会復帰に対し、寛大な態度を取るべきだとする人々の支持によってローマ司教となったコルネリウス一世（Cornelius I., ?-253, 在位 251-253）に対し、より厳格な立場を取るべきだとする人々の支持を受けて対立司教となった。結果的にノウァティアヌス派は排除され、熱狂主義や棄教者への厳格な態度は斥けられることとなったが、ノウァティアヌス派はその後、数世代にわたって分派として存続し、後世のドナティスト論争へと発展することになった（荒井献ほか『総説　キリスト教史1　原始・古代・中世篇』日本キリスト教団出版局、二〇〇七年、一二七頁参照）。

(53) Ebd., S. 582f.

(54) Vgl. Gerd Lüdemann, *Paulus, der Heidenapostel II. Antipaulinismus im frühen Christentum*, Göttingen ^{2}1990, S. 32.

(55) Lüdemann, a. a. O., S. 33.

(56) Vgl. *Die Entstehung der altkatholischen Kirche*, S. 152f.

(57) Vgl. ebd., S. 169.

(58) Lüdemann, a. a. O., S. 35.

(59) *Catechismus Catholicae Ecclesiae*, §1749（『カトリック教会のカテキズム』五三一頁）.

(60) *Catechismus Catholicae Ecclesiae*, §1762（『カトリック教会のカテキズム』五三四頁）.

(61) 「人間は時として、倫理的判断が不確かなものとなり、決定を下すのが困難な状況に立たされることがあります。しかし、いつも、正しいことと、よいことを求め、神法のうちに表された神の意図（voluntatem Dei in Lege divina expressam）を識別しなければなりません。そのために人間はそれまでの経験と時のしるしとを、賢慮の徳（per prudentiae virtutem）や、思慮深い人々の助言や、聖霊およびそのたまもの（per Spiritus Sancti Eisque donorum）の助けなどによって理解するように努めます」（*Catechismus Catholicae Ecclesiae*, §1787, 1788［『カトリック教会のカテキズム』五三九頁］）。

（62）Wolfgang Beinert, Art. «Regulra fidei», in: LThK[3] 8, S. 976.

（63）Ebd.

（64）Ebd.

（65）Beinert, a. a. O., S. 977.

（66）The International Theological Commission, *Theology Today: Principles, Perspectives and Criteria*, 2011, cap. 2, 29（教皇庁教理省国際神学委員会『今日のカトリック神学――展望・原理・基準』カトリック中央協議会、二〇一三年、三一頁）.

（67）*Catechismus Catholicae Ecclesiae*, §1076（『カトリック教会のカテキズム』三四一頁）.

（68）*Theology Today: Principles, Perspectives and Criteria*, cap. 2, 35（『今日のカトリック神学――展望・原理・基準』三六頁）.

（69）*Catechismus Catholicae Ecclesiae*, §875（『カトリック教会のカテキズム』二七二頁）.

（70）*Catechismus Catholicae Ecclesiae*, §888, 893, 894（『カトリック教会のカテキズム』二七五―二七七頁）.

（71）*Catechismus Catholicae Ecclesiae*, §890-892（『カトリック教会のカテキズム』二七六頁）.

（72）*Catechismus Catholicae Ecclesiae*, §891-892（『カトリック教会のカテキズム』二七六頁）.

（73）*Catechismus Catholicae Ecclesiae*, §891（『カトリック教会のカテキズム』二七六頁）.

（74）使徒言行録一五章一―二一節。

（75）Vgl. Martin Ohst, „Ritschl als Dogmenhistoriker", in: Joachim Ringleben (Hrsg.), *Gottes Reich und menschliche Freiheit. Ritschl- Kolloquium. (Göttingen 1989)*, Göttingen 1997, S. 112.

（76）*Die Protestantische Theologie im 19. Jahrhundert*, S. 603（安酸ほか訳、三六二頁）.

（77） Johannes Weiß, *Die Predigt Jesu vom Reiche Gottes.* Göttingen 1892, ^{3}1964.

第12章

（1） 欧州連合各国の共通規定により、一九三〇年に死去したハルナックの著作権は彼の死後七〇年（二〇〇〇年）を経て消滅しているにもかかわらず、『教義史教本』はハードカバーの単行本として二〇一五年にベルリン大学の古代教会史担当教授であるC・マルクシース（Christoph Markschies, 1962-）の序文を付して復刊された。ただしハルナックのテキストそのものは一九〇九―一九一〇年版のファクシミリ版であり、索引等も含めて新たな校訂は一切なされていない。

（2） たとえば、DG. I, S. 116 は本文は二行しかなく、残りは四六行の脚注が占めている。

（3） DG. I, S. 48.

（4） ハルナックの思想的側面については、Claus-Dieter Osthövener, „Adolf von Harnack als Systematiker", in: ZThK 99 (2002) を参照。

（5） DG. I, S. 3.

（6） DG. I, S. 3, Anm. 2.

（7） DG. I, S. 4.

（8） DG. I, S. 4.

（9） DG. I, S. 5. 管見であるが、ハルナックがここでピウス九世（Pius IX., 1792-1878）が一八五四年に宣言した「聖母マリアの無原罪の御宿り（Immaculata Conceptio Beatae Virginis Mariae）」を挙げていないことは興味深い。同宣言は使徒憲章（教皇令、Constitutio apostolica）の形式によって公布された「教義」宣言であり、教皇不可謬説の採択以前に、公会議の決定ではなく、教皇のみによってなされたものである。このような「教義」宣言は、それ以前のローマ・カトリック教会においては類例がないとされる。一九五〇年にはピウス一二世（Pius XII., 1876-1958）によって、やはり使徒憲章の形式で「聖母の被昇天」が宣言されているが、これは「教皇不可謬説」採択後の教皇によるものであるので、ピウス九世の時とは区別するべきであろう。したがってハルナックにおいてはこの宣言は厳密な意味で「教義」とは言えなかったのであろう。

(10) DG. I, S. 12.
(11) DG. I, S. 12.
(12) DG. I, S. 12.
(13) DG. I, S. 12.
(14) DG. I, S. 11.
(15) DG. I, S. 13. 前章のリッチュルによる古代カトリック教会の教義の定義を参照。
(16) DG. I, S. 14.
(17) DG. I, S. 14.
(18) DG. I, S. 14.
(19) DG. I, S. 14.
(20) DG. I, S. 15.
(21) DG. I, S. 16. Wilhelm Münscher, *Handbuch der christlichen Dogmengeschichte, Bd. 1*, Marburg [3]1832, S. 3f. usw.
(22) DG. I, S. 15. ハルナックは脚注で「こういった方法論が禁止されるべきなのではなく、方法論の乱用こそが禁止されるべきである。方法論には有用な領域があることに疑いはない」(ebd. Anm. 1) と述べている。
(23) DG. I, S. 16.
(24) DG. I, S. 16.
(25) DG. I, S. 17.
(26) DG. I, S. 17.
(27) DG. I, S. 17.
(28) DG. I, S. 18.
(29) DG. I, S. 19.
(30) DG. I, S. 19.
(31) DG. I, S. 20.
(32) DG. I, S. 20f.

（33） DG. I, S. 21f.

（34） Ebd. ハルナックがここで例として挙げているわけではないが、たとえば「聖母マリアの無原罪の御宿り」を宣言したIneffabilis Deusでは、これはもともと教会の伝承に属するものであるとの根拠として、リヨンのエイレナイオスの『異端論駁』の箇所（Irenaeus, Adv. Haereses, book III, c. III, n. 2）が提示されている。

（35） DG. I, S. 22.

（36） プロテスタント諸教会にも、時代や地域によって、教義に関する相当程度の権威を持つ教会会議を開催する教派や教団が存在しないわけではない。たとえば改革派教会の場合、オランダ改革派教会が開催したドルトレヒト教会会議（Synod）において、いわゆる「ドルトレヒト信仰基準」のような教義決定がなされた例がある。同信仰基準は、これを受け入れない者たち、すなわちアルミニウス派もしくはレモンストラント派と呼ばれた人々が同教会から追放されたという意味で、ローマ・カトリック教会の公会議決定に比肩する「権威」を持っていたと見ることも、ある意味では可能かもしれない。しかしながら同信仰基準を他の改革派教会（教団）が受容するかどうかはそれぞれの教会（教団）の教会会議の決定権に属しており、同信仰基準を採択していないからといって、他の改革派教会から改革派教会と認められないわけでもない。

（37） DG. I, S. 5.

（38） Vgl. DG. I, S. 5, Anm. 2, Albrecht Ritschl, *Geschichte des Pietismus, Bd. 1*, Bonn 1880, S. 80f, 93f, dems., . . ., Bd. 2, S. 60, 88f.

（39） DG. I, S. 5.

（40） DG. I, S. 6.

（41） 既に論じてきたように、プロテスタントの教会会議と、古代の公会議あるいはローマ・カトリック教会の公会議を単純に同一視することはできないので、その意味ではプロテスタント諸教会にはローマ・カトリック教会の教義と全く同一の意味での教義は存在しないという見方も可能であろう。

（42） 前節のオーストによるトマジウスの見解への指摘を参照。

（43） DG. I, S. 6f.

（44） DG. I, S. 7. Anm. 1.

（45） DG. I, S. 7-9, auch S. 12.
（46） DG. I, S. 9.
（47） DG. I, S. 11.
（48） DG. I, S. 22.
（49） DG. I, S. 22.
（50） DG. III, S. 820. ハルナックはここでローフスを援用してこの考えを全く正当なものとしている（ebd., Anm. 3)。この考えは二〇世紀以降も一定の支持を受け続けた。たとえば一九五〇年に書かれたR・H・ベイントン（Roland Herbert Bainton, 1894-1984）によるルターの伝記『我ここに立つ——マルティン・ルターの生涯（*Here I Stand: A Life of Martin Luther*)』（Abingdon-Cokesbury Press, New York, 1950.［青山一浪、岸千年共訳、聖文舎、一九五四年］）も、この考えを完全に支持している（op. cit., p. 39-44, 同書、二五―三二頁)。他方でアリスター・マクグラスは一九八五年に『ルターの十字架の神学（*Luther's Theology of the Cross*)』（Blackwell, Oxford, 1985, 2nd ed. 2011（鈴木浩訳、教文館、二〇一五年））を発表し、プロテスタンティズムの出発点となったルターの「神学的突破（Theological Breakthrough)」を、ヴィッテンベルク大学における一五一五年の「ローマ書講義」開始直前とし、それまでの諸説に異を唱えている（op. cit., pp. 229, 同書、二七二頁以下)。
（51） DG. III, S. 822.
（52） DG. III, S. 825.
（53） DG. III, S. 827.
（54） Ebd.
（55） Ebd.
（56） DG. III, S. 837f.
（57） DG. III, S. 866f.
（58） 第7章参照。
（59） Vgl. Michael Basse, *Die dogmengeschichtlichen Konzeptionen Adolf von Harnacks und Reinhold Seebergs*, Göttingen 2001, S. 321.

(60) Basse, a. a. O., S. 322.

(61) Basse, a. a. O., S. 319, Anm. 64.

(62) Karlmann Beyschlag, I, *Grundriß der Dogmengeschichte. Band 1: Gott und Welt*, Darmstadt [2]1987, S. 36（『キリスト教教義史概説　上――ヘレニズム的ユダヤ教からニカイア公会議まで』掛川富康訳、教文館、一九九六年、六六頁）、DG. III, S. 212, Anm.

(63) Basse, a. a. O., S. 323.

(64) Ebd., S. 324.

(65) 管見であるが、ハルナックはこのことに途中で気がついている。『教義史教本』第三巻における、唯名論に刺激を受けた中世イタリアの原理主義グループに関する記述において、同書初版においてハルナックは「（彼らは）教条主義（Dogmatismus）、サクラメントなど、すべてを実際に放棄してしまった」としているのに対し、改訂増補が行われた第三版以降では「（彼らは）カトリックの教義（katholische Dogmatik）、サクラメントなど、すべてを実際に放棄してしまった」と言い換えている（[1]DG. III, S. 659, [3]DG. III, S. 693, [4]DG. III, S. 774）。仮にハルナックが、教条主義とカトリシズムとはほぼ同義であり、プロテスタンティズムには教条主義など一切ないと一貫して考えていたならば、途中でこのように言い換える必要はないと思われる。

(66) Beyschlag, I, a. a. O., S. 39（同書、六八―六九頁）。

終章

(1) Wolf-Dieter Hauschild, Art. «Dogmengeschichtsschreibung», in: TRE 9, S. 121.

(2) Friedrich Wilhelm Graf, *Die Wiederkehr der Götter: Religion in der modernen Kultur*, München 2007, S. 159.

(3) Ebd.

(4) （『キリスト教の本質』が）「読者に供することとは、教義的、またすべてのキリスト論的課題からの解放、型にはまった既存の教会のあり方を原初的、また共時的意義への回帰、われわれの認識の限界に関する思慮、神の子であることの意識を確認することである」（ZH, S. 184）。

(5) ハルナック自身のエキュメニカルな意見表明については „Protestantismus und Katholizismus in Deutschland“, in:

AHZ. I, S. 391-415を参照。『キリスト教の本質』から看取されるエキュメニカル概念とその実践に関する分析については Marianne Jehle-Wildberger, *Adolf Keller (1872-1963): Pionier der ökumenischen Bewegung*, Zürich 2008, S. 37 参照。

（6） Vgl. Hans-Joachim Birkner, *Schleiermacher-Studien. Eingeleitet und herausgegeben von Hermann Fischer. Mit einer Bibliographie der Schriften Hans-Joachim Birkners von Arnulf von Scheliha*, Berlin 1996, S. 40f.

（7） Johannes Hirschberger, *Geschichte der Philosophie. Neuzeit und Gegenwart*, Freiburg ^{9}1976, S. 398.

（8） Vgl. Joachim Heil, *Einführung in das philosophisch-pädagogische Denken von Friedrich Schleiermacher: Schleiermachers methodologische Grundannahmen und ihre Bedeutung für das Verhältnis von Erziehungspraxis und und pädagogischer Theorie*, London ^{2}2006, S. 11. A・シュヴァイツアー（Albert Schweitzer, 1875-1965）の指摘によれば、シュライアマハーに先行するJ・A・エルネスティ（Johann August Ernesti, 1707-1781）、J・D・ミヒャエリス（Johann David Michaelis, 1717-1791）らの聖書解釈は非教義的宗教としての原始キリスト教を主張するものであった。ただしエルネスティやミヒャエリスは非教義的な原始キリスト教のイメージを、啓蒙主義的な道徳的理性宗教のモデルに投写しているとされる（Albert Schweitzer, *Reich Gottes und Christentum: Werke aus dem Nachlaß 1-1*, München 1995, S. 313）。

（9） Hans-Georg Gadamer, *Hermeneutik II: Wahrheit und Methode. Gesammelte Werke Bd. 2*, Tübingen 1986, S. 97.

（10） *Die Protestantische Theologie im 19. Jahrhundert*, S. 600（安酸ほか訳、三五七頁）.

（11） Andreas Wechsler, *Geschichtsbild und Apostelstreit: eine forschungsgeschichtliche und exegetische Studie über den antiochenischen Zwischenfall (Gal 2, 11-14)*, Berlin 1991, S. 165.

（12） Dietrich Korsch, *Glaubensgewissheit und Selbstbewusstsein: vier systematische Variationen über Gesetz und Evangelium*, Tübingen 1989, S. 153.

（13） しかし「教義」に対するリッチュルの見解の内実からすれば事情はいささか異なる。第11章で明らかになったとおり、リッチュルにおける教義とは、一、道徳主義と実践主義の排斥、二、キリスト教的律法主義、三、サクラメント、四、司教制の四点に集約される。これを反転させると、リッチュルにおける非教義的キリスト教とは、一、道徳的かつ実践的、二、非律法主義、三、サクラメントを不用とする、四、司教制をとらないということになる。特に一および二の点に関して言えば、リッチュル自身の神学はこの意味で確かに「非教義的」であるとも言える。

（14） Albrecht Ritschl, *Unterricht in der christlichen Religion. Eingeleitet und herausgegeben von Christine Axt-Piscalar*, Tübingen 2002, S. 26.

（15） Thomas Hübner, *Adolf von Harnacks Vorlesungen über das Wesen des Christentums unter besonderer Berücksichtigung der Methodenfragen als sachgemäßer Zugang zu ihrer Christologie und Wirkungsgeschichte*, Frankfurt am Main 1994, S. 40.

（16） Vgl. WdC, S. 69.

（17） 拙著『アドルフ・フォン・ハルナック「キリスト教の本質」における「神の国」理解』関西学院大学出版会オンデマンド、二〇〇九年参照。

（18） 晩年のハルナックは、伝統的教義や典礼およびサクラメントに重点を置かない会衆派やフレンド派のような教会の形態を志向した（Wilhelm Pauck, *From Luther to Tillich: The Reformers and Their Heirs*, New York, 1984, p. 97）。

（19） たとえば「聖母の被昇天」の教義宣言（一九五〇年）の場合、疑義を持つものはローマ・カトリック教会（ペトロとパウロの使徒座）のみならず、全能の神の怒りも招くと規定されている（Munificentissimus Deus, §47）。

（20） おそらくこの唯一の例外はドルトレヒト信仰規準である。そこにはレモンストラント（アルミニウス）派の排斥が明文化されている。ただし古代信条やローマ・カトリック教会の教義宣言と異なり、キリスト教信仰そのものから外れることを宣告しているわけではないため、オランダ改革派教会の成員であることの基準にとどまると解釈するのが妥当であろう。

（21） 第９章参照。

（22） 第12章参照。

（23） Vgl. *Glaube und Dogma*, S. 46.

（24） 第２章参照。

（25） 第６章参照。

（26） WdC, Matelialien, S. 177.『キリスト教の本質』講義メモにあるこの言葉は、ゲーテに関するメモの直後にあるが、ゲーテの言葉には類似表現は見当たらないとされる（この検証にあたっては財団法人東京ゲーテ記念館・資料室にご教示を賜った。現在公開されているゲーテの原文テキスト数種類において、完全に合致する文章はないとのことである。ここで改めて謝意を表させていただきたい）。

他方でショーペンハウアー『意志と表象としての世界』には「もろもろの教条は変転し、われわれの知はひとをまどわせるけれども、自然というものに迷いはない（Die Dogmen wechseln, und unser Wissen ist trüglich, aber die Natur irrt nicht)」とある（Arthur Schopenhauer, *Die Welt als Wille und Vorstellung*, Leipzig 1819, S. 402［『ショーペンハウアー全集3』山崎庸佑ほか訳、白水社、一九九六年、一八八―一八九頁］）。

（27）「生き生きとしたものに対する瑞々しい眼差しと、本当に偉大なものに対する真実の感覚を持つ者は、それ（福音）を目にするはずであり、また時代精神の覆いから区別することができるはずである」（WdC, S. 17）。

（28）WdC, S. 10, Johann Peter Eckerman, *Gespräche mit Goethe in den letzten Jahren seines Lebens*, § 330.

（29）WdC, S. 15, Anm. 1.

（30）WdC, S. 37.

（31）WdC, S. 47.

（32）WdC, S. 49.

（33）Ebd.

（34）WdC, S. 49.

（35）「みなさん、宗教、すなわち神と隣人とへの愛は、人生に意味（Sinn）というものを与えるのです。学術（Wissenschaft）にはそれはできません」（WdC, S. 168）。

（36）WdC, S. 92（「　」内はガラテヤの信徒への手紙二章二〇節、（　）内は私訳に際して語を補った）。

（37）ハルナックはこれを自ら「二重福音（Das doppelte Evangelium）」と称した（„Das doppelte Evangelium im Neuen Testament“, in: AHZ. I, S. 177-190）。ただしこの場合の「福音（Evangelium）」は単数形であり、「二つの別々の福音」ではなく「二重構造の一つの福音」と理解する方が適切であると思われる。

（38）WdC, S. 152.

（39）「仮にある『キリスト論的』信仰告白を福音の前提として教え、そうしてはじめてキリストについて正しく考えることになるはずであり、そのあとで福音に近づくことができるとしたら、それは彼（イエス）の考えたことや示したことから何とはるかに隔たっていることであろうか。それではまるでさかさまである。（イエスの）福音に従って生きることを開始して、はじめてキリストについて『正しい』方法で考え、また教えることができるようになるのである」（WdC, S. 87,（　）内は私訳に際して語を補った)。

（40）「体験、そう、ただ自分自身で体験した宗教だけが告白に値する。それ以外のあらゆる信仰告白は、イエスからすれば偽善的で道徳的に有害なものでしかない。福音には広く『宗教的教理』などと言えるものは何も見出されないように、すでにできあがっている教理を受容せよ、それを告白せよなどという（イエスの）指示はほとんど見当たらないのである」（WdC, S. 89,（　）内は私訳に際して語を補った)。

補論1

（1）Adolf von Harnack, *Martin Luther und die Grundlegung der Reformation, 106.-110. Tsd. Auflage*, Berlin 1928, vgl. Walther Köhler, Martin Luther und die Grundlegung der Reformation. 106.-110. Tsd 1928, in: ThLZ, 24（1928）, S. 573. なおThLZの同記事では一九二八年版が計一二〇頁と紹介されているが、六四頁の誤りである。

（2）Wolfram Kinzig, Harnack heute. Neuere Forschungen zu seiner Biographie und dem „Wesen des Christentums“, in: ThLZ, 126（2001）, S. 475.

（3）Adolf von Harnack, *Marcion, das Evangelium vom fremden Gott: eine Monographie zur Geschichte der Grundlegung der katholischen Kirche. Neue Studien zu Marcion*, Leipzig [2]1924（Darmstadt 1985）, S. 198.

（4）Vgl, ZH, S. 399f.

（5）*Der Briefwechsel zwischen Adolf von Harnack und Martin Rade*, S. 207.

（6）Harnack, *Martin Luther*, S. 3, Johann Wolfgang Goethe, Sämtliche Werke, 2. Abteilung, Band 12, Berlin 1999, S. 39, vgl. Johann Peter Eckermann, *Gespräche mit Goethe in den letzten Jahren seines Lebens: herausgegeben von Heinz Schlaffer*, München 1986, S. 695. なお、ハルナックによる引用は厳密なものではなく、要約に近い。

（7）WdC, S. 152.

（8）WdC, S. 151.

（9）WdC, S. 167.

（10）Karl Holl, „Die Rechtfertigungslehre in Luthers Vorlesung über den Römerbrief mit besonderer Rücksicht auf die Frage der Heilsgewissheit", in: ZThK 20 (1910), S. 245-291.

(11) Karl Holl, *Gesammelte Aufsätze zur Kirchengeschichte, Band 1, Luther*, Tübingen 1921.

(12) Heinrich Assel, Zorniger Vater – Verlorener Sohn, Harnacks Beitrag zur Lutherrenaissance zwischen Theodosius Harnack und Karl Holl, in: Kurt Nowak u. a. (Hg.), *Adolf von Harnack: Christentum, Wissenschaft und Gesellschaft*, Göttingen 2003, S. 71. ホルは一八八九年から学生としてハルナックに師事し、一八九四年からプロイセン学術アカデミー教会教父委員会でハルナックの活動を助け、一九〇六年からはベルリン大学教会史担当教授としてハルナックの同僚となった。なお、両者の好意的な内容の往復書簡はルター・ルネサンス後も続いており、関係が断絶したわけではない（vgl. Heinrich Karpp (Hg.), *Karl Holl (1866-1925) Briefwechsel mit Adolf von Harnack*, Tübingen 1966, S. 74-76）。

(13) Assel, a. a. O., S. 69-83.

(14) Vgl. Assel, a. a. O., S. 71.

(15) Theodosius Harnack, *Luthers Theologie: mit besonderer Beziehung auf seine Versöhnungs- und Erlösungslehre, 2 Bde*, Erlangen 1862, 1886.

(16) Volker Drehsen, „Konfessionalistische Kirchentheologie. Theodosius Harnack. 1816-1889", in: *Profile des neuzeitlichen Protestantismus (Bd.2.) Kaiserreich. T.1.*, (Hrsg.) Friedrich W. Graf, Gütersloh 1992, S. 150.

(17) Theodosius Harnack, a. a. O., S. 491, 492.

(18) Vgl. Konkordienformel, VI, 15.「ここで律法という言葉は一義的に、神の変わることのないみこころという意味であり、人間がそれに従って生活の中で身を持すべきもののことである」（石居正已訳「和協信条・根本宣言」信条集専門委員会訳『一致信条書』聖文舎、一九八二年、八四一頁）。

(19) Theodosius Harnack, a. a. O., S. 97.

(20) Ebd., S. 138.

(21) Vgl. Assel, a. a. O., S. 71f. V・ドレーゼン（Volker Drehsen, 1949-2013）はテオドジウスのルター理解をむしろこうした二つの潮流、すなわちE・ヘンクステンベルク（Ernst Wilhelm Hengstenberg, 1802-1869）、F・シュタール（Friedrich Julius Stahl, 1802-1861）、E・フシュケ（Eduard Huschke, 1801-1886）らに代表される、同時代の教会政治的教会論にルターを読み込む形式、および一八四八年革命の刺激を受けつつ自由民主主義的教会論を標榜するドイツ・プロテスタント同盟の神学的支柱であったD・シェンケル（Daniel Schenkel, 1813-1885）、ローテ、C・ブンゼン（Christian Carl Josias Freiherr von Bunsen, 1791-1860）らのプログラムも断固として斥けているとしている（Drehsen, a. a. O., S. 150）。

（22） Vgl. Jan Rohls, *Protestantische Theologie der Neuzeit, Bd.1: Die Voraussetzungen und das 19. Jahrhundert*, Tübingen 1997, S. 837. これとは異なる見方として、H・ボルンカム（Heinrich Bornkamm, 1901-1977）はテオドジウスのルター研究を「十九世紀における最も重要な、いや厳密に言えば唯一の神学的ルター論」と高く評価しつつも「彼はルターの思想を思慮深く心を込めて再構成することに仕事を制限し、時代の諸問題にコミットしなかった」上に「ルターや一般に神学に向けられた問いを全く取り上げなかった」としている（Heinrich Bornkamm, *Luther im Spiegel der deutschen Geistesgeschichte: mit ausgewählten Texten von Lessing bis zur Gegenwart*, Heidelberg 1955, S. 48『ドイツ精神史とルター』谷口茂訳、聖文舎、一九七八年、一〇二—一〇三頁）。

（23）「彼（ルター）の神学とは確信と良心の神学であり、信ずるに足りる確かな恵みとその確かな信仰の神学である」（Theodosius Harnack, a. a. O., S. 59）、「ルターの宗教とは、その語のこの上なく明らかな意味において、良心宗教である」（Holl, a. a. O., 1921, S. 35）。

（24）「神秘主義のこうした側面はルターに抗しがたい魅力であった。なぜなら彼はすでに遠く離れた神の優位性が罪人にとって何を意味するかを幾らか経験していたからである。それはまた彼にとって自らを滅びへと導く尽きない罪責の感情を呼び起こしていたが、それは全くもって神秘主義的な種類のものだった。それは和解と義認を必要とするあらゆる『確信に満ちた自己絶望（vertrauensvolle Selbstverzweiflung）』につながるものであったが、同時にルターは次のことも明晰かつ確かに把握していた。すなわちそれは神秘主義を脅かしもするが否定もしない汎神論の魔術に対する解毒剤と予防薬でもあると」（Theodosius Harnack, a. a. O., S. 53f.）、「第一にルターは、神秘主義的なものの中に入り込んでいる汎神論的なものを初めから斥けた」（Holl, a. a. O., 1921, S. 36）。

（25）「ルターがむしろ望んだのは、われわれが神を両面性あるものとして、またそれを持ち続けているものとすること、それはちょうど神への正しい信仰が両面性を孕んでいるのと同じである。つまり、畏れと信頼である」（Theodosius Harnack, a. a. O., S. 136）。「神への畏れはこのように宗教への第一歩である。第一歩ではあるが、まだ宗教そのものではない。真の宗教は、ルターにとっては、人間が神と一体となるときである」（Holl, a. a. O.,

1921, S. 60)。

(26) DG. III, S. 809.

(27) 「彼がいた領域において、というよりも彼の本質のいくつもの深奥においてルターはある一つの古代カトリック的かつ中世的な表れであった」(DG. III, S. 811)。

(28) 「たしかに一五一九年から一五二三年頃までは宗教改革の頂点である。果たされるべきことすべて、つまり将来のあらゆる課題はこの時ルター自身によって掌握されており、実現は間近であると見えたのは奇跡的な摂理であった。……しかしすべてを成し遂げる人間は存在しない。継続的に働きをなすのであって、流星のように一瞬だけ輝くというわけではなく、その本性に定められている限界に立ち戻ることを余儀なくされるのである。ルターもまたそこへ立ち戻った」(DG. III, S. 811)。

(29) Theodosius Harnack, a. a. O., S. 111.

(30) DG. III, S. 832.

(31) DG. III, S. 812.

(32) DG. III, S. 824.

(33) DG. III, S. 824.

(34) DG. III, S. 814. 「それまでより洗練され、より複雑であった理想のがらくたの下でほとんど注意を払われなかった、神の父としての摂理への従順かつしっかりとした確信、隣人愛ある職業における誠実を、彼は中心的事柄と見做した」(DG. III, S. 832)。

(35) 「ルターをして新しい時代の人、姿を現し始めた時代の英雄あるいは近代精神の創始者とほめたたえるのは全くもって一面的、いや言語道断な見方である。もしそうした英雄を見たければ、エラスムスとその同僚たち、あるいはデンク、フランク、ゼルヴェーデ、ブルーノといった人々のところへ行くべきである」(DG. III, S. 810f.)。デンク(Hans Denck, 1495?-1527)はおもに南ドイツおよびスイスで活動した宗教改革者。人文主義に基づく急進的な宗教改革を提唱し、再洗礼派の指導者の一人に目される。フランク(Sebastian Franck, 1499-1542)は当初ルター派の説教者となるが、ウルムで急進的な思想が異端視され、バーゼルに移って著述に専念した。ゼルヴェーデ(Servede)はミカエル・セルヴェトゥス(Michael Servetus, 1509/1511-1553)。三位一体論を否定したためカトリック、プロテスタント双方から異端視され、ジュネーヴで火刑に処せられた。

(36) Harnack, *Martin Luther*, S. 63.

(37) DG. III, S. 824.

(38) DG. III, S. 834.

(39) DG. III, S. 863.

(40) DG. III, S. 862. なお、昨今の「ルターの十字架の神学」への注目にはこうした前提を持たずにルターが経験神学へ回帰したことをもっぱら評価するものが見受けられる。たとえば、マクグラスは「理論的思弁に優先する」ところの「経験を通して十字架を見ること」がルターの十字架の神学の神髄にほかならないとし、中世後期のキリストの苦難への観想とキリストの十字架の倫理的・霊的影響の線上にルターを置き、「理論と経験の緊張」をむしろ否定的に斥けて「ルターの十字架の神学」像を提示する（Alister E. McGrath, *Luther's Theology of the Cross, Martin Luther's theological breakthrough, 2nd ed.*, Wiley-Blackwell, 2011, pp. 207-211, 230-232［鈴木浩訳『ルターの十字架の神学』教文館、二〇一五年、二五二―二五五、二七三―二七四頁］）。

(41) DG. III, S. 862. ハルナックの理解によれば、アウグスティヌスは自身の霊性を使いこなしておらず、教化（auferbauen）というよりも活気づけ（anregen）したにすぎないとする（DG. III, S. 824）。他方で宗教改革の教義史の端緒はアウグスティヌスの敬虔性の内面史に基礎付けられているとしている（DG. III, S. 862）。

(42) 古代においてすでに始まっていたところの、度を超した思弁化に対し最も偉大な還元をなしたのはアタナシオスであり、後の宗教改革を念頭に置くと、アウグスティヌスと比肩できるのはアタナシオスのみであるとハルナックは評価する（vgl. DG. II, S. 21f.）。

(43) DG. III, S. 863.

(44) DG. III, S. 863.

(45) DG. III, S. 831. もっとも、テオドジウスがリッチュル学派を激しく拒絶していたことはよく知られている。『ルターの神学』は伝統的な教理命題のリストと対照した場合、しばしばその非体系性が言及されるものの、その内容においてはすでに述べた幾組もの対立命題のほか、ルターの神秘主義的あるいは敬虔主義的傾向などについても弁証的に取り扱っており、その意味ではハルナック、さらにはリッチュルに遠くない。

（46）「ルターが教会というものをどのように信じていたかはすでに述べた。すなわち、聖徒の共同体、言ってみれば信仰者たちの共同体、それは神の言葉によって聖霊が呼び集めたものであり、聖霊によって照らされかつ聖別され、正しい信仰に立つ福音によって一歩一歩構築され、神の子たちに約束されている輝かしい未来を慰めと喜びのうちに待ち望み、その日が来るまで互いに愛をもって、神が遣わされたそれぞれの持ち場にあって仕え合うところである」（DG. III, S. 827）。

（47）テオドジウスはリッチュルの「神の国」概念を「神と世との和解では全くなく、われわれが神と和解することのみであると言わざるを得ない」と痛烈に批判する一方、ルターの「神の国」概念は終局的かつ個人的であるが「非神学的形姿（keine theologische Gestalt）」であるとの分析にとどまり、それ以上の言及はない（Theodosius Harnack, a. a. O., S. 18）。

（48）DG. III, S. 824.

（49）一八八一年にルートハルトへ宛てた手紙の中で、ハルナックは「啓示のキリストを中心に立てなければ、われわれの義認の信仰はカトリシズムによってではなく、われわれの信仰に応じたキリスト論による不安定な揺れに常に脅かされることになる」と述べている（Uwe Rieske-Braun（Hg.）, *Moderne Theologie: der Briefwechsel Adolf von Harnack, Christoph Ernst Luthardt, 1878-1897*, Neukirchener 1996, S. 33）。一九二六年の論文「ルターの宗教改革の宗教史的意義（Die Religionsgeschichtliche Bedeutung des Reformation Luthers）」においても、神の言葉と信仰への還元は内面的のみならず外面的にも同等の高い価値を持つとしている（Adolf von Harnack, „Die religionsgeschichtliche Bedeutung des Reformation Luthers“, in: AHZ. I, S. 329-342, hier, S. 338）。

（50）DG. III, S. 825f.

（51）DG. III, S. 826.

（52）DG. III, S. 827f.

（53）DG. III, S. 827.

（54）AHZ. 1, S. 335, 338.

（55）Ebd., S. 338.

（56）「（宗教改革が）西欧世界で優勢な教義的キリスト教の二元論および実践的キリスト教の自己判断またその生活

態度を止揚させたことにより、福音主義信仰は教義的立場へ辿り着いたのである」（DG. III, S. 862）。

（57） Assel, a. a. O., S. 75.

（58） WdC, S. 71.

（59） WdC, S. 158.

（60） DG. III, S. 826.

（61） DG. III, S. 845.

（62） Holl, a. a. O., S. 35.

（63） Ebd., S. 37.

（64） ホルはこの理念を一九〇八年に公刊された、一五一五／一六年のローマ書講解原稿によって強めることができると考えた（Johannes Ficker（Hg.）, *Luthers Vorlesung über den Römerbrief, 1515/1516*, Leipzig 1908）。

（65） Holl, a. a. O., S. 38.

補論 2

（1） Paul Tillich, *Vorlesungen über die Geschichte des christlichen Denkens, Teil II: Aspekte des Protestantismus im 19. und 20. Jahrhundert*, Stuttgart 1972, S. 184（「キリスト教思想史」『ティリッヒ著作集　別巻3』佐藤敏夫訳、白水社、一九八〇年、二九四頁）.

（2） Vgl. Georg Wobbermin, „Loisy contra Harnack", in: ZThK 15（1905）.

（3） Vgl. Hermann Cremer, *Das Wesen des Christentums: Vorlesungen im Sommersemester 1901 vor Studierenden aller fakultäten an der Universität Greifswald*, Gütersloh 1902.

（4） Ernst Troeltsch, Was heißt „Wesen des Christentums"?, in: GS II, S. 386-451（「『キリスト教の本質』とは何か」『トレルチ著作集2』高森昭訳、ヨルダン社、一九八六年）.

（5） WdC, S. 4 .

（6） Leo Baeck, „Harnacks Vorlesungen über das Wesen des Christentums（1901）", in: Werner Licharz（Hrsg.）, *Leo Baeck-Lehrer und Helfer in schwerer Zeit*, Frankfurt am Main u. a. 1983, S. 12.

（7） Baeck, a. a. O., S. 13.
（8） WdC, S. 17.
（9） Baeck, a. a. O., S. 13.
（10） Ebd.
（11） Theobald Ziegler, *Die geistigen und sozialen Strömungen des Neunzehnten Jahrhunderts*, Berlin 1899, S. 450f.
（12） Baeck, a. a. O., S. 14.
（13） Ebd.
（14） Cremer, a. a. O., Vorwort u. S. 224ff.
（15） Troeltsch, a. a. O., S. 390-398（高森訳、四四一五四頁）.
（16） WdC, S. 34ff.
（17） Reinhold Mayer, Art. «Baeck, Leo», in: TRE 5, S. 113.
（18） WdC, S. 37.
（19） WdC, S. 27, S. 35.
（20） Baeck, a. a. O., S. 19.
（21） Ebd., Anm. 1.
（22） Baeck, a. a. O., S. 20.
（23） Ebd.
（24） Ebd.
（25） Ebd.
（26） Werner Lichartz, Ein Gespräch, das es nie gab: Adolf von Harnack und Leo Baeck, in: *Leo Baeck- Zwischen Geheimnis und Gebot: Auf dem Weg zu einem progressiven Judentum der Moderne, mit einem Geleitw. von Frank Wössner*, Karlsruhe 1997, S. 179f.
（27） Rolf Rendtorff, Die jüdische Bibel und ihre antijüdische Auslegung, in: R. Rendtorff / E. Stegemann, *Auschwitz-Krise der christlichen Theologie*, München 1980, S. 101f.

(28) ユダヤ教のラビであるR・ガイス（Robert Raphael Geis, 1906-1972）は、ベックと同じユダヤ教の立場から『ユダヤ教の本質』を批評しているが、ガイスによれば同書の主眼は「ユダヤ教の存在理由は悲しいかな、光輝くキリスト教の暗黒の背景というところにある」という『キリスト教の本質』が説くユダヤ教への誤解に対する応答であるとしている（Robert Raphael Geis, Leo Baeck, in: *Gottes Minorität. Beiträge zur jüdischen Theologie und zur Geschichte der Juden in Deutschland*, München 1971, nachgedruckt von Werner Licharz (Hg.), a. a. O., S. 56-61）。

(29) 『ユダヤ教の本質』の目次は以下のとおり（一九二六年版）。

第二版への序文
第四版への序文
第1章　ユダヤ教の特徴
　第1節　統一と発展
　第2節　預言者的宗教と信仰共同体
　第3節　啓示と世界宗教
第2章　ユダヤ教の諸理念
　第1節　神への信仰
　第2節　人間への信頼
　　a　われわれへの信頼
　　b　隣人への信頼
　　c　人間への信頼
第3章　ユダヤ教の維持
　第1節　歴史と課題

(30) 『キリスト教の本質』の目次は以下のとおり（オストヘヴェナー版より私訳）。

　序文
　　問題の規定と限定

Ⅰ　福音
導入と歴史的事柄
1　イエスの説教、その基本的特質
1　神の国とその到来
2　父なる神と人間の魂の無限の価値
3　より勝れた義と愛の掟
2　個々の福音のおもな関係
1　福音と世界、あるいは禁欲の問題
2　福音と貧困、あるいは社会的問題
3　福音と正義、あるいはこの世の秩序への問い
4　福音と労働、あるいは文化の問題
5　福音と神の子、あるいはキリスト論の問題
6　福音と教理、あるいは信仰告白への問い
Ⅱ　歴史における福音
使徒時代におけるキリスト教
カトリシズムへと発展したキリスト教
東方教会主義におけるキリスト教
ローマ・カトリシズムにおけるキリスト教
プロテスタンティズムにおけるキリスト教

（31）WdC, S. 11f.

（32）クレマーは、ハルナックが新約聖書の宣教するキリストは事実としてあり得ないとしていることを、ハルナックが自ら措定した教義学的前提であるとして批判している。というのは、新約聖書が宣教するキリストを（歴史的検証の結果であるかどうかはともかく）事実として措定することも教義学的前提としては同程度に可能だからである（Cremer, a. a. O., Vorwort）。

（33）Vgl. Claus-Dieter Osthövener, „Adolf von Harnack als Systematiker", in: ZThK 99（2002）, S. 296-331.

（34）WdC, S. 12.

（35）Baeck, "Preface to the English edition", in: *Leo Baeck Werke Bd. 1, Das Wesen des Judentums / hrsg. von Albert H. Friedlander*..., Gütersloh 1998, S. 423.

（36）Baeck, "Preface to the English edition", S. 423.

（37）Licherz, a. a. O., S. 175ff.

（38）ハルナックはイエスの説教の最大の特質は「彼らの律法学者のようにではなく、権威ある者としてお教えになったからである」（マタイによる福音書七章二九節）という福音書の証言に帰せられるとする（WdC, S. 20）。したがって主眼は「権威ある者」として振る舞ったイエスの人格にあり、説教の文言ではないということになる。

（39）「律法学者たちやファリサイ派の人々は、モーセの座に着いている。だから、彼らが言うことは、すべて行い、また守りなさい。しかし、彼らの行いは、見倣ってはならない。言うだけで、実行しないからである」（マタイによる福音書二三章二―三節）。

（40）Licherz, a. a. O., S. 177.

（41）「復讐してはならない。民の人々に恨みを抱いてはならない。自分自身を愛するように隣人を愛しなさい。わたしは主である」（レビ記一九章一八節）。

（42）ハルナックは、教理史というものを教理の成立と発展のプロセスとして提示した。したがって、いわゆる「福音のギリシャ化」はキリスト教の「発展」の一過程であるということになる。ところが、ハルナックは同時にキリスト教を本質的なるものとそうでないものに分離する作業を行い、ギリシャ的要素はキリスト教の本質ではないと断じている。だとするならば、「福音のギリシャ化」とは「発展」ではなく木質的ではないものが次々と覆いかぶさっていった「堕落」のプロセスなのではないかという指摘は、すでに同時代のローフスやゼーベルクらによって行われている（Friedrich Wilhelm Kantzenbach, Art.«Harnack, Adolf von（1851-1930）» in: TRE 14, S. 455, 457）。

（43）Licherz, a. a. O., S. 176.

（44）ハルナックの死後、その蔵書から『ユダヤ教の本質』が見つかったが、それは木開封のままであった（A. H.

Friedlander / B. Klappert, „Das Wesen des Judentums in unserer Zeit“, in: *Leo Baeck Werke Bd. 1*, S. 25）。
（45） WdC, S. 7.
（46） Licherz, a. a. O., S. 178.
（47） 本書序章参照。
（48） たとえば、反ユダヤ主義を明確に掲げるシュテッカーとは福音主義社会協議会（Evangelisch-Sozialer Kongress）において一時期ともに活動していたハルナックであったが、後に決別している。
（49） Licherz, a. a. O., S. 178, 184, Friedlander / Klappert, „Das Wesen des Judentums contra das Wesen des Christentums: Baeck contra Harnack“, in: *Leo Baeck Werke, Bd. 1*, S. 16.

あとがき

本書は一九世紀から二〇世紀への転換期において活躍したドイツの神学者アドルフ・フォン・ハルナックに関する研究である。

筆者は同志社大学に提出した博士学位論文（二〇〇九年三月学位受領）においてハルナックの主著『キリスト教の本質』における「神の国」の理解を扱った。論文審査の過程で貴重なご意見をいただいたが、時間的制約などもあって博士論文に反映させることはできなかった。このご意見への応答として後に発表した論文が本書序章5〜8節の内容である。その後、二〇一一年からドイツ福音主義教会・ディアコニーの奨学金をいただき、ヴッパータール大学で『キリスト教の本質』の最新校訂版の編者であるC－D・オストヘヴェナー教授（現マールブルク大学教授）のもとで学ぶ機会を得た。まとまった研究を行うために、同教授の指導で研究計画を立てたが、ごく一部の下準備をしたところで関西学院大学神学部への着任が決まったため、残りは帰国後に大学勤務と並行して行うことになった。留学時はおもにドイツ語で執筆していた原稿も、大学教員としての研究成果公表の都合上、日本語で作成することにした。こうして博士論文以後およそ一〇年にわたって進めてきたハルナック研究の成果をまとめたのが本書の内容である。初出誌あるいは学会発表は次のとおりであるが、本書収録に際してはかなりの補訂を行い、題目も大きく変更している場合がある。一覧にない章は本書における書き下ろしとなる。

序章5〜8節　「ハルナック『キリスト教の本質』におけるユダヤ観」『日本の神学』四九号、二〇一〇年

第1・3章　「オットー・ドライアーとアドルフ・フォン・ハルナック――ドイツ「使徒信条論争」の一断

第2章　面」『神学研究』六二号、二〇一五年
第5章　「「教義なきキリスト教」か「新しい教義」か――オットー・ドライアーとユリウス・カフタンの論争に関する一考察」『基督教研究』七七巻一号、二〇一五年
第7章　「使徒信条の現代的意義とは――アドルフ・フォン・ハルナックとヘルマン・クレマーの論争再考」日本基督教学会第六四回学術大会（広島女学院大学）、二〇一六年
第8章　「初期プロテスタンティズムにおける使徒信条の位相――洗礼式におけるその位置を中心として」『基督教研究』七七巻二号、二〇一五年
第9章　「プロイセン式文論争と使徒信条――ドイツ「使徒信条論争」前史としての視点から」『基督教研究』七八巻一号、二〇一六年
第10章　「シュライアマハーの使徒信条理解――プロイセン式文論争を中心に」『基督教研究』七八巻二号、二〇一六年
補論1　「プロテスタンティズムとカトリシズム――一九世紀のドイツにおける「プロテスタント教会の再カトリック化問題」を中心に」日本基督教学会近畿支部会（関西学院大学）、二〇一七年
補論2　「アドルフ・フォン・ハルナックのルター理解」『神学研究』六五号、二〇一八年
「ハルナックとレオ・ベック――キリスト教とユダヤ教の対話を求めて」『基督教研究』七六巻二号、二〇一四年

補論1は『神学研究』宗教改革五〇〇年特集号に寄稿したものであり、また補論2は二〇一〇年度日本組織神学会シンポジウムでの発題を基にしている。なお、補論2は序章6節で取り上げた内容から出発しているため、序章注32でもお断りさせていただいたが、論証の都合上、同一の事柄を取り扱っている場合があることをご容赦

いただきたい。このこともあって補論2は本論に含めなかった。そのほか、本論中における内容の行き交いについても校正段階で留意したが、至らない部分については己の非才を恥じるとともに読者諸氏の御批判を仰ぎたい。

二〇〇〇年前後のいわゆる「ハルナック・ルネッサンス」以来、ハルナック研究は復調の一途を辿っており、二〇一八年現在もドイツ語、英語、フランス語などによるハルナック研究論文、研究書が毎年着実に公表されている。その一方で、未だハルナック全集の刊行がないことはたいへん残念であり、ベルリン国立図書館が所蔵しているハルナックの遺稿（Nachlass Adolf von Harnack）は、その多くは閲覧可能であるものの、四八個の整理箱に詰められたまま眠っている。こうした一次文献に対する整理作業が進むことで新たな展開が見られる可能性もある。二一世紀のハルナック研究はまだ緒に就いたばかりである。

引用・参考文献表

ハルナック著作

Adolf von Harnack als Zeitgenosse: Reden und Schriften aus den Jahren des Kaiserreichs und der Weimarer Republik (Teil. 1 und 2), hg. von Kurt Nowak, Berlin 1996.

Apostoliches Symbolum, in: J. J. Herzog（hg.）, *Realenzyklopädie für protestantische Theologie und Kirche, 2. Aufl. (RE²)*, Hamburg 1877.

Ausgewählte Reden und Aufsätze: neu herausgegeben von Dr. Agnes von Zahn-Harnack und Dr. Axel von Harnack, Berlin 1951.

Aus Wissenschaft und Leben. Reden und Aufsätze. Neue Folge. Bd. 1, Gießen 1911.

Marcion, das Evangelium vom fremden Gott: eine Monographie zur Geschichte der Grundlegung der katholischen Kirche. Neue Studien zu Marcion, Leipzig ²1924（Darmstadt 1985）.

Marcion: Der moderne Gläubige des 2. Jahrhunderts, der erste Reformator: Die Dorpater Preisschrift (1870), hrsg von Friedemann Steck, Berlin 2003.

Martin Luther und die Grundlegung der Reformation, 106.-110. Tsd. Auflage, Berlin 1928.

Lehrbuch der Dogmengeschichte, I-III, Tübingen u. Darmstadt ¹1886-1890, Darmstadt Neuausgabe 2015（Nachdrück Tübingen ⁴1909）.

Die Zeit des Ignatius und die Chronologie der antiochenischen Bischöfe bis Tyrannus nach Julius Africanus und den späteren Historikern. Nebst einer Untersuchung über die Verbreitung der Passio S. Polycarpi im Abendlande, Leipzig 1878.

『キリスト教の本質（*Das Wesen des Christentums*）』

Das Wesen des Christentums, hg. von R. Bultmann, Stuttgart 1950.

Das Wesen des Christentums: mit einem Geleitwort von Wolfgang Trillhaas, Gütersloh 1977.

Das Wesen des Christentums, hrsg. und kommentiert von T. Rendtorff, Gütersloh 1999.

Das Wesen des Christentums, hg. Claus-Dieter Osthövener, Tübingen ³2012.

『キリスト教の本質』深井智朗訳，春秋社，2014 年。

ハルナック書簡集

Jantsch, Johannna（hg.）, *Der Briefwechsel zwischen Adolf von Harnack und Martin Rade. Theologie auf dem öffentlichen Markt*, Berlin/New York 1996.

Karpp, Heinlich（hg.）, *Karl Holl (1866-1925) Briefwechsel mit Adolf von Harnack*, Tübingen 1966.

Rade, Martin (hg.), *Jatho und Harnack. Ihr Briefwechsel*, Tübingen 1911.

Rebenich, Stefan (hg.), *Theodor Mommsen und Adolf Harnack: Wissenschaft und Politik im Berlin des ausgehenden 19. Jahrhunderts: mit einem Anhang, Edition und Kommentierung des Briefwechsels*, Berlin u. New York 1997.

Rieske–Braun, Uwe (hg.), *Moderne Theologie: der Briefwechsel Adolf von Harnack– Christoph Ernst Luthardt; 1878-1897*, Neukirchen 1996.

文献・論文

Agende für die Evangelische Landeskirche:Erster Teil, Die Gemeindegottesdienste, Berlin 1895.

Aland, Kurt u. a., *Adolf Harnack in Memorium*, Berlin 1951.

Anonym, *Luther in Beziehung auf die preußische kirchenagende vom Jahre 1822, mit den im Jahre 1823 bekannt gemachten Verbesserungen und Vermehrungen*, Berlin, Posen und Bromberg 1827.

荒井献ほか『総説　キリスト教史 1　原始・古代・中世篇』日本キリスト教団出版局，2007 年。

Assel, Heinrich, „Zorniger Vater—Verlorener Sohn, Harnacks Beitrag zur Lutherrenaissance zwischen Theodosius Harnack und Karl Holl“, in: Kurt Nowak (hg.), *Adolf von Harnack: Christentum, Wissenschaft und Gesellschaft*, Göttingen 2003.

Aune, David Edward, *The Westminster Dictionary of New Testament and Early Christian Literature and Rhetoric*, Westminster John Knox Press, Louisville, London, 2003.

Baeck, Leo, *Leo Baeck Werke Bd. 1. Das Wesen des Judentums. hg. von Albert H. Friedlander und Bertold Klappert*, Gütersloh 1998.

______, „Harnacks Vorlesungen über das Wesen des Christentums (1901)“, in: Werner Licharz (hg.), *Leo Baeck—Lehrer und Helfer in schwerer Zeit*, Frankfurt am Main u. a. 1983.

Bainton, Roland Herbert, *Here I Stand: A Life of Martin Luther*, Abingdon–Cokesbury Press, New York, 1950.（R. H. ベイントン『我ここに立つ——マルティン・ルターの生涯』青山一浪，岸千年共訳，聖文舎，1954 年。）

Barth, Karl, *Die Protestantische Theologie im 19. Jahrhundert: Ihre Geschichte und ihre Vorgeschichte*, Zürich 1994.（カール・バルト『カール・バルト著作集 13　19 世紀のプロテスタント神学　下』安酸敏眞ほか訳，新教出版社，2007 年。）

Basse, Michael, *Die dogmengeschichtlichen Konzeptionen Adolf von Harnacks und Reinhold Seebergs*, Göttingen 2001.

Benkmann, Horst–Günter, *Wege und Wirken. Salzburger Emigranten und ihre Nachkommen*, Detmold 1988.

Birkner, Hans–Joachim, *Schleiermacher-Studien. Eingeleitet und herausgegeben von Hermann Fischer. Mit einer Bibliographie der Schriften Hans-Joachim Birkners von Arnulf von*

Scheliha, Berlin 1996.

Bonkhoff, Bernhard H, *Der Apostolikumsstreit in Heiligenmoschel von 1838, Pfarrer Johann Conrad Treviran (1777-1848)*, in: Historischer Verein der Pfalz（hg.）, *Jahrbuch zur Geschichte von Stadt und Landkreis Kaiserslautern*, Otterbach 1980.

Bornemann, Wilhelm, *Der Streit um das Apostolikum: Vortrag*, Magdeburg 1893.

Bornkamm, Heinrich, *Luther im Spiegel der deutschen Geistesgeschichte: mit ausgewählten Texten von Lessing bis zur Gegenwart*, Heidelberg 1955.（『ドイツ精神史とルター』谷口茂訳，聖文舎，1978 年。）

Brenz, Johannes, *Württembergische Große Kirchenordnung*, Tübingen 1559.

Buber, Martin, *Briefwechsel aus sieben Jahrzehnten, Band III: 1938-1965*, Heidelberg 1975.

______, *Der Jude und Judentum: Gesammelte Aufsätze und Reden*, Köln 1963.

Busch, Eberhard, *Karl Barths Lebenslauf: nach seinen Briefen und autobiographischen Texten*, München ^{2}1976.（エーバーハルト・ブッシュ『カール・バルトの生涯　1886-1968』小川圭治訳，新教出版社，1989 年。）

Calvin, Jean, „Institutionis Christianae religionis 1559“, in: *Ioannis Calvini opera quae supersunt omnia: ad fidem editionum principum et authenticarum ex parte etiam codicum manu scriptorum, additis prolegomenis literariis, annotationibus criticis, annalibus Calvinianis, indicibusque novis et copiosissimis / ediderunt Guilielmus Baum, Eduardus Cunitz, Eduardus Reuss: Volumen II*, Braunschweig 1864.（ジャン・カルヴァン『キリスト教綱要　改訳版　第 1 篇・第 2 篇』渡辺信夫訳，新教出版社，2007 年。）

______, Catechismus. christianae religionis institution genevensis ecclesiae suffragiis recepta（1538）, in: ebd., Volumen V.（ジャン・カルヴァン『ジュネーヴ教会信仰問答』渡辺信夫編訳，教文館，1998 年。）

Chatechismus Catholicae Ecclesiae. Libreria Editrice Vaticana, 1997.（*Katechismus der Katholischen Kirche: Neuübersetzung Aufgrund der Editio Typica Latina*, Berlin 2015.）（『カトリック教会のカテキズム』カトリック中央協議会，2002 年。）

Claussen, Johann Hinrich, „Adolf von Harnack“, in: Friedrich W. Graf（hg.）, *Klassiker der Theologie (Band 2)*, München 2005.（「アドルフ・フォン・ハルナック」安酸敏眞訳，F. W. グラーフ編『キリスト教の主要神学者　下――リシャール・シモンからカール・ラーナーまで』安酸敏眞監訳，教文館，2014 年。）

Costanza, Christiana, *Einübung in die Ewigkeit Julius Kaftans eschatologische Theologie und Ethik, Forschungen zur systematischen und ökumenischen Theologie Bd. 124*, Göttingen 2009.

Cremer, Hermann, *Das Wesen des Christentums: Vorlesungen im Sommersemester 1901 vor Studierenden aller fakultäten an der Universität Greifswald*, Gütersloh 1902.

______, *Warum können wir das apostolische Glaubensbekenntnis nicht aufgeben? zweite Streitschrift zum Kampf um das Apostolikum*, Berlin ^{2}1893.

______, *Zum Kampf um das Apostolikum. Eine Streitschrift wider D. Harnack*, Berlin [7]1893.

Dingel, Irene（hg.）, *Die Bekenntnisschriften der Evangelisch-Lutherischen Kirche. Vollständige Neuedition: im Auftrag der Evangelischen Kirche in Deutschland*, Göttingen 2014.（信条集専門委員会訳『一致信条書』聖文舎，1982 年。）

Drehsen, Volker, „Konfessionalistische Kirchentheologie. Theodosius Harnack. 1816-1889", in: Friedrich W. Graf（hg.）, *Profile des neuzeitlichen Protestantismus (Bd.2.) Kaiserreich. T.1.*, Gütersloh 1992.

Dreyer, Otto, *Abschiedsgruß an meine Gemeinde: vier Predigten, gehalten in der Osterzeit 1891*, Gotha 1891.

______, *Antrittspredigt, gehalten in der Stadtkirche zu Meiningen über Apostel 4, 12 am Sonntag Exaudi, den 10. Mai 1891*, Meiningen 1891.

______, „Das Missionswerk ein großes und herrliches Werk: Predigt in der 8. Jahresversammlung des Allg. evang.-prot. Missionsvereins", in: *Zeitschrift für Missionskunde und Religionswisschenschaft*, 1892.

______, *Das einzige Erkennungszeichen religiöser Wahrheiten*, von Halem, Bremen 1874.

______, *Fester Glaube und freie Wissenschaft: zwei protestantische Reden*, Gotha 1869.

______, *Glaube, Liebe, Hoffnung: Predigten*, Gotha 1870.

______, *Gott, Christus, Kirche und die Loge: Gedanken z. ersten d. alten freimaurerischen Pflichten*, Wolfenbüttel 1912.

______, *Predigt, zur Gedächtnisfeier der Vollendeten am 25. November 1894 in der Stadtkirche zu Meiningen*, Meiningen 1895.

______, *Undogmatisches Christentum: Betrachtungen eines deutschen Idealisten*, Braunschweig [4]1890.

______, *Wir haben einen Zugang zu Gott: Predigt über Hebr. 10, 19-25, gehalten beim Jahresfest des Meininger Hauptvereins der Gustav-Adolf-Stiftung in Themar am 5. August 1891*, Hildburghausen 1891.

______, *Zur undogmatischen Glaubenslehre: Vorträge und Abhandlungen*, Berlin 1901.

Eckermann, Johann Peter, *Gespräche mit Goethe in den letzten Jahren seines Lebens: hg. von Heinz Schlaffer*, München 1986.

Ernst, Albrecht, *Die reformierte Kirche der Kurpfalz nach dem Dreißigjährigen Krieg (1649-1685)*, Stuttgart 1996.

Ficker, Johannes（hg.）, *Luthers Vorlesung über den Römerbrief, 1515/1516*, Leipzig 1908.

Foerster, Erich, *Die Entstehung der Preußischen Landeskirche unter der Regierung König Friedrich Wilhelms des Dritten nach den Quellen erzählt: Bd. 1*, Tübingen 1905.

Friedlander, Albert H., „Vorwort", in: Leo Baeck, *Leo Baeck Werke Bd. 1.*

______, Klappert, Bertold, „Das Wesen des Judentums in unserer Zeit", in: *Leo Baeck Werke Bd. 1.*

深井智朗『ハルナックとその時代』キリスト新聞社，2002 年。
______『19 世紀のドイツ・プロテスタンティズム——ヴィルヘルム帝政期における神学の社会的機能についての研究』教文館，2009 年。
Gadamer, Hans-Georg, *Hermeneutik II: Wahrheit und Methode. Gesammelte Werke Bd. 2*, Tübingen 1986.
Geffcken, Heinrich (hg.), *Praktische Fragen des modernen Christentums*, Leipzig 1907.
Geis, Robert Raphael, „Leo Baeck", in: Werner Licharz (hg.), *Gottes Minorität. Beiträge zur jüdischen Theologie und zur Geschichte der Juden in Deutschland*, München 1971.
Gerhard, Johann, *Loci Theologici: Tomus Quartus*, nachdr. Berlin 1863-85.
Gockel, Matthias, „Hermann Cremers Umformung der christlichen Lehre von den Eigenschaften Gottes im Lichte ihrer Rezeption im 20. Jahrhundert", in: *Neue Zeitschrift für systematische Theologie und Religionsphilosophie, 56*, 2014.
Goethe, Johann Wolfgang, *Sämtliche Werke, 2. Abteilung, Band 12*, Berlin 1999.
Graf, Friedrich Wilhelm, „Kulturprotestantismus. Zur Begriffsgeschichte einer theologiepolitischen Chiffre", in: *Archiv für Begriffsgeschichte Bd. 28*, Hamburg 1984.
______, *Die Wiederkehr der Götter: Religion in der modernen Kultur*, München 2007.
Hanke, Edith, *Prophet des Unmodernen: Leo N. Tolstoi als Kulturkritiker in der deutschen Diskussion der Jahrhundertwende*, Tübingen 1993.
Harbsmeier, Eberhard, „Vom Kirchenhasser zum Kirchenvater - Kierkegaard als Kritiker der Kirche und Klassiker der Theologie", in: Markus Pohlmeyer (hg.), *Kierkegaard - eine Schlüsselfigur der europäischen Moderne*, Hamburg 2015.
Harnack, Theodosius, *Luthers Theologie: mit besonderer Beziehung auf seine Versöhnungs-und Erlösungslehre, 2 Bde*, Erlangen 1862, 1886.
Hauschild, Wolf-Dieter, *Lehrbuch der Kirchen-und Dogmengeschichte: Band 2. Reformation und Neuzeit*, Gütersloh ³2005.
Hausrath, Adolf, *Richard Rothe und seine Freunde Bd. 2*, Berlin 1906.
Heil, Joachim, *Einführung in das philosophisch-pädagogische Denken von Friedrich Schleiermacher: Schleiermachers methodologische Grundannahmen und ihre Bedeutung für das Verhältnis von Erziehungspraxis und und pädagogischer Theorie*, London ²2006.
Hermann, Rudolf, *Thüringische Kirchengeschichte. Band II*, Böhlau, Weimar 1947 (Nachdruck: Hartmut Spenner, Waltrop 2000).
Herrmann, Wilhelm, *Worum handelt es sich in dem Stireit um das Apostolikum? Mit besonderer Rücksicht auf D. Cremers Streit*, Leipzig 1893.
Hirschberger, Johannes, *Geschichte der Philosophie. Neuzeit und Gegenwart*, Freiburg ⁹1976.
Hohlfeld, Johannes (hg.), *Dokumente der Deutschen Politik und Geschichte von 1848 bis zur Gegenwart, Teil: Bd. 2., Das Zeitalter Wilhelms II : 1890-1918*, Berlin 1973.
Holl, Karl, *Gesammelte Aufsätze zur Kirchengeschichte, Band 1, Luther*, Tübingen 1921.

______, „Die Rechtfertigungslehre in Luthers Vorlesung über den Römerbrief mit besonderer Rücksicht auf die Frage der Heilsgewissheit", in: ZThK 20 (1910).

Hope, Nicholas, *German and Scandinavian Protestantism, 1700-1918*, Oxford University Press, Oxford New York, 1999.

Huber, Ernst Rudolf (hg.), *Staat und Kirche im 19. und 20. Jahrhundert.: Dokumente zur Geschichte des deutschen Staatskirchenrechts. Bd. III: Staat und Kirche von der Beilegung bis zum Ende des Ersten Weltkriegs*, Darmstadt 2014.

Hänselmann, Ludwig, *Bugenhagens Kirchenordnung für die Stadt Braunschweig: nach dem niederdeutschen Drucke von 1528: mit historischer Einleitung, den Lesarten der hochdeutschen Bearbeitungen und einem Glossar*, Wolfenbüttel 1885.

Hübner, Thomas, *Adolf von Harnacks Vorlesungen über das Wesen des Christentums unter besonderer Berücksichtigung der Methodenfragen als sachgemäßer Zugang zu ihrer Christologie und Wirkungsgeschichte*, Frankfurt am Main 1994.

The International Theological Commission, *Theology Today: Principles, Perspectives and Criteria* 2011.（教皇庁教理省国際神学委員会『今日のカトリック神学――展望・原理・基準』カトリック中央協議会，2013 年。）

伊藤定良『ドイツの長い 19 世紀　ドイツ人・ポーランド人・ユダヤ人』青木書店，2002 年。

Jehle-Wildberger, Marianne, *Adolf Keller (1872-1963): Pionier der ökumenischen Bewegung*, Zürich 2008.

Kaftan, Julius, *Brauchen wir ein neues Dogma?: Neue Betrachtungen über Glaube und Dogma*, Bielefeld u. Leipzig 1890.

______, *Glaube und Dogma: Betrachtungen über Dreyers undogmatisches Christentum*, Bielefeld u. Leipzig 1889.

Kantzenbach, F. W, „Kirchlich-theologischer Liberalismus und Kirchenkampf Erwägungen zu einer Forschungsaufgabe", in: *Zeitschrift für Kirchengeschichte*, 87 (1976).

Karlmann Beyschlag, *Grundriß der Dogmengeschichte. Band 1:Gott und Welt*, Darmstadt ^{2}1987.（『キリスト教教義史概説　上――ヘレニズム的ユダヤ教からニカイア公会議まで』掛川富康訳，教文館，1996 年。）

Kasparick, Hanna, *Lehrgesetz oder Glaubenszeugnis?: der Kampf um das Apostolikum und seine Auswirkungen auf die Revision der preußischen Agende; (1892-1895)*, Bielefeld 1996.

Kinzig, Wolfram, „Harnack heute. Neuere Forschungen zu seiner Biographie und dem Wesen des Christentums", in: ThLZ, 126 (2001).

Kirchen-Agende für die Hof- und Domkirche in Berlin, Berlin ^{2}1822.

Korsch, Dietrich, *Glaubensgewissheit und Selbstbewusstsein: vier systematische Variationen über Gesetz und Evangelium*, Tübingen 1989.

Kupisch, Karl, *Die Hieroglyphe Gottes. Große Historiker der bürgerlichen Epoche von Ranke bis*

Meinecke, München 1967.

Köhler, Walther, „Martin Luther und die Grundlegung der Reformation. 106.-110. Tsd 1928", in: ThLZ, 24（1928）.

Leese, Kurt, *Ethische und religiöse Grundfragen im Denken der Gegenwart*, Düsseldorf 1956.

Lichartz, Werner, „Ein Gespräch, das es nie gab: Adolf von Harnack und Leo Baeck", in: *Leo Baeck- Zwischen Geheimnis und Gebot: Auf dem Weg zu einem progressiven Judentum der Moderne, mit einem Geleitw. von Frank Wössner*, Karlsruhe 1997.

Lindemann, Gerhard, *Für Frömmigkeit in Freiheit: Die Geschichte der Evangelischen Allianz im Zeitalter des Liberalismus (1846-1879)*, Berlin 2011.

Lisco, Emil Gustav, *Das apostolische Glaubensbekenntnis. Vortrag gehalten in Greifswald am 10. December 1871 umd in Berlin am 5. Januar 1872 von Dr. G. Lisco*, Berlin ^{2}1872.

Liturgie bei dem öffentlichen Gottesdienste der evangelisch-christlichen Kirche in dem Herzogthum Nassau, Wiesbaden 1843.

Liturgie für die Hof-und Garnison-Gemeinde zu Potsdam und für die Garnison-Kirche in Berlin, Berlin 1816.

Loewenich, Walther von, „Adolf von Harnack", in: *Evangelisch-lutherische Kirchenzeitung 9*. 1955.

Luther, Martin, Deudsche Messe und ordnung Gottisdiensts. 1526, in: WA 19.（マルティン・ルター「ドイツミサと礼拝の順序」（青山四郎訳），『ルター著作集　第一集 6』聖文舎，1963 年。）

______, Formula missae et communionis. 1523, in: WA 12.（マルティン・ルター「ミサと聖餐の原則」（青山四郎訳），『ルター著作集　第一集 5』聖文舎，1967 年。）

Lüdemann, Gerd, *Paulus, der Heidenapostel II. Antipaulinismus im frühen Christentum*, Göttingen ^{2}1990.

Markschies, Christoph, *Adolf von Harnack: Theologische Lebensorientierung für die Gegenwart*, in: Alf Christophersen/ Friedemann Voigt（hg.）, *Religionsstifter der Moderne: von Karl Marx bis Johannes Paul II*, München 2009.

松谷好明『ウェストミンスター礼拝指針——そのテキストとコンテキスト』一麦出版社，2011 年。

McGrath, Alister E., *Luther's Theology of the Cross, Martin Luther's theological breakthrough, 2nd ed.*, Wiley-Blackwell, 2011.（『ルターの十字架の神学』鈴木浩訳，教文館，2015 年。）

Meckenstock, Günter, „I. Historische Einführung", in: KGA I, 9.

Meyer-Blanck, Michael, *Agenda: Zur Theorie liturgischen Handels*, Tübingen 2013.

Müller, Gerhard/ Seebass, Gottfried（hg.）, *Andreas Osiander d. Ä. Gesamtausgabe. Bd. 1*, Gütersloh 1975.

Münscher, Wilhelm, *Handbuch der christlichen Dogmengeschichte, Bd. 1*, Marburg ^{3}1832.

Neufeld, Karl H., *Adolf von Harnack: Theologie als Suche nach der Kirche; „Tertium genus ecclesiae“*, Paderborn 1977.

Nigg, Walter, *Geschichte des religiösen Liberalismus: Entstehung, Blütezeit, Ausklang*, Zürich u. Leipzig 1937.

Nipperdey, Thomas, *Deutsche Geschichte: 1866-1918. Bd. 1.*, München 1994.

______, *Religion im Umbruch: Deutschland 1870-1918*, München 1988.

Nottmeier, Christian, *Adolf von Harnack und die deutsche Politik 1890-1930, eine biographische Studie zum Verhältnis von Protestantismus, Wissenschaft und Politik,* Tübingen ²2017.

Nowak, Kurt/ Oexle, Otto G.（hg.）, *Adolf von Harnack: Theologe, Historiker, Wissenschaftspolitiker*, Göttingen 2001.

______, Selge, Kurt-Victor（hg.）, *Adolf von Harnack: Christentum, Wissenschaft und Gesellschaft; wissenschaftliches Symposion aus Anlass des 150. Geburtstages*, Göttingen 2003.

______, „Harnacks Briefwechsel mit Rade und Mommsen“, in: *Theologische Rundschau*, 63, 1998.

______, „Historische Einführung“, in: *Adolf von Harnack: Theologe, Historiker, Wissenschaftspolitiker*, Göttingen 2001.

Ohst, Martin, *Schleiermacher und Bekenntnisschriften*, Tübingen 1989.

______, „Ritschl als Dogmenhistoriker“, in: Joachim Ringleben（hg.）, *Gottes Reich und menschliche Freiheit. Ritschl- Kolloquium. (Göttingen 1989)*, Göttingen 1997.

Old, Hughes Oliphant, *Guides to the Reformed Tradition: Worship that is Reformed according to Scripture*, John Knox Press, Atlanta, 1984.（H. O. オールド『改革派教会の礼拝――その歴史と実践』金田幸男ほか訳，教文館，2012 年。）

Osten-Sacken, Peter von der, „Christen und Juden in Berlin“, in: *450 Jahre Evangelische Theologie in Berlin, hrsg. von G. Besier und Chr. Gestrich*, Göttingen 1989.

Osthövener, Claus-Dieter, „Adolf von Harnack als Systematiker“, in: ZThK 99（2002）.

______, „Historismus und Tradition. Zur Gelehrtenfreundschaft zwischen Friedrich Loofs und Adolf von Harnack“, in: J. Ulrich（hg.）, *Friedrich Loofs in Halle: Arbeiten Zur Kirchengeschichte v.114*, Berlin 2010.

Pauck, Wilhelm, and Pauck, Marion, *From Luther to Tillich: the reformers and their heirs*, Harper & Row, San Francisco, 1984.

Picker, Hanns-Christoph, „Ergänzungen zur Personalbibliographie Harnacks“, in: AHZ. II.

Rade, Martin, *Unbewußtes Christentum. 1905*, in: C. Schwöbel（hg.）, *Ausgewählte Schriften/ Bd. 3: Recht und Glaube*, Gütersloh 1988.

Reformed Protestant Dutch Church, *The Psalms of David: with hymns and spiritual songs; also, the catechism, confession of faith and liturgy of the Reformed Church in the Netherlands; for the use of the Reformed Dutch Church in North America*, Hodge and Campbell, New York, 1792.

Rendtorff, Rolf, „Die jüdische Bibel und ihre antijüdische Auslegung“, in: R. Rendtorff/ E. Stegemann, *Auschwitz-Krise der christlichen Theologie*, München 1980.

Rendtorff, Trutz, „Adolf von Harnack und die Theologie: Vermittlung zwischen Religionskultur und Wissenschaftskultur“, in: Kurt Nowak/ Otto Gerhard Oexle (Hg.), *Adolf von Harnack: Theologie, Historiker, Wissenschaftspolitiker*, Göttingen 2001.

______, „Einleitung“, in: Adolf von Harnack, *Das Wesen des Christentums*, hg. von Trutz Rendtorff, Gütersloh 1999.

Riesebrodt, Martin, “Dimensions of the Protestant Ethic”, in: ed. by William H Swatos, Lutz Kaelber, *The Protestant Ethic Turns 100: Essays on the Centenary of the Weber Thesis*, Taylor & Francis, London and New York, 2016.

Rieske-Braun, Uwe (Hg.), *Moderne Theologie: der Briefwechsel Adolf von Harnack, Christoph Ernst Luthardt, 1878-1897*, Neukirchener 1996.

Ritschl, Albrecht, *Die Entstehung der altkatholischen Kirche: eine kirchen- und dogmengeschichtliche Monographie*, Bonn ²1857.

______, *Geschichte des Pietismus*, Bonn 1884.

______, *Unterricht in der christlichen Religion. Eingeleitet und herausgegeben von Christine Axt-Piscalar*, Tübingen 2002.

Rohls, Jan, *Protestantische Theologie der Neuzeit, Bd.1: Die Voraussetzungen und das 19. Jahrhundert*, Tübingen 1997.

Rothe, Richard, *Theologische Ethik Bd. 1-5*, Wittenberg 1867-1871.

______, *Zur Dogmatik*, Gotha ³1898.

Rössler, Dietrich, *Grundriss der Praktischen Theologie*, Berlin-New York ²1994.

佐藤真一「ヤトー事件とトレルチ―― 1911 年を中心に」『国立音楽大学研究紀要』19，1983 年。

Schenkel, Daniel (hg.), „Der Nassauische Agendenstreit und die Absetzung des Pfarrers Schröder in Freirachdorf“, in: *Allgemeine kirchliche Zeitschrift: ein Organ für die evangelische Geistlichkeit und Gemeinde Bd. 12*, Heft 5, 1871.

Schleiermacher, Friedrich D. E., *Kritische Gesamtausgabe, hg. von Hans-Joachim Birkner u. a.*, Berlin/ New York 1988ff. (＝KGA)

______, *Die praktische Theologie nach den Grundsäzen der evangelischen Kirche im Zusammenhange dargestellt, ed. J. Frelichs, SW I, 13*, Berlin 1850.

______, *Geschichte der christlichen Kirche, ed D. Bonnel, SW I, 11*, Berlin 1840.

______, *Über die Religion: Reden an die Gebildeten unter ihren Verächtern 1799 / 1806 / 1821: Hg. von Niklaus Peter, Frank Bestebreurtje und Anna Büsching*, Zürich 2012.（フリードリヒ・シュライアマハー『宗教について――宗教を侮蔑する教養人のための講話』深井智朗訳，春秋社，2013 年。）

______, *Über die neue Liturgie für die Hof-und Garnison-Gemeinde zu Potsdam und für die*

Garnison-Kirche in Berlin, Berlin 1816.
Schneemelcher, Wilhelm, „*Das Problem der Dogmengeschichte. Zum 100. Geburtstag Adolf von Harnacks*“, in: ZThK, 48, 1951.
Schopenhauer, Arthur, *Die Welt als Wille und Vorstellung*, Leipzig 1819.（アルトゥール・ショーペンハウアー「意志と表象としての世界」『ショーペンハウアー全集 3』山崎庸佑ほか訳，白水社，1996 年。）
Schreiber, Gerhard, „Christoph Schrempf—Der „Schwäbische Sokrates“ als Übersetzer Kierkegaards“, in: Markus Pohlmeyer（hg.）, *Kierkegaard - eine Schlüsselfigur der europäischen Moderne*, Hamburg 2015.
Schrempf, Christoph, *Zur Psychologie Der Sunde, Der Bekehrung Und Des Galubens. Zwei Schriften Sören Kierkegaards*, Leipzig 1890.
Schröder, Markus, „Wiedergewonne Naivität. Protestantismus und Bildung nach Adolf von Harnack“, in: Arnulf von Scheliha, Markus Schröder（hg.）, *Das protestantische Prinzip: Historische und systematische Studien zum Protestantismusbegriff*, Stuttgart 1998.
Schulz, Andreas, *Vormundschaft und Protektion: Eliten und Bürger in Bremen 1750-1880*, München 2002.
Schweitzer, Albert, *Reich Gottes und Christentum: Werke aus dem Nachlaß 1-1*, München 1995.
Seeberg, Reinhold, „Brauchen wir ein neues Dogma?“, in: NkZ, 2, 1891.
関川泰寛ほか編『改革教会信仰告白集』教文館，2014 年。
Smend, Friedrich, *Adolf von Harnack: Verzeichnis seiner Schriften bis 1930*, Leipzig 1990.
Rösler, Andreas, „Gotteserkenntnis aus der eigenen Erfahrung? Christoph Schrempfs Versuch eines undogmatischen Zugangs zum Christentum“, in: *Deutsches Pfarrerblatt, 110*, 2010.
Steiner, Robert, *Gemarke 1702-1977: kurze Geschichte der Evangelisch-Reformierten Gemeinde Barmen-Gemarke; aus Anlaß des 275 jährigen Bestehens der Gemeinde am 8. August 1977*, Wuppertal 1977.
Sydow, Karl Leopold Adolf, *Aktenstücke betreffend das vom königlichen Consistorium der Provinz Brandenburg über mich verhängte Disciplinaverfahren wegen meines Vortrags „Ueber die wunderbare Geburt Jesu“*, Berlin ²1873.
______, *Die wunderbare Geburt Jesu. Vortrag gehalten im Berliner Unionsverein am 12. Januar 1872 von Dr. Sydow*, Berlin 1872.
竹中亨『帰依する世紀末――ドイツ近代の原理主義者群像』ミネルヴァ書房，2004 年。
Tillich, Paul, *Vorlesungen über die Geschichte des christlichen Denkens, Teil II: Aspekte des Protestantismus im 19. und 20. Jahrhundert*, Stuttgart 1972.（P. ティリッヒ「キリスト教思想史」『ティリッヒ著作集　別巻 3』佐藤敏夫訳，白水社，1980 年。）

Troeltsch, Ernst, „Was heißt „Wesen des Christentums“?“ in: GS 2.（「『キリスト教の本質』とは何か」『トレルチ著作集 2』高森昭訳，ヨルダン社，1986 年。）

______, „Otto Dreyer: Zur undogmatischen Glaubenslehre. Vorträge und Abhandlungen (1901)“, in: Friedrich Wilhelm Graf/ Gabriele von Bassermann-Jordan (hg.), *Rezensionen und Kritiken (1901-1914)*, Berlin/ New York 2004.

潮木守一『ドイツ　大学への旅』リクルート出版部，1986 年。

______『フンボルト理念の終焉？――現代大学の新次元』東信堂，2008 年。

Verhandlungen der Evangelischen General-Synode zu Berlin vom 2. Juni bis zum 29. August 1846, II., Berlin 1846.

Vinzent, Markus, *Der Ursprung des Apostolikums im Urteil der Kritischen Forschung*, Göttingen 2006.

Voetius, Gisbertus, *Tractatus selecti de politica Ecclesiastia. series secunda, edit. by Ph. J. Hoedemaker*, Reformed Church Book Society, Amsterdam 1886.

Wagner, Falk, *Zur gegenwärtigen Lage des Protestantismus*, Gütersloh 1995.

______, „Theologische Universalintegration: Richard Rothe (1799-1867)“, in: Friedrich Wilhelm Graf (hg.), *Profile des neuzeitlichen Protestantismus Bd. 1. Aufklärung, Idealismus, Vormärz*, Gütersloh 1990.

Wechsler, Andreas, *Geschichtsbild und Apostelstreit: eine forschungsgeschichtliche und exegetische Studie über den antiochenischen Zwischenfall (Gal 2, 11-14)*, Berlin 1991.

Wehler, Hans-Ulrich, *Das Deutsche Kaiserreich, 1871-1918*, Göttingen ^{7}1994.（ハンス－ウルリヒ・ヴェーラー『ドイツ帝国 1871―1918 年』大野英二ほか訳，未来社，1983 年。）

Weinhardt, Joachim (hg.), *Albrecht Ritschls Briefwechsel mit Adolf Harnack 1875-1889*, Tübingen 2010.

Weitlauff, Manfred, „Adolf von Harnack, Theodor Mommsen, Martin Rade zu drei wichtigen Neuerscheinungen“, in: *Zeitschrift für Kirchengeschichte, 111*, 2000.

Weiß, Johannes, *Die Predigt Jesu vom Reiche Gottes*, Göttingen ^{3}1964.

White, James F, *Protestant Worship Tradition in Transition*, Westminster John Knox Press, Louisville, 1989.（J. F. ホワイト『プロテスタント教会の礼拝――その伝統と展開』越川弘英監訳，日本キリスト教団出版局，2005 年。）

Winkler, Heinrich August, *Der lange Weg nach Westen—Deutsche Geschichte I: Vom Ende des Alten Reiches bis zum Untergang der Weimarer Republik*, München 2000.（H. A. ヴィンクラー『自由と統一への長い道　ドイツ近現代史 1　1789―1933 年』後藤俊明ほか訳，昭和堂，2008 年。）

Wobbermin, Georg, „Loisy contra Harnack“, in: ZThK 15 (1905).

Wolf, Ernst, „Theologie am Scheideweg“, in: *Festschrift für Martin Niemöller, zum 60. Geburtstag*, München 1952.

Zahn-Harnack, Agnes von, *Adolf von Harnack*, Berlin ²1951.

______, *Der Apostolikumstreit des Jahres 1892: und seine Bedeutung für die Gegenwart*, Marburg 1950.

Zelger, Manuel, „Modernisierte Gemeindetheologie: Albrecht Ritschl", in: Friedrich W. Graf (hg.), *Profile des neuzeitlichen Protestantismus. Bd.2, Kaiserreich, T.1.*, Gütersloh 1992.

Ziegler, Theobald, *Die geistigen und sozialen Strömungen des Neunzehnten Jahrhunderts*, Berlin 1899.

Zwingli, Huldreich, Quo pacto ingenui adolescentes formandi sint, Praeceptiones pauculae, Huldricho Zuinglio autore, in: *Huldreich Zwinglis sämtliche Werke, vol. 2, Corpus Reformatorum 89*, Leipzig 1908.

辞書・事典類

F. W. Bautz/ T. Bautz (hg.), *Biographisch-Bibliographisches Kirchenlexikon*, Tübingen 1976-2004. (=TRE)

Werner Heun u. a. (hg.), *Evangelisches Staatslexikon*, Stuttgart 2006.

Walter Kasper (hg.), *Lexikon für Theologie und Kirche, 3. Aufgabe*, Freiburg/Br., 1993-2001. (=LThK³)

Hans Dieter Betz u. a. (hg.), *Religion in Geschichte und Gegenwart, 4. Auflage*, Berlin 1998-2007. (=RGG⁴)

新カトリック大事典編纂委員会『新カトリック大事典』全4巻，研究社，1996-2010年。

キリスト教大事典編集委員会編『キリスト教大事典　改訂新版』教文館，1985年。

日本ルーテル神学大学ルター研究所編『ルターと宗教改革事典』教文館，1995年。

長窪専三『古典ユダヤ教事典』教文館，2008年。

人名索引

あ

アーヴィング，エドワード　Irving, Edward　316
アーラント，クルト　Aland, Kurt　26
アウグスティヌス，ヒッポの　Augustinus　199-200, 211, 221, 222, 228-230, 241, 246, 335
アウグスト，ザクセン選帝侯　August von Sachsen　302
アキバ，ラビ　Akiva ben Yosef　30, 256
アタナシオス　Αθανάσιος　246, 335
アッセル，ハインリヒ　Assel, Heinrich　243
アルトホーフ，フリードリヒ　Althoff, Friedlich　21-23, 113
アルブレヒト，プロイセン公　Albrecht von Brandenburg Ansbach　305
アルミニウス，ヤーコプ　Arminius, Jacobus　302
アレクサンドル一世，ロシア皇帝　Александр I.　159-160
イグナティオス，アンティオキアの　Ἰγνάτιος, Ἀντιοχείας　114, 211
インノケンティウス三世，ローマ教皇　Innocentius III.　189
インノケンティウス四世，ローマ教皇　Innocentius IV.　189
ヴァークナー，アドルフ　Wagner, Adolph　107
ヴァイス，ベルンハルト　Weiss, Bernhard　96, 119, 218
ヴァイス，ヨハネス　Weiß, Johannes　96, 218
ヴィーヒャーン，ヨハン　Wichern, Johann Hinrich　272, 308
ヴィルヘルム一世，プロイセン王　Wilhelm I.　104
ヴィルヘルム二世，ドイツ皇帝　Wilhelm II.　23, 182, 264
ヴィルヘルム二世，ヴュルテンベルク王　Wilhelm II.　90
ヴィンクラー，ハインリヒ・アウグスト　Winkler, Heinrich August　104
ヴェーラー，ハンス・ウルリヒ　Wehler, Hans-Ulrich　96
ヴォルフ，エルンスト　Wolf, Ernst　177-178, 181
潮木守一　17
ウムベック，フィリップ・ヴァレンティン　Umbeck, Philipp Valentin　124
エーベルト，フリードリヒ　Ebert, Friedrich　38
エルネスティ，ヨハン・アウグスト　Ernesti, Johann August　328
エルリガー，ヴァルター　Elliger, Walter　26
オースト，マルティン　Ohst, Martin　217, 326
オジアンダー，アンドレアス　Osiander, Andreas　147
オストヘヴェナー，クラウス＝ディーター　Osthövener, Claus–Dieter　38, 40, 258, 267
オットー・ハインリヒ，プファルツ選帝侯　Ottheinrich von Pfalz　300

か

カーライル，トーマス　Carlyle, Thomas　237, 241

ガダマー，ハンス＝ゲオルク Gadamer, Hans–Georg 236
カフタン，ユリウス Kaftan, Julius 41, 46-47, 68-76, 89, 91-92, 238
カリクスト，ゲオルク Calixt, Georg 284, 301
カルトホフ，アルバート Kalthoff, Albert 129
カルヴァン，ジャン Calvin, Jean 41, 116, 145, 146, 161, 164, 203, 291, 306
カロフ，アブラハム Calov, Abraham 284, 301
クピッシュ，カール Kupisch, Karl 184
グラーフ，フリードリヒ・ヴィルヘルム Graf, Friedrich Wilhelm 23, 39
クラウセン，ヨハン・ヒンリッヒ Claussen, Johann Hinrich 19, 39
グラオ，リヒャルト・フリードリヒ Grau, Richard Friedrich 120
クラッパート，ベルトルト Klappert, Bertold 261
クリーフォト，テーオドール Kliefoth, Theodor 222
クレーデン，ヴォルフディートリヒ・フォン Kloeden, Wolfdietrich von 95
クレマー，ヘルマン Cremer, Hermann 41, 92, 109, 113-117, 119-120, 122, 250, 253, 258, 289-291, 293, 340
クレメンス，ローマの Romanus, Clemens 210
ゲーテ，ヨハン・ヴォルフガング・フォン Goethe, Johann Wolfgang von 238, 241-242, 329-330
ゲアハルト，ヨハン Gerhard, Johann 148
ゲオルク，ヨハン Georg, Johann 305
コルシュ，ディートリヒ Korsch, Dietrich 236
コルネリウス一世，ローマ教皇 Cornelius I. 321

さ

サヴォナローラ，ジローラモ Savonarola, Girolamo 186
ザック，フリードリヒ・ザムエル・ゴットフリート Sack, Friedrich Samuel Gottfried 304
佐藤真一 295
ジェルソン，ジャン Gerson, Jean 186
シェンケル，ダニエル Schenkel, Daniel 333
シュヴァイツアー，アルバート Schweitzer, Albert 328
シュタール，フリードリヒ・ユリウス Stahl, Friedrich Julius 179, 332
シュタイン，ハインリヒ・フリードリヒ・カール・ライヒスフライヘル・フォン・ウント・ツム Stein, Heinrich Friedrich Karl Reichsfreiherr vom und zum 307
シュテッカー，アドルフ Stoecker, Adolf 104, 106, 108, 285, 342
シュドウ，オットー・フェルディナンド Sydow, Otto Ferdinand 98
シュドウ，カール・レーオポルト・アドルフ Sydow, Karl Leopold Adolf 45, 97-100, 102-105, 112, 121, 127, 129, 287
シュトラウス，ダーヴィド・フリードリヒ Strauß, David Friedrich 206
シュトレッカー，ゲオルク Strecker, Georg 290
シュペーナー，フィリップ・ヤーコプ Spener, Philipp Jacob 64, 312
シュライアマハー，フリードリヒ・ダニエル・エルンスト Schleiermacher, Friedrich Daniel Ernst 35, 39, 41, 65-66, 82, 96, 98, 100-101, 155, 157-158, 166-174, 179, 196, 198, 207, 222, 235-237, 256, 281, 282, 286, 304-308, 328
シュライバー，ゲアハルト Schreiber, Gerhard 121-122
シュラッター，アドルフ Schlatter, Adolf

121
シュレーダー，アウグスト Schröder, August 101, 103-104, 199
シュレーダー，マルクス Schröder, Markus 199
シュレンプフ，クリストフ Schrempf, Christoph 40-41, 45, 68, 90-98, 103, 105, 107, 109, 121, 123-125, 133, 137, 141-142, 165, 270, 284
ゼーベルク，ラインホールド Seeberg, Reinhold 27, 228, 341
ゼーリンク，エーミール Sehling, Emil 299
ゼムラー，ヨハン Semler, Johann 35, 256
ゼルヴェトゥス，ミヒャエル Servetus, Michael 335

た

ダウプ，カール Daub, Carl 66
ツァーン＝ハルナック，アグネス・フォン Zahn-Harnack, Agnes von 25-26, 91, 120-121, 129, 182, 269, 296, 298, 312
ツィーグラー，テーオバルト Ziegler, Theobald 252
ツェルガー，マヌエル Zelger, Manuel 183
ティーアシュ，アマーリエ Thiersch, Amalie 182
ティーアシュ，カール Thiersch, Carl 119
ディベリウス，オットー Dibelius, Otto 26
ティリヒ，パウル Tillich, Paul 39, 250
デーリッツ，フリードリヒ Delitzsch, Friedrich 35, 256-257
デキウス，ローマ皇帝 Decius, Gaius Messius Quintus Trajanus 321
デンク，ハンス Denck, Hans 334
トゥーレマイアー，フリードリヒ・ヴィルヘルム・フォン Thulemeyer, Friedrich Wilhelm von 156
ドーナ＝シュロビッテン，フリードリヒ・フェルディナント・アレクサンダー・ツー Friedrich Ferdinand Alexander zu Dohna-Schlobitten, 307
トールック，フリードリヒ・アウグスト・ゴットトロイ Tholuck, Friedrich August Gotttreu 206
トマジウス，ゴットフリート Thomasius, Gottfried 217
トマス・ア・ケンピス，Thomas à Kempis 186
ドライアー，オットー Dreyer, Otto 40, 45-55, 57-89, 91-92, 97-98, 198, 238, 272, 274-275, 278, 285
ドレーゼン，フォルカー Drehsen, Volker 332
トレルチ，エルンスト Troeltsch, Ernst 21, 27, 39, 65, 74, 123, 251, 253-254, 293

な

ナウマン，フリードリヒ Naumann, Friedrich 107
ニーバーガル，アルフレート Niebergall, Alfred 157
ニッチュ，カール・イマヌエル Nitzsch, Karl Immanuel 45, 101, 271
ニッパーダイ，トーマス Nipperdey, Thomas 181
ネアンダー，アウグスト・ヨハン・ヴィルヘルム Neander, August Johann Wilhelm 33, 98
ノヴァク，クルト Nowak, Kurt 39, 91, 182, 270
ノウァティアヌス Novatianus 321
ノットマイアー，クリスティアン Nottmeier, Christian 39-40, 184, 264, 270

は

バイシュラーク，カールマン Beyschlag,

Karlmann　232-233
バイナート，ヴォルフガング　Beinert, Beinert,　214
バウア，フェルディナンド・クリスティアン　Baur, Ferdinand Christian　206, 212-222
ハウシルト，ヴォルフ＝ディーター　Hauschild, Wolf-Dieter　179, 308
バッセ，ミヒャエル　Basse, Michael　231-232
ハルデンベルク，カール・アウグスト・フライヘル・フォン　Hardenberg, Karl August Freiherr von　307
バルト，ハンス＝マルティン　Barth, Hans-Martin　103
バルト，カール　24, 96, 177, 184, 217
ハルナック，アクセル・フォン　Harnack, Axel von　26
ハルナック，オットー　Harnack, Otto　184
ハルナック，テオドジウス　Harnack, Theodosius　27, 243-247, 249, 336
パレチェク，シルヴィア　Paletschek, Sylvia　17-18
ピウス九世，ローマ教皇 Pius IX.　106
ピウス二世，ローマ教皇　Pius II.　186
ピウス一二世，ローマ教皇　Pius XII.　203, 323-324
ピコ・デラ・ミランドラ，　Pico della Mirandola　186-187
ビスマルク，オットー・フォン　Bismark, Otto von　105-106, 179, 183-184
ピッカー，ハンス＝クリストフ　Picker, Hans-Christoph　25
ヒッポリュトス　ʽΙππόλυτος　209, 290
ビルクナー，ハンス＝ヨアヒム　Birkner, Hans-Joachim　235
ヒルシュ，エマヌエル　Hirsch, Emanuel　242
ヒンデンブルク，パウル・フォン　Hindenburg, Paul von　38
ファウストゥス，リエの　Faustus, Reiensis,　114
フィヒテ，ヨハン・ゴットリープ　Fichte, Johann Gottlieb　101
フィルミアン，レオポルド・アントン・フォン　Firmian, Leopold Anton von　311
ブーゲンハーゲン，ヨハンネス　Bugenhagen, Johannes　147
ブーバー，マルティン　Buber, Martin　28, 32-35, 37
フシュケ，エードゥアルト　Huschke, Eduard　332
フス，ヤン　Hus, Jan　186
ブツァー，マルティン　Bucer, Martin　143, 146
フランシスコ，アッシジの　Francesco, d'Assisi　187, 230
フリートランダー，アルベルト・H　Friedlander, Albert　262
フリードリヒ・ヴィルヘルム，ブランデンブルク選帝侯　Friedrich Wilhelm von Brandenburg　154
フリードリヒ・ヴィルヘルム三世，プロイセン王　Friedrich Wilhelm III.　156-157, 159-160, 162-165, 168-169, 173, 305-306
フリードリヒ・ヴィルヘルム四世，プロイセン王　Friedrich Wilhelm IV.　99, 164
フリードリヒ二世（大王），プロイセン王　Friedrich II.　304
ブルトマン，ルードルフ　Bultmann, Rudolph　26
ブルンチュリ，ヨハン・カスパー　Bluntschli, Johann Caspar　101
ブルンナー，ローベルト　Brunner, Robert　35
ブレンツ，ヨハンネス　Brenz, Johannes　147
ブンゼン，クリスティアン・カール・

ヨージアス・フライヘル・フォン Bunsen, Christian Carl Josias Freiherr von 333
ベイントン，ローランド・ハーバート Bainton, Roland Herbert 326
ベック，レオ Baeck, Leo 28-32, 36-38, 250-262
ヘルマン，ヴィルヘルム Herrmann, Wilhelm 207, 289
ヘンクステンベルク，エルンスト・ヴィルヘルム Hengstenberg, Ernst Wilhelm 332
ホープ，ニコラス Hope, Nicholas 184
ボッセ，ローベルト Bosse, Robert 119-121, 293
ポリュカルポス Πολύκαρπος 112, 210
ホル，カール Holl, Karl 27, 236-249, 337
ボルンカム，ハインリヒ Bornkamm, Heinrich 333
ホワイト，ジェイムズ・F White, James F. 149
ボンヘッファー，ディートリヒ Bonhoeffer, Dietrich 25, 266

ま

マイネッケ，フリードリヒ Meinecke, Friedrich 17-18, 21
マイヤー＝ブランク，ミヒャエル Meyer-Blanck, Michael 159-161
マクグラス，アリスター・エドガー McGrath, Alister Edgar 280, 326, 335
松谷好明 150
マルキオン，シノペの Marcion 18, 20, 27, 33-35, 206, 232, 241, 256
マルクシース，クリストフ Markschies, Christoph 323
マルクス，ヴィルヘルム Marx, Wilhelm 38, 129
マルケルス，アンキュラの Marcellus, Ancyra 288
ミヒャエリス，ヨハン・ダーヴィド Michaelis, Johann David 328
モムゼン，テーオドール Mommsen, Theodor 23, 39

や・ら

ヤトー，カール・ヴィルヘルム Jatho, Carl Wilhelm 41, 113, 123-125, 127-131, 135-137, 238, 294-295, 297
山谷省吾 25
ユスティニアヌス一世，東ローマ皇帝 Justinianus I. 111
ヨアヒム二世ヘクトル，ブランデンブルク選帝侯 Joachim II. Hector 305
ヨハネ・パウロ二世，ローマ教皇 Ioannes Paulus II. 201
ヨハン・ジギスムント，ブランデンブルク選帝侯 Johann Sigismund von Brandenburg 154
ラーデ，マルティン Rade, Martin 27, 39, 89, 119-120, 241
ラツィンガー，ヨゼフ（ベネディクト一六世），ローマ教皇 Ratzinger, Joseph Alois 201
リーゼブロット，マルティン Riesebrodt, Martin 184
リスコ，エーミール・グスタフ Lisco, Emil Gustav 45, 98, 100-105, 112, 121, 129, 286, 288
リスコ，フリードリヒ・グスタフ Lisco, Friedrich Gustav 100
リッチュル，アルブレヒト・ベンヤミーン Ritschl, Albrecht Benjamin 20, 22, 27, 42, 96-98, 104, 183-184, 196, 198, 205-213, 215-218, 222, 225-226, 236, 239, 244, 246-247, 249, 252, 320-321
リッチュル，オットー Ritschl, Otto 228
リッチュル，カール・ベンヤミーン Ritschl, Carl Benjamin 206
リヒャーツ，ヴェルナー Licharz, Werner 256, 259-261

リューデマン，ゲルト　Lüdemann, Gerd, 212-213
ルイ・フィリップ一世，フランス王　Louis Philippe I.　97
ルートハルト，クリストフ・エルンスト　Luthardt, Christoph Ernst　39
ルター，マルティン　Luther, Martin　35, 41, 46, 52, 58, 64, 70-72, 77-78, 112, 115, 118, 142-148, 160-161, 170-171, 188, 196, 203-205, 209, 229-231, 240-249, 256, 268, 272, 284, 302, 306, 308, 316, 326, 332-336
ルップ，ユリウス　Rupp, Julius　271
ルフィヌス，アクィレイアの　Rufinus, Aquileiensis　288
レーゼ，クルト　Leese, Kurt　178
レオ一三世，ローマ教皇　Leo XIII.　106, 183
レントルフ，トルツ　Rendtorff, Trutz　35, 89, 256
レントルフ，ロルフ　Rendtorff, Rolf　35, 89, 256
ローテ，リヒャルト　Rothe, Richard　65-67, 97, 275, 333
ローフス，フリードリヒ　Loofs, Friedrich 228, 230
ロッゲ，ヨアヒム　Rogge, Joachim　157
ロワジー，アルフレート　Loisy, Alfred 250

事項索引

さ

ま・や・ら・わ

《著者紹介》

加納和寛（かのう・かずひろ）

同志社大学大学院神学研究科博士課程前期課程および後期課程修了、博士（神学）。ドイツ・ヴッパータール大学博士課程留学、神戸女学院大学非常勤講師、日本基督教団教会担任教師（伝道師・牧師）を経て、現在、関西学院大学神学部准教授（組織神学担当）。

著書　『アドルフ・フォン・ハルナック「キリスト教の本質」における「神の国」理解』（関西学院大学出版会オンデマンド、2009年）、『平和の神との歩み』（共著、キリスト新聞社、2017年）。

訳書　クラウス・フォン・シュトッシュ『神がいるなら、なぜ悪があるのか――現代の神義論』（関西学院大学出版会、2018年）。

関西学院大学研究叢書　第202編

アドルフ・フォン・ハルナックにおける「信条」と「教義」

――近代ドイツ・プロテスタンティズムの一断面

2019年2月25日　初版発行

著　者　加納和寛

発行者　渡部　満

発行所　株式会社　教文館

〒104-0061　東京都中央区銀座4-5-1　電話03(3561)5549　FAX 03(5250)5107

URL　http://www.kyobunkwan.co.jp/publishing/

印刷所　モリモト印刷株式会社

配給元　日キ販　〒162-0814　東京都新宿区新小川町9-1

電話03(3260)5670　FAX 03(3260)5637

ISBN978-4-7642-7429-7　Printed in Japan

©2019　落丁・乱丁本はお取り替えいたします。

教文館の本

深井智朗 **十九世紀のドイツ・プロテスタンティズム** ヴィルヘルム帝政期における 神学の社会的機能についての研究 A5判 468頁 3,500円	「ドイツ帝国」の国家イデオロギーにプロテスタント神学はいかなる役割を果たしたのか？　ヴィルヘルム帝政期（1871～1918年）ドイツにおけるプロテスタント教会と神学の社会史的機能と「絆」を解明した初めての本格的研究。
F. W. グラーフ編　片柳榮一／安酸敏眞監訳 **キリスト教の主要神学者** (上)テルトゥリアヌスからカルヴァンまで (下)リシャール・シモンからカール・ラーナーまで (上)A5判 374頁 3,900円 (下)A5判 404頁 4,200円	多彩にして曲折に富む2000年の神学史の中で、特に異彩を放つ古典的代表者を精選し、彼らの生涯・著作・影響を通して神学の争点と全体像を描き出す野心的試み。キリスト教神学の魅力と核心を、第一級の研究者が描き出す。
R. A. クライン／C. ポルケ／M. ヴェンテ編 佐々木勝彦／佐々木 悠／濱崎雅孝訳 **キリスト教神学の主要著作** オリゲネスからモルトマンまで A5判 444頁 4,000円	2000年の神学史がこの1冊でわかる！古代から現代までの18人の著名な神学者の古典的名著を厳選し、著者の評伝や執筆事情、そして本の魅力と核心を伝える。神学的思索の面白さと読書の喜びを伝えるブックガイドの決定版。
F. シュライアマハー　加藤常昭／深井智朗訳 **神学通論** （1811年/1830年） A5判 332頁 3,200円	シュライアマハーが構想した神学体系を知る唯一の手がかり。教会の実践に身を置きながら、神学の本質とその課題を時代の中で考え抜いた「近代神学の父」の名著。第1版（本邦初訳）と第2版（改訳）を併せて収録。
E. トレルチ　安酸敏眞訳 **信仰論** A5判 442頁 3,200円	歴史哲学・宗教哲学・文化哲学・宗教社会学など幅広い活動をした神学者トレルチが、自己の神学思想を唯一系統的に語った講義の記録。トレルチの思想と信仰の深奥を垣間見させる本書は、圧倒的な力強さをもって生き生きと語りかける。
F. W. グラーフ　野崎卓道訳 **プロテスタンティズム** その歴史と現状 四六判 206頁 1,800円	16世紀の宗教改革に起源を持ち、「聖書のみ」「信仰のみ」を掲げて、近代における宗教の多元化・政治の民主化・経済の資本主義化に大きな影響力を与え続けてきたプロテスタンティズムとは何か。世界中に伝播する宗派の歴史とその多様な姿を描く。
A. E. マクグラス　鈴木浩訳 **ルターの十字架の神学** マルティン・ルターの神学的突破 A5判 308頁 4,200円	宗教改革の最大の争点であった義認論をめぐって、ルターが「十字架の神学」へと至った道筋を、中世末期の神学的背景に照らして検証。宗教改革思想の知的・霊的潮流を最新の歴史的・神学的研究をもとに分析する画期的な試み。

上記価格は本体価格（税抜）です。